全国革命老区县发展史丛书·广东卷

# 鹤山市革命老区发展史

鹤山市革命老区发展史编委会 编

SPM 南方出版传媒·广东人民出版社

·广州·

**图书在版编目（CIP）数据**

鹤山市革命老区发展史／鹤山市革命老区发展史编委会编. —广州：
广东人民出版社，2020.5

（全国革命老区县发展史丛书·广东卷）

ISBN 978 - 7 - 218 - 14067 - 4

Ⅰ. ①鹤…　Ⅱ. ①鹤…　Ⅲ. ①鹤山—地方史　Ⅳ. ①K296.54

中国版本图书馆 CIP 数据核字（2019）第 264883 号

HESHAN SHI GEMING LAOQU FAZHANSHI

# 鹤山市革命老区发展史

鹤山市革命老区发展史编委会　编　　　　💟 版权所有　翻印必究

出 版 人：肖风华

责任编辑：梁　晖　王智欣
装帧设计：张力平
责任技编：吴彦斌

出版发行：广东人民出版社
地　　址：广州市海珠区新港西路 204 号 2 号楼（邮政编码：510300）
电　　话：（020）85716809（总编室）
传　　真：（020）85716872
网　　址：http://www.gdpph.com
印　　刷：广州市浩诚印刷有限公司
开　　本：715mm×995mm　1/16
印　　张：20　插　页：14　字　数：250 千
版　　次：2020 年 5 月第 1 版
印　　次：2020 年 5 月第 1 次印刷
定　　价：80.00 元

如发现印装质量问题，影响阅读，请与出版社（020－85716849）联系调换。
售书热线：（020）85716826

# 广东省编纂《革命老区县发展史》丛书
## 指导小组

组　长：陈开枝（广东省老区建设促进会会长）

副组长：林华景（广东省老区建设促进会常务副会长）

　　　　宋宗约（广东省农业农村厅副巡视员、广东省老区建设促进会副会长）

　　　　刘文炎（广东省老区建设促进会副会长）

　　　　郑木胜（广东省老区建设促进会副会长）

　　　　姚泽源（广东省老区建设促进会副会长兼秘书长）

　　　　谭世勋（广东省老区建设促进会副会长）

　　　　廖纪坤（广东省农业农村厅总经济师）


**办公室**

主　任：姚泽源（兼）

副主任：韦　浩（广东省农业农村厅扶贫协作与老区建设处处长）

　　　　柯绍华（广东省老区建设促进会副秘书长）

　　　　伍依丽（广东省老区建设促进会副秘书长）

# 《鹤山市革命老区发展史》编纂委员会

主　　任：伍培进（中共鹤山市委书记）

副 主 任：林贤进（鹤山市市长）

　　　　　陈　文（鹤山市副市长）

　　　　　任浩明（鹤山市老促会会长）

成　　员：陈志刚（鹤山市档案局局长）

　　　　　李德明（鹤山市农林渔业局副局长）

　　　　　梁德顺（鹤山市发改局副局长）

　　　　　李卓尧（鹤山市财政局副局长）

　　　　　李炎壮（鹤山市民政局副局长）

　　　　　雷志强（鹤山市统计局副局长）

　　　　　舒仕友（鹤山市档案局副局长）

　　　　　庄福升（鹤山市扶贫办副主任）

主　　编：任浩明（鹤山市老区建设促进会会长）

副 主 编：李植流（鹤山市老区建设促进会顾问）

　　　　　何　翔（鹤山市老区建设促进会顾问）

在举国欢庆新中国成立 70 周年前夕，中国老区建设促进会王健会长请我为《全国革命老区县发展史》丛书作序，作为一名在老区战斗过并得到老区人民生死相助的老兵，回首往事，心潮澎湃，感慨万千，深感义不容辞，欣然应允。

中国革命老区，是以毛泽东为代表的中国共产党人在领导人民推翻帝国主义、封建主义和官僚资本主义三座大山，争取民族独立和人民解放伟大斗争中建立的革命根据地，在这片红色的土地上，诞生了无数可歌可泣的革命英雄儿女，为后人树起了一座不朽的丰碑，她是新中国的摇篮，是党和军队的根。

在艰苦卓绝的战争年代，老区人民把自己的命运与中华民族的命运紧紧地联系在一起，与中国共产党和人民军队的命运紧紧地联系在一起，他们生死相依，患难与共。我曾亲历过战争年代，并得到过老区红哥红嫂的救助，切身感受到发生在身边的一幕幕撼天动地的革命故事，在那极其艰难的条件下，老区人民倾其所有、破家支前，不怕艰难困苦，不怕流血牺牲。"最后一碗米送去做军粮，最后一尺布送去做军装，最后一件老棉袄盖在担架上，最后一个亲骨肉送去上战场"，这是当时伟大的老区人民为建立新中国做出巨大牺牲的真实写照，它将永远镌刻在中国共产党、中国人民解放军、中华人民共和国的历史丰碑上。他们的光辉业绩永载史册，他们的革命精神必将影响一代又一代的革命新人，造就一代又一代的民族脊梁。

在社会主义革命和建设时期，革命老区和老区人民响应党的号召，面对落后的面貌、脆弱的经济、恶劣的生态环境，他们本色不变，精神不丢，自力更生，艰苦奋斗，干一行爱一行。始终坚持"革命理想高于天"，自觉做共产主义远大理想的坚定信仰者和忠实实践者，勇于向恶劣的自然环境和贫穷落后宣战，他们在各条战线上为国建功立业，用平凡的双手创造了一个又一个不平凡的奇迹，彰显了老区人的崇高精神和人格力量。

在改革开放的伟大进程中，老区人民解放思想，勇于创新，发奋图强，攻坚克难，老区的经济社会建设取得了辉煌成就。特别是在改变中国的面貌、中华民族的面貌、中国人民的面貌、中国共产党的面貌的伟大实践中发挥了至关重要的作用。老区人民既是改革开放的参与者，也是改革开放的推动者。

艰苦练意志，危难见精神。老区人民在近百年的革命战争、社会主义建设和改革开放的伟大实践中，孕育形成了伟大的老区精神：爱党信党、坚定不移的理想信念；舍生忘死、无私奉献的博大胸怀；不屈不挠、敢于胜利的英雄气概；自强不息、艰苦奋斗的顽强斗志；求真务实、开拓创新的科学态度；鱼水情深、生死相依的光荣传统。这是党和人民宝贵的精神财富、丰厚的政治资源，是凝心聚力、振奋民族精神的重要法宝，也是社会主义核心价值观的重要内容。

中国老区建设促进会怀着强烈的政治责任感和历史使命感，组织全国各地老促会人员克服困难，尽心竭力编纂《全国革命老区县发展史》丛书，记录老区的光辉历史和辉煌成就，传承红色基因，弘扬老区精神，是功在当代、利及千秋的一件大事。手捧这部丛书的部分书稿，读着书中的故事，倍感亲切，深感这部丛书具有资政、育人、存史的社会功能，有着重要的时代和历史价值。它是不忘初心、牢记使命的源头活水，是赞颂共产党、讴歌老区人民的一部精品力作，是弘扬老区精神、传承红色记忆的丰厚载体，是一项继承优秀传统文化、弘扬革命文化、发展社会主义先进文化，坚定"四个自信"的宏大文化工程。它必将成为一种文化品牌，为各界人士了解老区宣传老区支持老区提供一部有价值的研究史料。希望读者朋友们能从中了解并牢记这些为党和民族的利益不断奉献的老区人民，从中得到教益，汲取人生奋斗的精神动力。

新时代赋予新使命，新起点开启新征程。让我们更加紧密地团结在以习近平同志为核心的党中央周围，坚持以习近平新时代中国特色社会主义思想为指导，增强"四个意识"，坚定"四个自信"，做到"两个维护"，弘扬老区精神，铭记苦难辉煌。为实现"两个一百年"奋斗目标，实现中华民族伟大复兴的中国梦做出新的更大的贡献！

迟浩田

2019 年 4 月 11 日

2017 年 6 月，中国老区建设促进会组织全国各地老促会启动编纂《全国革命老区县发展史》丛书，按照"建立中国共产党、成立中华人民共和国、推进改革开放和中国特色社会主义事业"三大里程碑的历史脉络，系统书写革命老区百年历史，深入挖掘革命老区红色文化资源，这对于充实丰富中国革命史籍宝库、在新时代传承红色基因、弘扬革命精神、强固根本，对于激励人们在新的历史条件下夺取中国特色社会主义伟大胜利，实现中华民族伟大复兴的中国梦具有重要意义。

丛书编纂以习近平新时代中国特色社会主义思想为指导，以《中国共产党历史》《中国共产党的九十年》等重要文献为基本依据，以党的领导为核心，以老区人民为主体，以老区发展为主线，体现历史进程特征，突出时代发展特色，坚持辩证唯物主义和历史唯物主义相统一、历史真实性与内容可读性相统一的原则，书写革命老区从站起来、富起来到强起来的光辉革命史、不懈奋斗史、辉煌成就史，把老区人民的伟大贡献、伟大创造、伟大成就、伟大精神充分展示出来，形成一部具有厚重历史特征和鲜明时代特色的精品力作。这是一部培根铸魂、守正创新，既为历史立言，又为时代服务，字里行间流淌着红色血脉、催生着革命激情的传世之作。丛书的编纂出版将成为讴歌党讴歌人民讴歌时代、传播红色文化、为革命老区和老区人民树碑立传的重要载体。

丛书按照编年体与纪事本末体相结合、以编年体为主的编写体例确定框架结构；运用时经事纬、点面结合的方式记述史实；坚持人事结合、以事带人的原则处理人与事的关系；采取夹叙夹议、叙论结合、以叙为主的方法展开内容。做到了史料与史论、历史与现实、政治与学术统一，文献性、学术性、知识性相兼容。

为编纂好《全国革命老区县发展史》丛书，打造红色文化品牌，中国老区建设促进会认真组织积极协调，提出政治立场鲜明、史料真实准确、思想论述深刻、历史维度厚重、时代特色突出、编写体例规范、篇目布局合理、审读把关严格、出版制作精良的编纂出版总要求，力求达到革命史籍精品的精神高度、思想深度、知识广度、语言力度，增强丛书的权威性和社会影响力。各省（区、市）、市（州、盟）、县（市、区、旗）老促会的同志，以强烈的使命感、责任感和紧迫感，勇于担当，积极作为，认真实施，组织由老促会成员、专家学者等参加的十余万人编纂队伍。编纂工作主体责任在县，省、市组织协调、有力指导、审读把关。各方面人员以高度负责的精神和科学严谨的态度，满腔热情地投入工作，为丛书编纂出版做出了重要贡献。丛书编纂工作还得到了党和国家有关部委、地方各级党委政府及有关部门的大力支持和积极参与，社会各界也给予了热情帮助。中共中央政治局原委员、中央军委原副主席、原国务委员兼国防部长迟浩田上将，对老区人民怀有深厚感情，对革命老区建设发展十分关注，欣然为《全国革命老区县发展史》丛书作总序。

丛书由总册和1 599部分册（每个革命老区县编纂1部分册）组成，共1 600册。鉴于丛书所记述的史实内容多、时间跨度长和编纂时间紧，不妥之处，敬请批评指正。

中国老区建设促进会

● 革命遗址 ●

中共鹤山县支部、鹤山苏维埃政府旧址——宋氏大宗祠

广东省原省长刘田夫题匾

广东人民抗日解放军司令部旧址

广东人民抗日解放军成立旧址展览馆

广东人民抗日解放军政治部旧址——李氏大宗祠

宅梧会议旧址——远香茶楼，20世纪70年代改建成商铺

广东省原省长刘田夫题字之容宗英纪念室

广东人民抗日解放军司令部旧址后座

中共鹤山特别支部旧址——龙口世昌温公祠

中共新鹤县工委旧址——址山大朗胜庐楼

简师起义原址——协华学校

鹤山简师起义纪念碑记

青年团鹤山支部旧址——三端
冯公祠

新鹤游击队驻地——共和汉唐

金岗会师——1949年10月19
日解放军二野在龙口金岗圩
与粤中纵队会师

弹痕累累的张怀楼

华南楼战斗旧址

粤中军分区驻地旧址——鹤城杨家园

南山战斗遗址——鹤山一中坎侨堂

宋氏宗祠天井

新鹤修械所旧址——宅梧白水带罗汉尖山脚

双桥东园战斗遗址

茶山战斗示意图（摄于鹤山市档案局）

## ● 领导足迹 ●

2007年，广东省老促会顾问、省交通厅原厅长李牧等老同志了解双和公路建设情况，与鹤山市老促会同志在彩虹岭隧道口合照

2017年，广东省老促会会长陈开枝到鹤山茶山村调研

## ● 革命前辈 ●

简师起义领导者之一李伯纪

鹤山苏维埃主席宋森

解放战争时期粤中纵队第六支队领导成员，左起：杨德元、吴桐、周天行、李牧、梁文华

● 革命前辈 ●

鹤山市烈士陵园

容宗英烈士

余少杰烈士

方奕智烈士

张耀芳烈士

## ● 烈士墓碑 ●

方奕智烈士墓

邓少珍烈士墓碑

温许荣烈士纪念碑

宅梧抗战阵亡将士纪念碑

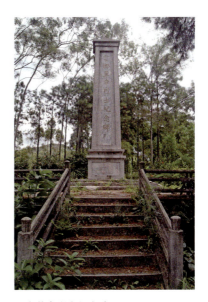

云乡革命烈士纪念碑

龙潭山革命烈士纪念碑

金岗战斗烈士纪念碑

大郡战斗烈士纪念石碑

● 老区建设 ●

1958年鹤山第一个人民公社
桃源公社成立大会

1958年老区人民全力修筑
水库

1959年老区人民抗旱

2005年，省、市老促会援建的宅梧镇靖村大桥落成通车

2007年广东省内最长的公路隧道——彩虹岭隧道建成通车

● 老区新貌 ●

金峡水库

青年水库

20世纪60年代修建的沙坪水闸

老区村道硬底化

老区人民使用机械设备耕作

美丽的古劳水乡

四通八达的老区公路

四堡水库

四堡水库南北渠

## ● 美丽乡村 ●

"全国文明村"鹤城五星村

共和老区村

址山高咀村生活污水处理工程

双合油菜花带旺乡村游

## ● 精准扶贫 ●

鹤山市扶贫工作队探望在工厂扶贫车间上班的学员

宅梧镇光伏发电照亮扶贫路

## ● 老区工业 ●

共和鹤山工业城

中欧创新中心

址山卫浴城

## ● 老促身影 ●

鹤山市老促会发放烈士后裔助（奖）学金

江门市鹤山市老促会到老区村调研

江门市老促会会长伍国占（中）、鹤山市老促会会长任浩明（右）慰问贫困农户

序 言 / 001

**第一章 历史沿革，老区概貌 / 001**

第一节 区域基本情况 / 002

　　一、历史沿革 / 002

　　二、文化积淀 / 003

　　三、资源优势 / 003

　　四、区位优势 / 004

　　五、基础设施 / 005

第二节 革命老区概况 / 006

　　一、老区镇和老区村 / 006

　　二、老根据地代表会议 / 007

　　三、早期国家对老区的支持 / 008

　　四、鹤山老促会的建设 / 008

**第二章 革命火种，势如燎原 / 011**

第一节 中共鹤山党组织的建立 / 012

　　一、社会主义青年团鹤山支部成立 / 012

二、中共鹤山县支部建立 / 013

第二节　鹤山的农民运动 / 014

一、农会建立和发展 / 014

二、组建农民自卫军 / 015

三、群众运动，风起云涌 / 015

第三节　鹤山苏维埃成立 / 018

一、公布四个政治纲领 / 018

二、被镇压的农民政权 / 019

第三章　众志成城，抗战胜利 / 021

第一节　党组织的重建与发展 / 022

一、中共鹤山县特别支部的建立 / 022

二、农村党组织的壮大与发展 / 024

三、县和区一级党组织的建立 / 026

第二节　抗日救亡运动 / 028

一、建立抗日民族统一战线 / 028

二、广大华侨、侨眷开展抗日救亡史实 / 030

三、支援前线，重创侵略者 / 032

四、大凹伏击战 / 034

第三节　抗击反共逆流 / 036

一、坚持抗日活动 / 036

二、建立交通情报网 / 038

第四节　建立抗日武装 / 040

一、人民抗日部队的组建 / 040

二、中区纵队挺进粤中 / 041

三、开辟皂幕山抗日游击根据地 / 043

四、宅梧会议及广东人民抗日解放军的建立 / 043

第五节　坚持长期抗战 / 047

一、抗日民主政权的建立 / 047

二、惨烈的云乡战斗 / 049

三、龙潭山战役 / 051

第六节　打击日伪顽军，夺取抗战胜利 / 052

一、白水带战斗 / 052

二、智歼敌伪密侦队的大四战斗 / 052

三、歼灭残敌，夺取最后胜利 / 053

第四章　肃清残敌，鹤山重光 / 057

第一节　坚持艰苦卓绝斗争 / 058

一、积蓄力量，隐蔽伺机 / 058

二、恢复武装斗争 / 061

三、大搞武装，开辟新区 / 062

四、放手发展，扩大战果 / 064

五、高咀事件 / 067

第二节　游击根据地建设 / 069

一、做好统战工作 / 069

二、建立人民政权 / 071

三、推进各项建设发展 / 072

第三节　迎接胜利 / 078

一、茶山战斗 / 078

二、简师起义 / 079

三、金岗战斗 / 082

四、坚守华南楼，鹤城起烽烟 / 085

五、三堡会议 / 086

第四节　鹤山解放 / 088

一、支前迎军 / 088

二、肃清残敌 / 089

三、接收县城 / 090


第五章　巩固政权，恢复生产 / 095

第一节　建立政权，恢复生产 / 096

一、各级职能机构的成立 / 096

二、发展生产，度荒自救 / 097

三、打击投机倒把，稳定市场物价 / 099

第二节　土地改革，清匪反霸 / 102

一、开展土地改革，实行"耕者有其田" / 102

二、清匪反霸，巩固治安 / 105

三、司徒美堂视察鹤山 / 108

四、提前改变错划华侨地富成分 / 109

第三节　农业合作化和人民公社 / 111

一、大办农业生产合作社 / 111

二、鹤山、高明合并 / 113

三、人民公社发展和整顿 / 114

四、调整社队规模 / 119

第四节　老区各项基础设施上马 / 122

一、发展交通运输事业 / 122

二、通信、医疗事业的普及 / 124

三、劈山开路的周妹 / 124

四、水利、电力基础设施建设 / 127


**第六章　拨乱反正，振兴经济 / 131**

第一节　改革开放，振兴经济 / 132

一、拨乱反正，落实政策 / 132

二、贯彻新"八字方针" / 134

三、家庭联产承包责任制的施行 / 138

四、坚定走工业兴市道路 / 141

五、中国第一张拉舍尔横空出世 / 143

六、建设山区公路 / 149

七、鹤山成为绿化达标县 / 155

八、双和公路建成，带动鹤山老区经济发展 / 157

九、发展特色产业 / 161

十、云乡巨变 / 163

十一、撤县设市，增强活力 / 164


**第七章　新的征程，新的篇章 / 167**

第一节　老区经济步入快车道 / 168

一、快速发展的老区经济 / 168

二、鹤山首个百亿镇——共和镇 / 170

三、发展实体经济，狠抓品牌农业的址山镇 / 173

四、十年砥砺，一朝奔康的茶山村 / 176

第二节　精准扶贫，成果显现／181

　　一、新一轮扶贫"双到"亮点多／181

　　二、新时期城乡精准扶贫／184

　　三、精准扶贫、精准脱贫典型／190

　　四、实施乡村振兴／194

第三节　教育事业的发展／204

　　一、增加投入，扩大规模／204

　　二、调整布局，教育强市／205

第四节　全市建设发展／207

　　一、发展概况／207

　　二、"一城三中心"建设／208


附　录／215

附录一　大革命和土地革命战争时期的先烈／216

　　一、右江起义领导人——余少杰（1907—1928）／216

　　二、中共六大候补中央委员——王灼（1898—1932）／216

　　三、工运先锋——冯剑光（1892—1928）／218

　　四、农运中坚——杨亮一（？—1926）／219

附录二　抗日战争时期的革命先烈（部分）／221

　　一、延安抗大烈士——方奕智（1920—1945）／221

　　二、死抱树干就义——邓少珍（1920—1945）／222

　　三、击毁两架敌机的飞行员——林耀（1911—1944）／223

　　四、痛击日寇的英烈——刘永昌（？—1945）／225

　　五、抗战母亲——李淑桓（1894—1941）／226

　　六、宁死不屈的乡干部——赖学文（1907—1945）／228

七、奋不顾身的战士——陈传英（1909—1945）/ 228

八、勇敢机智的交通员——温许荣（1913—1945）/ 229

附录三　解放战争时期的先烈（部分）/ 231

一、人民的好区长——罗捷云（1889—1946）/ 231

二、爆破烈士——任顺炳（1924—1949）/ 232

三、视死如归铁汉——罗林（1896—1948）、罗旭（1900—1948）/ 233

四、铁骨铮铮的武工队长——张耀芳（1922—1948）/ 235

附录四　重要革命人物 / 236

一、革命干部 / 236

二、知名历史人物 / 239

附录五　关怀烈士后裔，告慰革命先烈 / 241

一、从小学资助到大学 / 241

二、革命后裔罗慈心广西义教 / 241

附录六　革命遗址和文物 / 243

一、革命遗址基本情况 / 243

二、大力保护、修缮革命遗址 / 243

附录七　纪念设施 / 247

一、重要会议旧址及重要党史人物故居 / 247

二、党的组织旧址 / 248

三、战斗旧址 / 256

四、纪念墓碑 / 261

五、其他纪念设施 / 271

附录八　历史文献 / 273

一、《鹤山第一区各乡农民自卫军第一区分队组织法》/ 273

二、《鹤山县志》（民国版）/ 274

三、革命干部、人民群众给县委领导关立的信 / 276

四、毛泽东给鹤山农民的复信 / 278

附录九　红色歌谣、歌曲 / 279

一、贯彻《婚姻法》的《十好歌》/ 279

二、著名作曲家宋军的抗日歌曲《乘着长风前进》/ 279

三、解放战争时期民歌《锣鼓响，红旗扬》/ 281

附录十　大事记 / 282

后　记 / 295

　　老区是中国革命的摇篮。无论是战争年代还是社会主义建设时期，老区和老区人民为中国革命和建设事业都付出了巨大牺牲，做出了极大贡献。可以说，没有老区，就没有中国革命的成功，就没有中华人民共和国的成立。

　　习近平总书记关于"发扬红色资源优势，深入进行党史、军史、老区革命史优良传统教育，把红色基因一代代传下去"的指示，深刻地告诉我们，老区的光辉历史和优良传统是宝贵的精神财富和丰厚的政治资源，我们应永远铭记、永远珍惜，从红色记忆中汲取力量。

　　鹤山是一个具有光荣革命传统的有革命老区的市（县），在珠三角地区的革命斗争史上具有重要地位，发挥重要作用。鹤山的英雄儿女在中国共产党领导下，在大革命时期、抗日战争和解放战争时期，先后组织农民武装起义、建立苏维埃政权，踊跃参加广东人民抗日解放军、粤中纵队、新高鹤游击队，支持建立红色根据地和革命政权。在这片红色土地上，先后召开过重要的宅梧会议、选田会议、三堡会议，打响了云乡战斗、龙潭山战斗、茶山战斗、大凹战斗、金岗战斗等多次战役，歼灭大批敌、伪、顽反动势力，在中国革命斗争史上，谱写了可歌可泣、光辉灿烂的一页，为中华人民共和国的成立、为鹤山解放做出了重要贡献。

　　中华人民共和国成立后，尤其是改革开放40年来，鹤山老区人民在各级党委、政府的领导下，乘改革开放东风，扬革命传统精神，自力更生，艰苦奋斗，开拓进取，勇于创新，经济社会发展年年上新台阶，城乡处处旧貌换新颜，人民生活水平显著提高。然而，囿于历史、地理、自然等因素的制约，一些老区经济发展滞后，与发达地区相比仍有相当差距。

在新时期，没有老区的繁荣发展和社会和谐，就不可能有全市的繁荣发展和社会和谐。促进老区经济发展和社会进步，让老区人民共享改革发展成果，是党和国家的一项重大战略方针，也是决胜全面建成小康社会、开启中国特色社会主义建设新征程的根本之策。

为此，按照中国老促会和广东省老促会部署，组织力量编纂《全国革命老区县发展史丛书》，让更多的人认识老区、关注老区，对凝聚社会各方力量，共同支持和促进老区发展，其意义重大而深远。

《鹤山市革命老区发展史》，是一本集革命老区政治、经济、历史、地理、文化、民生于一体的专著，着重突出老区人民在党的领导下创建和发展革命根据地斗争中的历史贡献和地位作用；突出老区人民在创建和发展革命根据地过程中的重大历史事件、英烈事迹；挖掘整理当地革命历史遗址、文物等红色资源；宣扬中华人民共和国成立以来特别是党的十八大以来，老区人民在以习近平同志为核心的党中央领导下，发扬自力更生、艰苦奋斗的光荣传统，脱贫攻坚，改变贫困落后面貌的先进典范。

《鹤山市革命老区发展史》资料翔实，图文并茂，全面介绍了鹤山老区的历史沿革、峥嵘岁月、经济建设，是研究地方党史、地方史志的重要文献，有利于人们全方位地了解、认识鹤山老区的过去、现在、未来，增添与老区人民水乳交融的感情，增强支持老区发展的自觉性。同时，《鹤山市革命老区发展史》也是一部弘扬革命传统精神的爱国主义教育读本，对于加强青少年爱国主义教育，帮助青少年树立远大理想和志向、培养青少年积极投身于中国特色社会主义伟大事业，都具有深远历史意义。

当前，鹤山市委、市政府作出建设珠西门户、"一城三中心"的总体部署，把共和、址山、鹤城、双合等一批革命老区镇规划为鹤山市新兴产业、先进制造业的主要聚集区和现代农业示范基地，推动老区科学发展、加快发展，为老区人民过上幸福美满生活奠定基础、创造条件。

我们相信，只要全市上下坚定发展信心，秉承革命前辈艰苦创业的精神，我们一定可以继往开来，促进老区经济又好又快发展，在这片红色土地上创造更大的荣光。

编委会

2018 年 10 月

# 第一章

## 历史沿革，老区概貌

区域基本情况

## 一、历史沿革

鹤山县在战国时为百越之地，因山形似鹤故名。秦始皇平定南越后，鹤山归属南海郡。汉元鼎六年（公元前 111 年）汉武帝平定南越，行郡县制，鹤山属于南海郡的四会县。东晋元熙二年（420 年）从南海郡中分设新会郡，鹤山的雅瑶、古劳、龙口等属盆允县。南朝宋元嘉年间（424—453 年）设置义宁县地区。清顺治六年（1649 年），以新会、新兴、恩平三县的部分地区开设开平县，鹤山地区则分属于新会、开平两县。清雍正十年（1732 年），经清政府批准，从新会县划出古劳、新化、遵义三个都，从开平县划出双桥都和古博都的部分地方，正式设立鹤山县，县址设在鹤城，隶属肇庆府，首任知县黄大鹏。1914 年鹤山属广东省粤海道，1928 年改称中区。1936 年鹤山属第三区，专员公署设在肇庆市。1949 年 10 月 20 日鹤山解放，时属粤中专区。1952 年撤销粤中专区，鹤山归粤中行署。1956 年撤销行署设立专区，鹤山隶属佛山专区。1958 年 11 月 16 日，鹤山县与高明县合并，称高鹤县，隶属肇庆专区。1963 年 6 月从肇庆专区划归佛山专区。1981 年 12 月 16 日国务院正式批准恢复鹤山县、高明县建制，隶属佛山地区。1983 年 6 月，试行以市带县，鹤山划归江门市。1984 年初经国务院批准为珠江三角洲经济开放县之一。1993 年

11 月 8 日，经国务院批准撤县设市（县级）至今。

全市总面积 1 083 平方千米，现辖 1 个街道和 9 个镇，常住人口 50 万人，户籍人口 36.9 万人，以汉族为主，有壮、瑶、回、藏、苗、土家等少数民族。鹤山是重点侨乡，旅居海外的侨胞和港澳台同胞 36.2 万人，分布于 51 个国家和地区，有"内地一个鹤山、海外一个鹤山"之称。

## 二、文化积淀

鹤山是广府文化、客家文化和华侨文化交融之地，人文历史深厚。"王老吉创始人"王泽邦、"咏春拳一代宗师"梁赞、"粤剧泰斗"李文茂、"中国油画第一人"李铁夫、"中国电影皇后"胡蝶、"广东狮王"冯庚长等名人植根于鹤山。鹤山咏春拳、鹤山狮艺、古劳酱油制作技术、陈山香火龙习俗、古劳三夹腾龙等被列入广东省非物质文化遗产。竹朗金龙、小官田庙会、霄南火烘等民俗文化享誉海内外。

## 三、资源优势

鹤山市是珠江三角洲唯一的一块低山丘陵区，气候温和，境内冈峦叠彩，景色秀丽，自然资源丰富。

鹤山地势自西向东北倾斜，中部皂幕山向西南伸展，主峰亚婆髻，海拔 807 米，是市内最高山峰，中西部广阔的丘陵山地，是一座巨大的天然宝库，宜于发展茶、果、林。现有林地近 80 万亩（1 亩≈0.067 公顷），森林覆盖率达 49.5%，植物品种近千个；有大片的针阔叶混交林和广东省连片面积最大的人工混交林。林区内动植物种类繁多，群落分布合理，是人与自然和谐共处的天然大氧吧。1985 年中科院于此设立丘陵综合试验站，开展丘陵山地综合利用的科学考察和研究，并取得了初步成果。市东北是肥美的冲积平原，典型的珠三角水乡，境内水网交织，鱼塘密布，鱼肥、稻壮、瓜果飘香，农耕文化深厚。

鹤山属亚热带季风气候，冬无严寒，夏无酷暑，无霜期长，雨量充沛，日照充足，为动植物生长、繁衍提供了良好自然条件。境内四季如春、草木常绿，为广东粮、油、茶叶、果菜和生猪生产基地。

鹤山现已探明矿藏有铁、铅、锌、稀土、磷、硫铁矿、钾长石、饰面石材等，其中有大量的稀土矿、花岗岩、泥炭土和少量的褐铁矿、锌矿、金矿等资源。

## 四、区位优势

鹤山是珠江西岸交通枢纽城市，有"南连北接、东通西达、外联内畅"的现代化综合交通网络。

公路：现有国道 G325 线、佛开高速、江鹤高速、江肇高速、江罗高速、广中江高速和国道 G325 复线等多条高速公路在鹤山交汇，与广州、佛山、江门、肇庆等经济核心圈城市形成半小时生活圈，与东莞、中山、珠海等发达城市形成 1 小时生活圈，并融入粤港澳大湾区。

铁路：广珠铁路与正在筹建的南沙港铁路和广佛江珠城际轻轨贯穿全境。

水路：素有"黄金水道"之称的西江流经鹤山北部，距离珠西物流中心约 10 千米处，设有对外通商一类口岸鹤山港（3 000 吨级），构成水陆一体的现代化交通大网络。

航空：鹤山距离广州白云国际机场仅 90 千米，约一小时车程，位于广州白云国际机场的主要辐射范围内。即将兴建的珠三角新干线机场选址高明与鹤山交界处，离珠西物流中心约 60 千米。

得天独厚的区位优势，为鹤山经济发展奠定了坚实基础。

## 五、基础设施

2016 年，政府投入 18.5 亿元完善交通基础设施，使目前全市通车里程达 1 808.36 千米，其中穿越本市高速公路有佛开、江肇、江罗、广中江等，总长 103.6 千米，一级公路 190 千米，公路密度每百平方千米达 164 千米。

在邮电通信方面，全市开通邮路 2 361 千米。全市电话用户 73.62 万户，其中固话 11.17 万户，移动电话 62.45 万户，国际互联网用户约 14.17 万户。

供水方面，全市各镇实现村村通自来水，自来水厂综合供水能力 17 万吨/日，全年供水总量 4 969.6 万吨，年末供水管长 986 千米。

供电方面，至 2016 年底，鹤山拥有 220 千伏安变电站 3 个，主变总容量 99 万千伏安；110 千伏安电站 17 个，总容量 143 万千伏安。2016 年全市供电量 32.72 亿千瓦时，同比增长 7.73%。

旅业接待能力方面，全市星级酒店 2 家，客房 344 间。2016 年，全市住宿设施接待旅客共 516.77 万人次，同比增长 18.9%。其中夜宿 179.69 万人次，海外游客（含港澳台）人数达 41.37 万人次。拥有名胜风景 5 个、公园 12 个，其中省级森林公园 2 个，公园绿地面积 347.7 公顷。2016 年全市旅游收入 41 亿元，同比增长 20.5%。

# 第二节 革命老区概况

## 一、老区镇和老区村

经历大革命、抗日战争、解放战争，游击区人民前赴后继，为中华人民共和国的成立做出很大贡献，付出巨大牺牲。因而，中华人民共和国成立后的 1957 年，广东省人民委员会发出《关于评划革命老根据地标准的通知》，1993 年，广东省政府又发出《关于开展评划解放战争游击根据地和确定老区乡镇、老区县工作方案的通知》。根据上级通知精神，县（市）民政部门，特邀一批老同志深入调研，进行一系列评审工作，经江门市人民政府批准，报省民政厅备案，划定鹤山市的双合、云乡、鹤城、宅梧、共和、址山、龙口七个镇为革命老区镇；古劳的茶山、丽水、麦水、古劳、上升，雅瑶的陈山、昆东、南靖以及桃源的甘棠等 66 个村为有革命老区行政村，共 487 个老区自然村。考虑到宅梧、云乡两地，在 1944 到 1945 年间进行一系列抗日战争活动，故将两镇划为抗日根据地，其余则划为解放战争时期的游击根据地。据 2010 年统计，全市老区户数为 83 288 户，总人口为 194 455 人，有革命老区行政村占全市行政村 68%，老区总人口占全市户籍人口的 53%。2015 年，鹤山市进行区域调整，把云乡镇并入址山镇，原云乡镇分为云东等三个行政村，全市调整为六个老区镇，有革命老区行政村不变。

## 二、老根据地代表会议

为贯彻省、地革命老根据地生产建设会议精神，总结交流老区建设经验，制定老区生产建设工作规划，1980年9月15日，县委（高鹤）在县城沙坪镇召开全县革命老根据地代表会议，为期4天。出席会议代表有：县老建会全体会员，各老区公社代表，堡垒户代表，老烈属代表，各老区公社、生产大队负责人，及各有关部门负责人，共60多人。

时任县委书记谭星越、分管老区工作的县委副书记钟志诚出席会议并作发言。

会议指出：鹤山革命老根据地群众，在中国共产党领导下，在长期的革命战争里，不避艰险，不怕牺牲，积极支持革命，为革命事业做出巨大贡献。中华人民共和国成立后，党和政府给了老根据地很大支持，拨款帮助老区人民重建家园，恢复生产，使老区面貌发生很大变化。由于受"四人帮"倒行逆施的茶毒，老区生产建设被严重破坏。粉碎"四人帮"后，特别是党的十一届三中全会后，拨乱反正，生产发展，经济活跃，人心思富，老区建设出现新局面。

会议强调：要提高对老区建设重要性的认识，各部门、各行业要大力支持老区建设，从多方面支持老区发展生产；要根据老区边、穷、远、山等特点，坚持从实际出发，扬长避短，制定好生产发展规划，综合利用山区资源，不搞一刀切，量力而行，迅速组织行动，掀起一个治穷致富新高潮，争取短期内使老区尽快富裕起来。

云乡公社和龙口公社粉洞大队在会上介绍经验，与会人员受到启发。

革命老根据地代表会议之后，鹤山老区建设出现新气象。

## 三、早期国家对老区的支持

中华人民共和国成立后，党和政府十分重视革命老区的建设，至 1957 年，国家共拨款 15.1 万元，帮助老区重建家园，恢复生产，此外还有公粮减免、抚恤救济、生产贷款、农副产品预购等。建设项目计有：兴建中小型水利设施 6 宗，卫生站、学校 5 所，修建房屋 234 间，为 152 户、652 人解决住房困难。1957 年起，所有被评划为革命老区的社队，可享受国家给予的政策优惠和待遇。如历年在修路、饮水工程、小学校舍修建、危房改造、小型水利工程、农技培训、革命遗址修葺以及贫困农户发展种养等项目，凡符合条件的给予一定的资金补助。据《鹤山县志》《鹤山老区》有关资料记载，到 1963 年，通过群众自筹、政府资助方式，全县老区共修建房屋 1 128 间，学校、卫生站 120 多间，水电站一批，修筑简易公路 17 条，129 千米，初步改善老区人民的生产条件和生活环境。改革开放以来，党和政府加大对老区扶持力度，仅 1980—1985 年，省、地、县三级政府及县属机关事业单位，无偿拨款 171 万元，以及拨出钢材 113 吨，水泥 873 吨，木材 33 立方米，化肥 118 万公斤等物资帮助老区建设。同时，支助老区乡镇改造低产田 1.7 万亩，兴建小水电站 7 座，抗旱设施 23 宗，建机耕桥 10 座，新修公路 15 千米，架设高压线路 10 多千米，这些基础设施的建成，为老区进一步发展、繁荣打下良好基础。

## 四、鹤山老促会的建设

党的十一届三中全会后，县恢复了老区建设委员会，由当时的县委书记谭星越任主任，县委委员、县革委副主任李林泉任副主任，成员由老区代表和各有关部门的负责人组成。老建会下设办公室，并配备了专职干部，处理日常工作。老区建设委员会恢复后，县委、县革委都十分重视老区建设工作，先后两次由时任县委常委陈荣、县革委副主任李林泉率领工作队深入各老区公社、场，向老区人民进行慰问，召开堡垒户、老党员座谈会，征求老区社队干部群众意见，并按照统筹兼顾的原则，适当照顾，逐步解决、支持老区建设。

1992年初，鹤山县委根据上级党委有关指示精神，由县委办牵头组织农委、民政局、老干部局等有关部门进行调研，经过一段时间的筹划，制订方案，报县委组织部批复。1992年3月9日，鹤山老区建设促进会（时称老区建设研究促进会）宣告成立，挂靠市民政局，随即召开全体理事大会，产生首届理事会组成人员，至2016年为第六届。原鹤山县副县长欧阳英显为首届理事长；市政协原主席、离休老干部刘长金任第二、第三届理事长；市政协原主席刘本图代理第四届理事长；市人大原副主任任浩明任第五届理事长。

老促会在上级老促会协助下，在各有关部门支持下，围绕市委、市政府中心工作，进行一系列力所能及的工作。多年来，老促会主要在宣传老区、增强社会共识上下功夫；在调查研究、建言献策上花力气；在精准帮扶、脱贫奔康上做文章。并先后选择宅梧镇卢山村、龙口镇青文村为老促会挂钩点，以点带面，久久为功，扎实推进工作。同时，老促会加强自身建设，不忘初心，牢记使命，竭尽全力为老区建设做贡献。

# 第二章

革命火种，势如燎原

## 第一节 中共鹤山党组织的建立

### 一、社会主义青年团鹤山支部成立

1911 年 10 月 10 日，武昌城楼一声炮响，推翻了清王朝，结束了两千多年的封建帝制。但辛亥革命进行得不彻底，使革命果实落在帝国主义操纵的军阀手里。1919 年 5 月 4 日，中国爆发了五四运动，革命浪潮汹涌澎湃，席卷全国。1921 年 7 月，中国共产党诞生，中国革命出现曙光。

在革命浪潮冲击下，鹤山的封建制度也开始动摇，新的学校陆续兴办。1923 年，鹤山昆东为振兴新文化教育，需从外地聘用教学水平较高的老师，中共广东区委和中国社会主义青年团粤区委把握机会，派出几位党、团员到鹤山工作。有共产党员丘鉴志、青年团员王度慈、彭刚侠等受聘于平冈、陈山、瑶溪等学校任教，这几位老师除做好教育工作外，以学校为阵地，积极开展青年、农民运动，进行反帝反封建斗争。1923 年 10 月，彭刚侠出席了中国社会主义青年团在广州举行的第一次代表大会，报告了鹤山的工作，大会要求鹤山、东莞等县建立团组织机构。1923 年 11 月 4 日，团粤区委正式批准成立中国社会主义青年团鹤山支部，支部书记为彭刚侠，共有团员 4 人，驻地设在平冈乡（现今的昆东）平民学校。1925 年 4 月，改称中国共产主义青年团鹤山特别支部。曾组织学生自治会、互助团、美术研究社，创办了《瑶溪报》。1927 年 5 月有共青团员 22 人，参加的有学生、知识分子、店员、农民。1927 年因遭国民党破坏而停止活动。

## 二、中共鹤山县支部建立

1923 年夏，中共广东区委和团粤区委派到鹤山工作的党、团员，密切联系群众，建立各种群众组织，积极宣传马列主义，促进国民运动，受到团粤区委赞扬。为加强党对地方的领导，中共广东区委和团粤区委于 1924 年 2 月举行联席会议，决定在鹤山、广宁、花县、东莞等县分别成立党的支部。11 月中旬，经中共广东区委批准，成立中国共产党鹤山县支部，隶属中共广东区委，当时由丘鉴志任支部书记，时有党员 3 人，支部驻平冈乡（今昆东）平民学校。鹤山党支部成立后，与 1923 年成立的团鹤山支部一起，共同领导鹤山的革命运动，主要是农民运动。

1923 年 6 月召开的中共第三次全国代表大会，决定实行国共合作、共同进行国民革命。1924 年 1 月，中央派共产党员 20 多人出席国民党一大，在共产党帮助下，大会确立了联俄、联共、扶助农工的三大政策，第一次国共合作正式形成。1924 年，鹤山县党支部按上述指示精神，派丘鉴志参加国民党鹤山县党部的筹建工作，任筹备员。

当年，在鹤山工作的共产党员均为外地人，党支部成立后来不及在地方培养发展共产党员，因此，几位党员在 1925 年调出后，党支部便自行撤销。

# 第二节 鹤山的农民运动

1924 年 7 月，农民运动讲习所在广州开办，这是一所大革命时期培养农民运动骨干的学校。鹤山团支部派出丘鉴志、陈式熹参加首届农民运动讲习所学习。结业后均任命为中央农民部特派员，派回鹤山领导农民运动。1925 年 1 月，鹤山党、团支部挑选宋中兴等 10 人参加农讲所第三期学习班学习，结业后，宋中兴等 8 人返回鹤山，协助特派员开展农民运动。

## 一、农会建立和发展

1924 年 8 月，中共党员丘鉴志、陈式熹返回鹤山，仍任教于平冈、陈山的学校。1924 年 8 月 31 日晚，平冈乡平民学校举行演讲会，由本乡进步人士宋森主持。到会的有平冈、陈山、瑶溪各村农民。会上丘鉴志、陈式熹分别演讲了农民的地位和所受的痛苦；组织农会、农民自卫军的必要性；开展生产合作的好处。宋森主讲农民会与本乡关系及其利益。听众十分感动，迫切要求成立农会。1924 年 9 月 15 日，平冈乡农民在平民学校大操场举行大会，附近各乡均有农民参加，大会宣告平冈乡农民协会（以下简称"农会"）正式成立，当即有 141 人签名加入农会。公推宋彩广为农会委员长，宋才长为副委员长，宋国兆为秘书。农会以犁头旗为会旗，上书"鹤山县平冈乡农民协会" 10 个大字。

农会发出《敬告农民书》，主要是号召农民团结起来反抗地主劣绅，反抗土匪军阀，保护身家性命，共谋农民利益。在平冈农会的影响下，昆东各乡先后成立农会，龙口的粉洞、鹤城的禾谷、共和的莱苏等乡村也先后成立农会，1926年农民运动达到高潮，全县有20多个乡成立了农民协会，农会会员6 000多人。1926年春，各乡农协会代表大会在沙坪召开，产生县的农会领导机构，称鹤山农会联合办事处，选出执行委员杨亮一、宋少白、何炳文三人，办事处设在沙坪镇冯家祠内。

## 二、组建农民自卫军

共产党员陈式熹在广州农讲所学习期间，曾到黄埔军校受训，掌握军事知识，受聘任陈山乡民团教练员。这支40多人的民团，经过培训后改编为农民自卫军，陈式熹还从石井兵工厂购入10支步枪，武装陈山农民自卫军。1924年下半年，除陈山外，平冈、清溪等乡村的农协会也组织了农民自卫军。1924年冬，昆东农民自卫军第一大队成立，陈式熹任大队长，兼军事专员，丘鉴志为政治专员，自卫军的武器由各乡公枪拨用，大队部驻昆东书院，所需经费按各乡会员分摊。从1925年到1926年，全县的农会都参照昆东做法组织农民自卫军，1926年春，直属县农协领导、指挥的农民自卫军达到300多人，分两个大队，配步枪200余支。县农军是脱产的，穿黄军服、打绑脚、穿草鞋、戴铜鼓帽。为提高农民自卫军的战斗力，省农协会派共产党员陈烈夫来担任教官，进行严格的军事训练。

## 三、群众运动，风起云涌

中共鹤山县支部和青年团鹤山支部成立以后，努力促进国民运动，发动群众，团结群众，帮助群众组织起来，成立农民协会、对外协会、妇女解放协会、学校联合会、职教员联合会、学生联合会、新学生社鹤山分社、青年会、青年社等团体，并力争在一些重要节日召开群众大会，扩大宣传，把群众运动不断推向新的高潮。

1925年3月12日,孙中山先生在北平病逝,鹤山党、团支部发动群众募捐,得款150余元作经费,于3月30日举行大规模的悼念活动。在追悼会上,团支书王度慈向到会民众宣传孙中山先生创立的三民主义。会后,出版《哀思录》,进一步激励民众,将国民革命进行到底。

1925年5月1日,全县各学校都举行有农民、学生参加的纪念会。共青团员在会上演讲,号召人民大众,觉悟起来,团结一致,反对帝国主义和国内军阀。

1925年5月9日,鹤山一区(沙坪镇、雅瑶镇)数以千计的农民、工人、商人和学生举行示威大游行,沿途高呼"打倒帝国主义""废除不平等条约""打倒军阀""打倒土豪劣绅"等口号,散发传单,以唤醒民众,奋起救国。

1925年6月,全县35所学校的代表在沙坪冯家祠举行会议,成立鹤山全县学校联合会,推选教育名流陆朝阳、吕冠雄为正副主席。共产党员丘鉴志、陈式熹、彭刚侠等,都在该会教育审查股和经费审查股内工作。会议审议提案50项,通过了创办鹤山公学(县立中学的前身),调拨祖偿、神偿作教育经费等34项决议。会议还发出通电慰问上海五卅惨案死难工人,声援罢工工人,并决定6月21日举行全县性示威大巡行。

1925年6月28日,鹤山县对外协会成立。是日,农、工、商、学、军、政各界人士千余人在沙坪和平社学集会,声援省港大罢工。1926年8月,各乡农民协会会员、农民自卫军集中沙坪冯家祠开会,反对苛捐杂税。会后,农民集队前往鹤山公署请愿,要求立即取消不合理的烟叶附加税,以保障农民利益。但是,当局乘农民集会之际,收买地痞流氓冒充农民,捣乱税务局,诬陷农民所为。农会代表当即揭露其卑鄙手段,当局无法,只好答允"容后查究"。这次请愿,显示了农民运动的威力。

1927年4月12日,蒋介石发动反革命政变,国民党反动派在广州开始大屠杀。第一次国共合作被彻底破坏。5月12日,国民党鹤山县县长李乃刚，派营长梁山率县兵突然包围和平社学，企图逮捕农民协会联合办事处的干部，未果。不久，又派梁如初改组农会办事处，并下令通缉农会骨干。封闭了平冈乡农民协会。15 日，江门国民党军 300 余人由陈章甫带领，到大凹村捉拿农会骨干杨纳等五人，还枪杀农民杨利，强奸农民杨柏的妻子。轰轰烈烈的农民运动被彻底破坏。

1927 年 8 月，共产党员、省港罢工委员会军法处主任、纠察总队第二大队长冯剑光接受省委派遣回乡，在越塘望楼坊发动群众，成立农民协会，组织农民自卫军，调拨公偿赈济贫苦农民。这是鹤山农民运动被镇压后在县城近郊再度兴起的一次农民运动。

## 第三节 鹤山苏维埃成立

### 一、公布四个政治纲领

在鹤山雅瑶镇昆东乡平冈村，有座古色古香的宋氏大宗祠，这就是被誉为鹤山农民运动里程碑的鹤山苏维埃政府旧址，也是现今鹤山市文物保护单位，江门市、鹤山市爱国主义教育基地。

鹤山苏维埃政府是 1927 年根据中共广东省委指示而成立的。1927 年国民党右派发动四一二反革命政变后，由国共两党合作发动的大革命宣告失败，全国笼罩在一片白色恐怖中，形势十分严峻。为了挽救革命，中共中央决定在 1927 年 8 月 1 日举行南昌起义，建立一支由共产党领导和指挥的人民武装。1927 年 8 月 7 日，中央在汉口召开了紧急会议（即八七会议），确定了土地革命和武装反抗国民党反动派的总方针。11 月中旬，中共中央党务委员会讨论了广东工作，要求"坚决地扩大工农群众在城乡的暴动"。8 月下旬，中共广东省委决定在广州举行暴动，发出《暴动宣言》。12 月 1 日，省委指示全省各县做好准备，配合广州起义，立即行动起来，领导农民暴动，夺取乡村、县镇政权。12 月初，中共江（门）新（会）支部在新会田金召开紧急会议，贯彻省委指示。会议决定集中新会农民自卫军编为工农红军总队，以棠下公坑寺为临时指挥部，并决定在农运有基础的鹤山建立苏维埃政权，组织武装。会后派共产党员吕棠、施展、彭干廷、钟以篁四人负责此项工作。吕棠等于 1927 年 12 月上旬抵达鹤山昆东乡，得到长期从事教育工作、热心农运、在海内外有很高声誉的进步人士宋森的支持，在平冈、陈山、瑶溪、沐河、芸蓼等地发动农民，组成 300 人的赤卫队。苏维埃政权的筹备工作顺利展开。1927 年 12 月 13 日（见《中共鹤山党史（第一卷）》"鹤山苏维埃"），赤卫队和昆东等地农民集中在平冈宋氏大宗祠开会，公开宣告鹤山苏维埃政府成立，推举宋森为主席。吕棠、施展、彭干廷、钟以篁为委员。大会通过并公布了对工人、农民、士兵、一般劳苦贫民的四个政治纲领，政府就设在宗祠内。

## 二、被镇压的农民政权

按照中共广东省委的计划部署，鹤山苏维埃政府于 1927 年 12 月 13 日派赤卫队开赴昆东书院，准备与新会工农红军联合进攻江门，以配合广州起义。后得悉广州起义失败，赤卫队遂撤回平冈。

鹤山苏维埃政府成立的第三天，国民党当局命第十三师团长云瀛桥率一个团和县兵两个营的武装开赴平冈镇压。赤卫队奋起抵抗，终因力量悬殊，只好掩护苏维埃政府委员退到澳门，主席宋森被通缉，到江门郊外和新会睦州暂避。是役，赤卫队无伤亡，随即解散回家，农民政权就此夭折。

虽然鹤山苏维埃政府仅存在几天，但其承载了鹤山人民寻求真理、寻求解放的欲望，见证了鹤山人民反帝反封建的功绩，为鹤山历史增添光辉的一页。近年，鹤山市政府多次拨款修葺，使苏维埃政府旧址宋氏大宗祠保存完好，经 90 多载风雨仍屹立不倒。

# 第三章

众志成城，抗战胜利

# 第一节 党组织的重建与发展

## 一、中共鹤山县特别支部的建立

1937 年 7 月 7 日深夜，日本侵略军突然向北平西南的宛平县卢沟桥附近驻军发动进攻，蓄谋已久的全面侵华战争爆发，中国守军奋起抵抗，全国性的抗日民族解放战争从此开始。中共中央在 7 月 8 日和 15 日分别发出通电、宣言，号召开展全民族抗战，呼吁建立以国共合作为基础的抗日民族统一战线。日军以 30 万兵力，在 7 月底占领北平、天津，接着，沿平绥、平汉、津浦三条铁路线向华北地区进攻。8 月，又把战火烧到上海。中华民族已到了生死存亡的紧急关头，只有全民族团结抗日，才是中华民族生存和发展的唯一出路。在全国抗日救亡运动不断高涨和共产党倡议国共合作抗战的情况下，执政的国民党不得不接受中国共产党团结抗日主张，从而实现了第二次国共合作。8 月 25 日，中共中央军委发布命令：中国红军改编为八路军。接着，八路军总部率各师先后出师抗日，同国民党的军队并肩杀敌。

国共合作，受到全国人民的热烈欢迎和拥护，不少共产党员、进步人士加入国民党政府机关团体和军队，或上前线作战，或在后方宣传，群众性的抗日救亡运动在全国迅速兴起。卢沟桥事变前后，广州、台山等市、县的青年学生宣传队曾多次到鹤山县进行抗日宣传。1937 年，鹤山本县的进步青年也站起来宣传共产党的抗日主张。李平祝、李平心姐妹在家乡陈山村开办识字班，向青年学生和农民群众宣传抗日，揭露日本侵略者犯下的滔天罪行。同时发动本村妇女，积极缝制慰劳袋、棉衣等，交由鹤山县抗日后援会转送前线，慰劳抗日战士。

1938年，容宗英、方奕智、温流、叶民新等一批进步青年，经爱国民主人士宋森介绍，通过八路军办事处帮助，北上延安，进入抗大学习，后来成为抗日骨干。

1938年10月，日军大举向华南发动进攻，21日广州沦陷，接着，佛山市、南海县的九江镇等地相继被日军侵占。鹤山与九江镇仅一江之隔，成为抗日前线。

广州沦陷前夕，广东省委青年工作委员会于10月14日决定：根据中共广东省委关于"保存干部，撤离广州，分赴各地，开展党的工作和青运工作"的指示，以青年抗日先锋队（简称"抗先队"）为主，公开号召青年参加国民党第四战区民众动员委员会，争取合法名义和解决活动经费。在此期间来到鹤山的救亡团队中，有三个队是挂第四战区民众动员委员会战时工作队（简称"战工队"）的番号。战工队每队10余人，队里都有共产党组织。如：驻朱六合村的战工队第一〇二队，其成员多是中山大学抗先队骨干，党员8人，有党支部，书记莫福枝；驻一区瑶溪乡的战工队第129队，由中大附中抗先队组成，党员4人，未建立支部；驻一区水口村的战工队第一五六队，原是澳门四界（学术、音乐、体育、戏剧）救灾会回国服务团第二队，党员6人，有党支部，书记张钊。另外，鹤山县民众抗日自卫团第九大队的政工队，驻鹤城、南洞、南庄等地。该队是应大队请求，由中共新会县委组成派出的。队内党员6人，有党支部，书记容汉勋。广东省一区保安司令部政工队第一小队，驻鹤城九图圩，队内党员4人，有党支部，书记林振炽。还有由组织安排到鹤山工作的党员2人：

廖健，在广东省民众抗日自卫团十九区统率委员会政训员训练班学习结业后，于1938年12月来到鹤山，任鹤山抗日自卫团第五大队某中队政训员，驻一区黄宝坑村；冯光，在中共西南特委举办的党员训练班学习结业后，于1939年1月来到鹤山工作。

众多共产党人来鹤山工作，在开展群众性的抗日救亡运动中，注意物色和培养入党对象，一旦条件成熟，即发展为共产党员。这样，重建鹤山党组织已具备条件。1938年12月，中共西南特委派人到鹤山沙坪召开会议，传达特委决定，宣布成立中共鹤山县特别支部（简称"中共鹤山特支"），驻龙口青溪世昌温公祠，书记莫福枝，委员廖健。中共鹤山特支的建立，标志着鹤山已经重建了党组织，10多年革命低潮结束，鹤山人民又在中国共产党的领导下开展革命运动，以崭新姿态迎接抗日民族解放战争。

1939年春，莫福枝随战工队北上韶关，中共鹤山特支做了调整。调整后，书记是冯光，副书记是陆华（苗文舒），干事是温煊荣。

**二、农村党组织的壮大与发展**

中国共产党是人民抗日的坚强领导核心。为加强党的建设，驻鹤山县各个救亡团队的党支部，在开展抗日宣传的同时，着重建立农村抗日据点，积极培养和发展共产党员，建立健全党的组织机构，加强党的领导。1938年12月中共鹤山特支的建立和1939年5月新鹤县工委的建立，更加快了农村建党的步伐。战工队第一〇二队在朱六合工作期间，培养和发展了农民冯广华、冯维庆等人加入中国共产党，于1939年4月建立了中共朱六合支部，书记冯维庆。1939年2月中旬，驻鹤山的三支战时工作队奉命北上韶关集训，战工队第一〇二队根据西南特委指示，留下党员苗文舒、温煊荣坚持在当地工作，他们与上级党委派来的共产党员冯光一起，继续开展抗日救亡工作。3 月间他们转移到青溪乡。4 月，冯光到粉洞村开辟新的抗日据点，大约半年时间，发展了农民任顺文等 9 人为共产党员，7 月间建立党支部，冯光兼支部书记（1940 年后，任顺文任支部书记）。苗文舒和温煊荣在青溪吸收农民温广才等 11 人加入中国共产党，也于同年 7 月间建立了中共青溪支部，温煊荣任支部书记。1939 年 5 月，新鹤县工委委员容宗英和余高平在三区大朗工作期间，发展郭祥为共产党员，成立中共大朗支部，容宗英兼支部书记（1940 年后，郭祥任支部书记）。1939 年春，中共西南特委委员陈春霖到云乡开展抗日宣传活动，吸收农民陈相等人为共产党员，成立党小组。之后，县工委委员余高平到云乡工作，也发展了共产党员。1939 年夏，云乡已有共产党员 6 人，成立中共云乡支部，陈相任支部书记。1939 年春，共产党员方奕智在延安抗日军政大学结业后回乡，以教师职业掩护，开展革命活动，在学校培养和发展了小学教师吴英华等 4 人加入中国共产党，1939 年秋，成立中共芸蓼小组，方奕智任小组长。广东省一区保安司令部政工队第一小队，于 1939 年 5 月到鹤城开展抗日救亡工作，驻小官田附近的九图圩。6 月间，该队党支部吸收药店"普济堂"工人黄兆威入党，稍后又在小官田村吸收农民钟柏森等入党，成立中共小官田小组，政工队第一小队党支部书记林振炽兼任小组长。1940 年 2 月，中区特委派共产党员廖健、阮瑞琼等到鹤山工作，在二区维墩地方任小学教师。3 月，他们与附近难童教养院的教师、共产党员吴英华、李迅挥等取得联系，成立中共维墩支部，书记廖健。支部成立后，陆续在当地发展了一批共产党员。

1940 年，共产党员简惠仙在三区大朗村敦本小学教书，吸收妇女麦莲好等 3 人为共产党员，成立大朗妇女党小组，简惠仙任组长。同年，共产党员陈云英在二区青溪村工作期间，吸收妇女温少琼等 4 人入党，成立青溪妇女党小组，陈云英任组长。1941年，在三区平岭村教学的共产党员成立党支部，书记林振炽；1942 年，三区铁冈小学成立党小组，组长吕帝协。

有些个别发展的农村党员，一般是单线联系，如：1939 年，新鹤（新会、鹤山）县工委书记陈江（陈明江），联系鹤城东坑村共产党员邱秀明；新鹤县工委委员苗文舒，联系鹤城小官田共产党员梁其钦；1945 年，鹤山特派员李克平，联系共和合洞圩共产党员张聘。

抗日战争期间，共产党员陈革在合成地方教书，1941 年发展胡翼民为共产党员，但未建立党的支部，其组织关系由高明县二区党委联系。

1943 年春，一批共产党员来到三区禾谷地方教书，成立中共禾谷小组，组长甄杰，党员 5 人。1943 年秋，党员分散转移，小组撤销。

抗日救亡运动在农村普遍开展，鹤山农村党组织的建设日益壮大，共建立党支部 7 个，党小组 5 个，党员 116 人（未包括外来党员）。

### 三、县和区一级党组织的建立

1939 年 3 月底 4 月初，江门市和新会县城相继沦陷，新会潭江以北广大地方陆续被日军侵占，成为沦陷区或半沦陷区；而潭江以南仍是国民党统治区。在江门、新会沦陷前后，新会有部分共产党员先后转移到鹤山工作。其间，鹤山党组织的建设工作迅速开展，一些村已建立了党的支部。为了更有利于对新会潭江北岸地方党组织和鹤山党组织的领导，中共中区特委决定撤销中共新会县委员会，成立中共新鹤县工作委员会（简称中共新鹤县工委），以加强敌占区党的工作，发展人民武装，建立抗日据点，开展抗日游击战争；而新会潭江以南，则另成立中共江南区工作委员会。中共新鹤县工委于 1939 年 5 月在新会大泽的田金乡宣告成立，书记陈翔南，副书记陈江。同年 9 月，陈翔南调离，由陈江任书记，委员先后有莫福枝、容宗英、余高平、陆华等，皆隶属于中共中区特委。因受战争环境影响，县工委驻地几经迁移，先驻田金乡，后迁至石桥乡的桥下村，再移驻鹤山县的云乡圩，1940 年，与中区特委机关一起驻鹤山三区大朗乡。

中共新鹤县工委机关的驻地在鹤山的南部。为加强鹤山北半部党组织的领导，1940 年 7 月，中共新鹤县工委决定撤销中共鹤山特支，成立中共鹤山县西北区工作委员会，书记冯光，委员赵彬、廖健、谭煦照。

1941 年 3 月到 1942 年 12 月，口军大肆"扫荡"。针对口军的疯狂进攻及战争形势需要，中共中区特委决定撤销新鹤县工委，新会和鹤山党的领导机关分开。1941 年 5 月，中共鹤山县委员会成立，书记李宜振，委员余高平、谭煦照。县委贯彻全面抗战的方针，发动群众，坚持抗日战争。

# 第二节 抗日救亡运动

## 一、建立抗日民族统一战线

抗日战争开始，不少救亡团队来到鹤山，运用多种宣传形式，揭露日本帝国主义侵略者的罪行，宣传共产党抗日主张，发动群众积极行动起来，参加反侵略战争，群众性的抗日救亡运动在全县普遍展开。运动中，各个救亡团体的党组织都认真贯彻党的抗日民族统一战线政策，团结一切可以团结的力量，把救亡运动搞得如火如荼，高潮迭起。

1938 年 10 月下旬，以中大抗先队骨干为主组成的战工队一〇二队，抵达二区朱六合村。一〇二队副队长、党支部书记莫福枝去见乡长冯泽。冯泽是朱六合村人，归国华侨，有爱国思想，是当地有名望的士绅、县参议员。莫福枝向冯泽说明来意，提出了工作的设想，他当即表示拥护共产党的抗日主张，乐意支持一〇二队的工作。由于有广大群众的参与，有上层的支持，五福乡的抗日救亡运动很快便出现高潮。一〇二队帮助当地群众办起了民众夜校、阅书报社，把该乡更夫队整顿改编为民众抗日自卫中队，有 60 余人枪，乡长冯泽兼任中队长，并聘请一〇二队的共产党员苏炳鉴为军事教官。中共西南特委武装部部长冯扬武曾到该中队讲授游击战的战略战术课。年轻妇女组成了救护队，经过短期训练，学会担架和止血、敷药、包扎等简易医疗急救知识，她们的操作表演受到赞扬。之后，还组织了青年抗日先锋队。在一〇二队的推动下，由冯泽出面联络粉洞朱六合至大郡等 15 个乡的乡长，集中到朱六合开会，商讨如何联合起来，共同抗击日寇的进犯。会议当即决定成立"十五乡联防会"，公推冯泽为主任，一〇二队共产党员李文浩为秘书，其他如妇女抗敌会、儿童团等群众团体，也先后组织起来了。

鹤山县民众抗日自卫团第九大队政工队党支部，在该队驻南洞工作期间，注意做好当地民主党派的统战工作，与农工民主党人联合起来，发动群众，开展抗日救亡运动。1939 年 2 月，南洞青年抗日先锋队成立，推举农工民主党当地负责人黄日昭任队长。成立抗日大刀队，效法东北抗日联军，人手一把大刀；成立救护队，请鹤城名医做战地救护的技术指导，该队发动圩镇殷商及农村富户募捐购买药品。3 月间，南洞各村群众组织的抗日团体，在共产党和农工民主党的推动下，举行了声势浩大的抗日大巡行。日军飞机轰炸鹤城，南洞青年抗先队、救护队赶赴现场抢救伤员，深得群众赞誉。

1941 年，中区特委机关曾一度移驻三区的云乡，特委书记刘田夫住在进步青年陈棠家里。陈棠父亲是归侨，早年置有田产，是云乡首富。受到共产党统战政策的影响，拥护共产党团结抗日主张，他动员家人，安排好刘田夫等人的生活起居，做好安全工作。

在国民党挺三纵队的主力部队中有个特务中队，190 余人，装备精良，配备了迫击炮、轻重机枪、枪榴弹（在步枪口加掷弹筒发射的榴弹）和电台。该队于 1944 年驻二区月桥村，准备进攻共产党的抗日游击根据地。该中队的队长秦炳南，接受共产党较长时间的统战政策教育，决定弃暗投明，率部起义。经中区纵队司令部批准，于 1944 年 11 月 29 日凌晨，在部队攻打国民党驻金岗圩附近的鹤山、中山等流亡县政府的同时，宣布起义。秦炳南中队起义后，编入中区纵队，秦炳南被任命为第一大队副大队长。秦部起义，破坏了国民党的"剿共"计划，加强了人民抗日武装，给国民党反动派一个沉重的打击。中共鹤山县各级党组织和人民抗日部队，认真贯彻党的统战政策，团结本县国民党上层人物、地方士绅和地方实力派人士，共同联合抗日，为夺取抗日战争的胜利做出贡献。

## 二、广大华侨、侨眷开展抗日救亡史实

鹤山是著名侨乡，华侨华人遍布世界 50 多个国家和地区。他们多因迫于生计离乡背井，寄人篱下，饱受帝国主义欺凌、压迫和剥削。他们深感祖国的前途安危与自己的命运休戚相关，所以十分关心和热爱祖国，当祖国遭受日本侵略军铁蹄的践踏，中华民族正处在生死存亡的危急关头时，他们都表现出高度的爱国主义热情，积极响应中国共产党"团结抗日，共御外侮"的号召，在抗日民族统一战线旗帜下，出钱出力，与祖国人民，为抵抗日本帝国主义的侵略而奋斗。

一是积极捐款献物。抗日战争全面爆发，香港鹤山同乡会主席李一谔等人发动海外邑侨捐资，成立"鹤山邑侨筹赈兵灾难民会"（简称"侨赈会"），在鹤山县二区龙口镇龙腾书院设立侨赈会办事处，聘宋森为主任，办理县内平粜（低于市价出售谷米）、施粥和赠医施药等多项善事。旅欧华侨侯寿南，自抗战开始从瑞士到香港，接任香港鹤山同乡会主席职务。他号召海外侨胞，要做鹤山侨赈会的后盾。为充实侨赈会经费，他曾前往南洋各埠，发动侨胞捐款，也曾多次邀请马师曾等文艺界人士在香港太平戏院义演筹款。他在新加坡、马来西亚等地，募集大米 1 000 包（每包重 200 司马斤，120 多公斤），转汇给鹤山侨赈会以赈济

难民。

1944年10月下旬，广东人民抗日游击队中区纵队主力约500人挺进粤中，抵达三区云乡，该乡上环村归侨陈棠的父亲，捐献稻谷300担作军粮，卖田买枪，以充实抗日自卫队的装备，陈棠妻张莲积极支持丈夫参加革命，主动献出金梳、金项链、金手镯、金戒指等一批陪嫁饰物，支持抗日。南洞雷屋村侨眷邓新招，支持丈夫雷鹏参加革命；听说雷鹏战友陈金星在龙眼村养伤，急需医疗费，她手头没钱，把小女儿的银项链卖掉，得款200元大洋，托交通员送给陈金星作医药费。一区平冈乡侨眷李平仙，积极支持兄弟姐妹参加抗日，变卖衣物为抗日部队购置军需品。类似上述事例，不胜枚举。

二是踊跃参军参战。全民族抗日战争开始，海外侨胞陆续回国，参军参战，驰骋疆场，英勇杀敌。三区址山昆华村青年林耀，在香港华仁书院读书，自全民族抗战开始，他深感"国家兴亡，匹夫有责"，毅然放弃出洋留学的机会，投笔从戎，到广州燕塘军校接受空军训练。1938年3月，他开始在空军服役，先后击落日军飞机三架，击毁日军船舰多艘。1944年6月，在湖南长沙空战中壮烈牺牲。三区竹叶水村汤伟基、汤伟池兄弟，出生于秘鲁，后回乡读书，1939年定居香港。1942年，兄弟二人参加广东人民抗日游击队东江纵队，同日本侵略军作战。1945年，汤伟池在一次抗日战斗中牺牲。在南洞侨眷中，有刘鸿生、雷鹏、廖荣等10多人参加抗日部队。刘鸿生于1945年2月，在新兴县的蕉山战斗中牺牲。

三是组织社会团体，进行抗日救亡运动。在美洲，鹤山华侨参加"纽约华侨抗日救国筹饷局""旅美华侨统一义捐救国总会""墨西哥华侨抗日后援会""厄瓜多尔华侨救国总会"等；在欧洲，有"全欧华侨抗日联合会"；在东南亚，有"南洋华侨筹赈祖国难民总会"；在港澳地区，有"救灾会回国服务团"；在内地，侨眷参加"青年抗日先锋队""妇女抗日救国会""抗日儿童团"等抗日团体，在救亡运动中发挥积极作用。澳门四界救灾会回国服务团第二队于1939年1月来到鹤山，奔赴抗日前线的水口村（水口村，在西江南岸，沙坪河口，距当时日军侵占的九江沙口仅千余米），在当地办民众夜校、出板报、教唱救亡歌曲，宣传抗日救国；在战地为战士治病、替伤员包扎伤口。旅港鹤山同乡会，也于1939年组成20余人的服务团，回乡进行抗日宣传，慰劳前线部队官兵，曾受到第七战区司令部嘉奖。青年陆无涯是一区隔朗村人，在澳门参加四界救灾会回国服务团，任第六队队长，在粤北战地服务。1941年，香港爱国青年陆艾明、陆艾斯、胡卫宽、卢锋等10余人组成的政治工作队，回鹤山宣传抗战：在全县城乡刷写墙壁标语、画漫画、教唱抗日歌曲、演话剧，并到战地协助群众疏散、赈济难民等。大朗、南洞、维墩、青溪、朱六合、赤坎等乡的侨眷，纷纷参加抗日先锋队、妇女抗日救国会等抗日团体，投身于抗日救亡运动。粗石坑侨眷刘锦，不但积极鼓励子女参加抗日部队，而且在困难时期，变卖家产，供养在她家隐蔽的革命战士或出资营救在狱中的战士。1945年3月，顽军"扫荡"云乡，侨眷陈棠的家被烧毁，陈棠弟妇张勤走避不及，不幸被捕，敌人想从她口中探听游击队的动向，用尽威逼利诱手段，甚至采取假枪毙来威胁，她也守口如瓶，毫不泄露游击队情况。

### 三、支援前线，重创侵略者

1938年12月2日深夜，盘踞南海九江镇的日军渡过西江，强占鹤山东北部的古劳圩，抢掠财物，焚烧商店300余间，80多名群众被屠杀。人民群众义愤填膺，纷纷起来支援前线，朱六合抗日自卫队更迫切要求上前线杀敌。4日，该队70余人由队长冯泽带领，会同战工队一〇二队一起奔赴古劳前线。队伍抵达麦村与守军会合。后来接到侦察员回报，说日军已退往北岸河清，朱六合抗日自卫队遂返回村中。

1939年3月28日，占领南海县九江、龙江、龙山一带之日南支派遣军二十二师团第二十三军八十六联队，出动1 000余人，乘橡皮艇偷渡西江，在沙坪镇黄宝坑一带沙坪河口登岸，大规模进攻鹤山，沿谷埠直迫县城沙坪，并占领南山据点。

30日凌晨，驻鹤山的国民党第六十四军一五五师第九二六团、鹤山民众抗日自卫团保安三团，在鹤山统率委员会麦星甫等指挥下奋起反攻，战斗异常激烈，毙伤敌多人，一连的连长中弹阵亡。中共鹤山特别支部动员朱六合、青溪村等地群众60余人，肩挑饭菜、炒米、饼干、茶水送到前线，慰劳抗日将士，妇女抗日联合会组织担架队，救护伤员，官兵深受鼓舞，士气大振。激战1天，击退日军多次进攻，攻克了状元山，收复中山公园和螺山等失地，曾一度迫近南山日军据点。

30日下午8时，肇庆援军赶至，一五八师和保安三团在友军配合下，向敌阵发起进攻，一五八师两个营组成敢死队乘夜直插沙坪城内，日军慌作一团，狼狈向南山撤退，龟缩于南山据点内。

31日凌晨，国民党军乘胜分三路强攻敌南山据点，发起七次冲锋，数度突入南山顶，与日军短兵相接，敌凭借一中坎侨堂等坚固建筑物负隅顽抗，激战10多个小时。

4月1日午后，日军大量援兵从江门、九江源源开来，派遣飞机数十架次，投弹600余枚，抗日防御工事被破坏，腹背受敌，国民党军第九二六团及鹤山抗日自卫团遂撤出战斗，退至玉桥、竹朗一带设防。

4月3日，抗日军队侦知敌后空虚，故集中主力于古劳，准备渡江向河清、九江进击。敌以后路有被截断之虞，遂纵火焚烧沙坪，狼狈退却。抗日军队跟踪追击，卒将沙坪及海口一带收复。此南山战役击毙日军八十六联队队长枝松等 40 多人。国民党军第九二六团牺牲 60 余人。

1939 年 4 月下旬，日军先后侵犯平岭、莱苏、共和、鹤城、金岗、龙口、朱六合等地，都受到当地抗日自卫队和群众的抵抗。1942 年春，守军在新鹤边境抗击日本侵略军，鹤城、南洞、里村、莱苏、共和等地群众，募集大批米饼、酒菜和其他物品，送到大凹村四六八团指挥部，慰问前线抗日官兵。鹤山人民没有被强敌所屈服，奋起抵抗，慷慨捐资，募集物品，慰劳前线。

## 四、大凹伏击战

七七事变后，日军大举南侵，在大亚湾登陆，很快占领江门、会城等重镇。毗邻江门的共和镇便成为日军通往西南的军事要地。该镇的平岭、红星、莱苏、大凹、铁岗等乡村，是江门、会城日军虎视眈眈的目标，是中日争夺的主要战场。

1938 年 3 月，为截击江门的日军西进，省保安七团在平岭江鹤公路两边的牛山、骑龙山、马山等地挖战壕、筑工事。保安七团虽是地方军，但战斗力很强，日军多次进攻都被击退。后来出动空军对各个山头狂轰滥炸，地面部队一齐进攻，中方阵地失守。日军进入村庄后烧杀抢掠，两年时间杀害群众百多人，炸毁民房百余间。

1940 年初，国民党军一五六师刘进湘团，省保安七团（团长杨权吉），驻防大凹和新会邻近的村庄。1941 年 8 月上旬，日军大举进攻省保安七团防守大凹的驻地鸡公岭，为诱敌深入，七团派出小部分兵力开上鸡公岭相邻的崩山，在那里虚张声势，主力部队却埋伏在崩山侧的下首山。日军以为中方主力转移崩山，就向崩山发动大规模进攻，当经过下首山中方伏击圈时，七团主力一齐向敌开火，打得日军晕头转向，叫爹喊娘，抛尸弃甲。经过两个多小时战斗，日军近百人死伤。日军把尸体拖到新会冷水迳，拆了民房，取木料点火焚尸，然后窜回老巢。

战后，当地青年在下首山一带拾到的子弹壳足有两箩筐，山草被鲜血染红，带血的棉花、纱布遍地皆是，腥臭难闻，以致半年后村民也不敢在那里放牛。

# 第三节 抗击反共逆流

## 一、坚持抗日活动

战争进入相持阶段后，日本帝国主义把"军事为主，政治为辅"的速战速决方针变为"政治为主，军事为辅"的"以华制华"的方针。在日本诱降、英美劝降之下，国民党汪精卫集团于1938年底在越南河内发出"艳电"，公开叛国投敌；以蒋介石为代表的国民党政府对抗日表现出很大的动摇，推行"消极抗日，积极反共"的政策。1939年1月，国民党召开五届五中全会，确定其军事重点从对外转向对内，制定了"溶共、防共、限共、反共"的方针。会后，成立"防共委员会"，制定了"军事限共为主，政治限共为辅"等一系列伎俩。自此，各地反共活动日趋严重，接连发生袭击和杀害共产党领导的抗日军民和后方工作人员的严重事件。团结抗战的局面出现危机，国内政治局势发生逆转，因此，中国共产党不得不对国民党进行针锋相对的斗争。1939年7月7日，中共中央发布时局宣言，提出"坚持抗战、反对妥协，坚持团结、反对分裂，坚持进步、反对倒退"的口号，各地坚决开展打击汉奸卖国贼的活动。各界举行反投降大会。

这时，鹤山党组织正处于重建初期，中共鹤山县特别支部成立不久，国民党制造的反共逆流也在鹤山出现。1939年初，国民党怀疑在各地服务的战时工作队内有共产党人，即通令集中到韶关，并将其解散。

面对国民党的反共逆流，中共中央及时制定斗争对策，中共广东省委按照中央指示提出斗争策略和工作方法，改变党的活动方式。中共中区特委指示，战工队一〇二队在北上韶关时，留下队员苗文舒、温煊荣二人坚持抗日工作，他们与上级组织派来的冯光商量，认为要开展党的工作，必须有正当职业掩护，作为立足点。温煊荣是本县青溪村人，可回本村设法恢复已停办半年的小学。他们三人先后来到青溪，经过几个月努力，全村群众一致赞同恢复办学，公推温煊荣为校长兼庶务，并授权他物色聘用教员。于是，苗文舒被聘为该校教员，1939 年 9 月 1 日正式开学。此后数年，党掌握了青溪小学这个阵地，每年聘用的教师都是共产党员。青溪小学先后是中共鹤山县特别支部、中共鹤山县西北区工委和中共鹤山县委机关驻地。冯光为开辟新的立足点，经朱六合支部书记冯维庆协助，于1939 年 4 月进入山区粉洞村，得到农民任仕林等人的支持，取得教师职业掩护，开展党的工作。苗文舒、温煊荣、冯光三人分别在青溪、粉洞两地发展了共产党的组织。青溪村党支部发动群众集资，建立了一间消费合作社，派党员负责业务，也作为党的一个联络点。该支部还通过社会关系，在国民党驻尧溪村的军统谍报组买得几张"持枪通行证"，派给共产党员借"走货"名义，进行革命活动。青溪党员温八田，设法进入烟农合作社，以合法形式保护农民利益。

在反共逆流越来越凶猛的形势下，中共中区特委机关决定从城市向农村转移。1940 年 10 月，中共中区特委从开平县三埠镇移驻鹤山三区大朗乡回龙村。这里有共产党的组织，群众基础好，地处开、鹤、新三县边界，便于隐蔽和转移。特委先前派到大朗小学任教的党员，得到该乡党支部和群众的支持，共同做好对特委机关的安全保卫工作。特委书记刘田夫，以行商身份出现，便于进行革命活动。党员通过各种社会团体，继续进行抗日救亡活动：大朗支部成立"青年音乐社""白浪篮球队"；青溪支部成立

"刚健学艺研究社""醒狮队";维墩支部开办"业余读书会"。共产党员在这些组织中宣传马列主义,宣传抗日救国,团结、教育青年,使他们提高觉悟,积极参加抗日救亡运动。共产党员简惠仙、陈云英、廖健等10多人,都有教师职业掩护,他们先后在青溪、维墩、大朗、云乡、赤坎、南洞等地创办民众夜校和识字班,充分利用这块阵地,通过上文化课或音乐课,宣传共产党的抗日主张,传播马列主义。经过夜校教育,不少青年参加了人民抗日解放军,申请加入中国共产党,为以后建立人民抗日武装、开辟抗日游击战的据点打下了基础。

## 二、建立交通情报网

粤北省委被破坏,广东的政治环境险恶,党组织被迫转入地下活动,为了掌握敌情、沟通情况、传递信息,建立健全的、秘密的交通情报网十分必要。上级党委、县委和部队都在鹤山县设立交通情报站或联络点,构成一个比较庞大的交通情报网。在圩镇的交通情报站,有沙坪镇的建成行、址山圩的广利号;联络点有沙坪镇的永裕号、尊安堂药店和金岗圩的森记等。在农村的交通情报站有云乡、大朗、铁岗、粉洞、青溪、维墩等;联络点有浪石、汉唐等。交通站任务是一站转给一站,形成能沟通鹤山全境,可通达粤中、珠江、东江、西江地区的交通线。通过交通站,传递文件、书信、情报,或者掩护、接待过往人员,给他们做向导,替部队侦察敌情、采购军需品等。交通员绝大多数是共产党员,也有部分是可靠的进步群众,他们不辞劳苦,不怕牺牲,敢冒风险,排除万难,出色地完成任务。

沙坪镇的建成行交通站,由进步人士冯超源负责。该站接待的过往人员中,有领导干部李嘉人、邓楚白、梁尚立、马敬荣等,该站派人做向导,掩护他们通过敌人的封锁线,前往珠江、东江、西江等地执行任务。址山圩广利号,是共产党员陈灿和陈棠合资经营的杂货店，首层营业，二楼为秘密交通站，曾多次掩护过特委、县委及军事干部多人，不少农村青年参军，都经该站转送入部队。云乡交通站站长陈相，有一次做交通员负责到德庆县接一位女干部。为了安全，他与女干部假扮夫妻，顺利通过敌设的多处关卡，把她带到新会桥下特委机关驻地。维墩女青年邓少珍，1944年9月在特委举办的妇女干部训练班学习，结业后被派到高明县大简村任交通站站长。大简村交通站是部队设置的交通站，联系白水带、维墩、江门、歌乐、更楼、老香山交通线，任务繁重，书信情报及过往人员多，还需收容失散人员，护理伤病员。邓少珍和站里三个交通员立下誓言："生不讲，死不走。"（保守秘密，不做逃兵）1945年1月，邓少珍结婚后的第二天接到紧急通知要返回单位，心想自己是共产党员，应该摒弃儿女私情，以革命为重。于是毅然告别丈夫，连夜与交通员一起跋山涉水，徒步70余里，赶回大简村。1945年5月，国民党顽军来"扫荡"，邓少珍临危不惧，迅速疏散掩蔽伤病员后，又立即烧毁机密文件。在危急关头，群众帮她化装成农妇，借以保护她。邓少珍后因被叛徒出卖，壮烈牺牲。

抗日战争期间，直接由部队设立的医疗站不多，医护人员少，有些伤员也送到交通情报站治理。1945年夏，广东人民抗日解放军第二团副官谭汉杰战斗负伤，送到维墩交通站医治，在共产党员冯婉玲等细心护理下，伤员很快康复。合成长岗交通站，在顽军"扫荡"时，积极发动群众，协助医疗站把伤病员转移掩蔽，保证医疗站的安全。一区陈山村李鹤超的家虽不是交通情报站，但必要时也发挥交通站作用。1945年5月，二团团长卢德耀在战斗中负伤，最初是在李鹤超家里养伤。李鹤超父亲李筠友，是地方上较有名望的士绅，他去请鹤山最好的西医来为卢团长治疗，安排长女李平仙负责护理。李平仙虽是家庭妇女，但多次为部队寄发传单、购买药物、接待过往战士，并为烈士抚养后代，贡献良多。

# 第四节 建立抗日武装

## 一、人民抗日部队的组建

从 1944 年 4 月起，日本侵略军急于打通中国南北交通线，向平汉、粤汉、湘桂等铁路沿线发起进攻。国民党军队士气低落，不作抵抗，甚至不战而逃，各个战场出现大溃败局面。在日本侵略军猛烈进攻下，广东省丢失了大部分地区，面临全省沦陷的局面，千百万同胞挣扎在日本帝国主义的铁蹄下，苦难更加深重。然而，国民党当局仍坚持其消极抗日、积极反共政策，要打败日本帝国主义，已不能再指望国民党。想要全面发展广东的抗日力量，必须建立由共产党直接领导的、独立自主的人民抗日武装。根据中共广东省临时委员会和广东东江军政委员会在宝安县大鹏半岛上洋村联席会议的精神，在珠江三角洲的抗日部队——南（海）番（禺）中（山）顺（德）游击区指挥部于 1944 年初派政治部主任刘田夫率部分军事干部到新会县，向陈江等传达指挥部指示，发动群众建立人民抗日武装，以牵制和打击日军，同时做好迎接珠江部队挺进粤中的准备工作。在新会县委和鹤山特派员协助下，经过两个多月努力，于 1944 年 5 月，新（会）鹤（山）人民抗日游击大队（以下简称"新鹤大队"）在新会田金乡内部宣布成立。部队初建时只有一个中队，由新会十五区队、田金乡队以及新会县自卫大队第三中队黄国明（黄伟民）领导的一个分队的部分士兵组成，约 80 人。七八月间，再建立了两个中队。其一是由新会桥下村共产党员陈灿，据上级关于组建抗日部队的要求组成的一支人民抗日武装，起初挂"广阳守备区江北岸敌后特务第四大队第六中队"番号，约80人，辖三个分队：第一分队是由鹤山大朗支部的党员及进步青年20多人组成；第二分队是由鹤山云乡支部的党员及云乡、南洞等地的进步青年30余人组成；第三分队是由新会桥下和开平水井等地20多名党员和进步青年组成。之后编为新鹤大队第二中队。其二是由新会大井头和鹤山罗帷洞两地党员、进步青年30余人组成，编入新鹤大队第三中队。至于由陈灿另外组织的"广阳守备区江北岸敌后特务第四大队址山独立分队"，有部分人员后来加入中区纵队第一大队民生连。

1944年10月，新鹤大队在新会十区白庙乡松山村公开宣布成立，改称"新鹤人民抗日游击队第二大队"。大队长兼政治委员陈明江，副大队长黄国明，政治处主任谭煦照（谭颂华）。下辖三个中队和一个手枪队，共200余人。第一中队（主力中队）：中队长谢瑞标，副中队长曹广，指导员梁文华；第二中队：中队长陈灿，副中队长李龙英，指导员陈天伟；第三中队：中队长李兆培，副中队长刘南，指导员廖健；直属手枪队：队长周复，政治服务员司徒明。新鹤大队成立时，发表了《告同胞书》，号召新会、鹤山两县人民，万众一心，形成铁的阵线，为救乡救国，配合人民抗日武装，全面开展抗日游击战争，粉碎敌伪的"扫荡"，彻底打败日本侵略者而奋斗。

## 二、中区纵队挺进粤中

1944年，世界反法西斯战争形势变化很快，在欧洲和太平洋战场，盟军取得节节胜利。中国人民的抗日战争，已从相持阶段转入反攻阶段。华北、华中、华南各抗日武装根据地普遍发起对日伪军的反攻，扩大原有根据地，开辟新的根据地。广东省已发展成为全国三大敌后战场之一。鉴于日军急于打通平汉、粤汉、湘桂铁路线，广东境内日军正在向广西、粤北进犯。驻江门、会城日军也沿西江进犯中区各地，广东正面临全省沦陷的局面。根据中共中央的战略方针和中共广东省临委指示，珠江三角洲敌后人民抗日武装加快了向粤中挺进的步伐，以鹤山宅梧为中心，开辟新的皂幕山抗日根据地，为继续向新（兴）恩（平）两阳（阳江、阳春）及云雾山区发展做准备。

新鹤大队成立后，根据南番中顺游击区指挥部和中区特委的部署，正加紧做好迎接中区纵队挺进粤中的工作。1944年8月，中区特委在鹤山县云乡举办第一期军政干部训练班，班主任陈春霖，军事教官朱开、郭标，指导员梁文华。来自鹤山、新会、台山、开平、恩平、高明等县的学员40多人参加，其中鹤山县有8人。10月，中区特委在新会县司前松山村举办第一期妇女干部学习班，班长谭秀华，指导员兼党支部书记周敏玲。鹤山县的维墩、青溪等党支部选派女青年邓少珍、冯婉玲、李如意、温少琼等参加学习。两个训练班的举办，为中区纵队挺进粤中做好干部的培训工作起着重要作用。

1944年10月20日，中区纵队主力部队约500人，由司令员林锵云、政治委员罗范群、副司令员谢立全、参谋长谢斌、政治部主任刘田夫等率领，从中山县五桂山抗日根据地出发，向粤中挺进。挺进部队得到各地方党组织、人民抗日武装和进步群众的接应、协助、掩护，顺利穿越敌、伪、顽的封锁线，两渡西江，在新会周郡渡口与前来迎接的新鹤大队会师。部队在新会三堡乡大井头村稍事休整，继续挺进，10月下旬抵达云乡。中共云乡支部和乡务委员会组织千余群众，敲锣打鼓，举旗舞狮，到龙王迳热烈迎军，并在云乡圩东侧河滩举行迎军大会。共产党员、新云乡乡务委员会主席陈棠主持大会，乡务委员、清钱小学校长张泽林代表云乡人民致欢迎词，纵队政委罗范群在会上讲话，正式公布"广东人民抗日游击队中区纵队"番号，号召人民群众积极支持人民抗日部队，踊跃参军参战。后来，云乡有30余名青年参加了广东人民抗日解放军。

### 三、开辟皂幕山抗日游击根据地

皂幕山是高明、鹤山两县的界山，位于鹤山西北部，东北起于西江西岸，西南延伸至开平水井乡。山峰连绵起伏，左右如张开之幕，故名。主峰蒲髻顶高 800 多米，山高林密，地势险要，易守难攻。皂幕山区群众基础好，中区纵队挺进粤中后，即以皂幕山区为落脚点，大力发动、组织人民武装，使当地人民抗日武装得到迅速发展扩大，自新鹤人民抗日游击队第二大队成立后，又在高明县、台山县先后建立了两支抗日游击大队，至 1944 年底，中区纵队下辖共有 4 个大队：挺进部队、新鹤人民抗日游击队、高明人民抗日游击队、台山人民抗日游击队。原挺进部队为第一大队，大队长黄江平，政治委员谭桂明，副大队长卢德耀；新鹤人民抗日游击队为第二大队，大队长兼政治委员陈江，副大队长黄国明，政治处主任谭煦照；高明人民抗日游击队为第三大队，大队长黄仕聪，政治委员郑锦波，副大队长沈鸿光；台山人民抗日游击队为第四大队，大队长陈中坚，政治委员李进阶，副大队长林兴华，政治处主任赵彬。11 月 7 日，中区纵队从云乡出发，向鹤山四区宅梧挺进，一举攻克四区署及警察所，打开国民党粮仓，赈济贫苦农民，解放了宅梧镇。15 日，解放白水带，铲除盘踞在皂幕山腹地的反动地主武装——鹤卫总队白水带中队，为建立皂幕山抗日根据地打下基础。29 日，中区纵队开赴二区金岗圩，策应挺三纵队秦炳南部起义，打开鹤山县监狱，救出被囚禁的部队人员以及无辜被囚的百姓。上述军事活动，对打击顽军嚣张气焰，扩大游击区，巩固抗日根据地有着积极的作用。

### 四、宅梧会议及广东人民抗日解放军的建立

中区纵队挺进粤中以后，部队不断壮大，抗日根据地日益巩

固，抗日民主政权纷纷建立，抗日救亡运动进一步高涨。国民党顽固派视中区人民抗日武装为"奸匪"，采取敌对手段，不断制造摩擦，以"剿匪"为借口，企图消灭中国共产党领导的人民抗日武装，扼杀新生的抗日民主政权，摩擦和反摩擦的斗争频繁激烈。

1944年12月下旬，珠江、西江、粤中三个地区的党政军领导干部在鹤山县四区宅梧镇举行会议，出席会议的干部有连贯、罗范群、梁鸿钧、刘田夫、谢立全、冯燊、谢斌、谢创、梁嘉、李国霖、陈翔南、关山、周天行等。会议由连贯主持，梁鸿钧传达省临委、东江军政委员会联席会议精神，讨论和分析了抗日战争形势，具体部署了各项工作。根据省临委和东江军政委员会决定，在珠江地区的部队，组建为"广东人民抗日游击队珠江纵队"，在中区的部队，组建为"广东人民抗日解放军"，这两支部队同属省临委和东江军政委员会领导。广东人民抗日解放军的主要任务：以五邑为基地，坚持向西发展，联系南路，开辟粤桂边云雾山根据地，为迎接南下的王震、王首道部队做准备。会议决定，重新成立中共中区特别委员会，以加强对粤中各县地方党组织工作的领导。

1945年1月20日，广东人民抗日解放军在宅梧公开宣告成立，发表了成立宣言和通电。通电庄严宣告：广东人民抗日解放军是"广东人民子弟兵"。"本军本着抗日团结爱民三大主张，在敌后前线，均愿竭诚与各抗日友军精诚合作，共同负起打退敌人进攻，缩小敌占区域，收复失地，建立民主根据地之责任"。

通电主张："必须实行民主政治，伸张民意，组织各界民众抗日团体，发扬民主，并团结各党各派、无党派之爱国志士，集中人才，充实抗战力量；同时必须肃清贪污，迅速改善人民生活，废除苛杂，取消田赋增征，实行减租减息，交租交息，维护工商业资本家之正当利益，保障贸易自由，发展实业，增加生产，充裕民力，救济抗日军人家属、华侨家属、失业工人与贫苦农民，以培养国家元气。"

通电提出："要求国民党执政当局改变其消极抗战、积极内战、专制独裁之错误政策，接受共产党及全国人民成立各党派联合政府与联合统帅部之正确主张"，"要求本省国民党军政当局，立即停止内战，共同抗日"，"挽救全省沦陷危机，以冀早日收复失地，为实现孙中山先生的革命三民主义而共同奋斗"。"我们劝告各地国民党顽固分子，放弃只图私利，不顾国家民族，排除异己，屠杀抗日军民之内战行为，悬崖勒马，幡然改图，免为民族万世之罪人。""对一意孤行，罔顾民族大义之内战祸首，决不宽恕，并随时准备作自卫斗争，以保卫人民抗战力量。"

通电号召："我百粤军民正宜加紧团结，努力抗战工作，争取时间，挽救危机"，"尤盼我政府当局各抗日友军，各界同胞，时赐指导，鼎力襄助"。

广东人民抗日解放军司令部设在宅梧余氏大宗祠内，余氏大宗祠所在地一带地势险要，有天然屏障、鹤山粮仓之称，为司令部最佳地址。1 月 29 日，广东人民抗日解放军在皂幕山区举行庆祝成立大会，由部队领导宣读成立通电，连贯代表省临委和八路军新四军致贺词，还举行了文艺演出。

新成立的广东人民抗日解放军领导机构如下：司令员梁鸿钧，政治委员罗范群，参谋长谢立全，政治部主任刘田夫。全军 1 400 余人。下辖 4 个团：原中区纵队主力大队编为广东人民抗日解放军第一团，团长黄平（黄江平），政治委员谭桂明、关海（后），副团长秦炳南、黄和（后），政治处主任廖健、黄昌熹（后）；原中区纵队第二大队编为广东人民抗日解放军第二团，团长卢德耀，政治委员陈江，副团长黄国明，政治处主任谭煦照、李鹤超（后）；原中区纵队第三大队编为广东人民抗日解放军第三团，团长黄仕聪，政治委员郑锦波、陈春霖（后），副团长沈鸿光、吴新（后），政治处主任黄德赐；原中区纵队第四大队编为广东人民抗日解放军第四团，团长陈中坚、吴桐（后），政治委员李进阶、赵彬（后），政治处主任李德光，副主任赵荣。

同时，新建立中共中区特别委员会，书记谢创，委员李国霖、周天行，管辖新会、鹤山、台山、开平、恩平、高明、新兴、阳江、阳春等县的党组织。

广东人民抗日解放军执行中共广东省临委、东江军政委员会指示，准备向西挺进。行前，以鹤山四区人民抗日武装为主，组建了广东人民抗日解放军独立营，营长黄国明，政治委员李鹤超，政治处主任陈特，下辖两个连：第一连连长杨奇，指导员曹孙成；第二连连长胡荣昌（曾用名：黄大湖），指导员李参。这是一支以鹤山人民的子弟为主，按照八路军、新四军建军原则建立的、由共产党直接领导和指挥的部队。广东人民抗日解放军留下二团、三团和独立营在鹤山、新会和高明一带坚持抗战，于1945年春节期间，率主力部队向新兴、恩平、阳江、阳春挺进。

广东人民抗日解放军建立一年多时间里，领导粤中区抗日战争，除以宅梧为中心，开辟了皂幕山敌后根据地，先后建立了云乡、宅梧、白水带、双桥、荷村及鹤山四区等区、乡（镇）的抗日民主政权，还领导粤中人民打退国民党顽军的两次反共高潮，先后主动出击、伏击日伪军十多次，打击、牵制日军兵力5 000多人，毙伤日伪军200多人，收缴武器物资一大批。1945年，抗日解放军活动纵横二百多里，包括高明、鹤山、新会、台山、恩平、新兴、阳江、阳春等地，为抗日战争胜利做出过重大贡献。

# 坚持长期抗战

## 一、抗日民主政权的建立

为坚持长期抗战，需要建立巩固的抗日根据地，而在根据地的建设中，政权建设十分重要。1939 年，陕甘宁边区团结一切抗日阶层建立的抗日民主政权起了示范作用。1940 年 3 月 6 日，中共中央发出关于抗日根据地政权问题的指示，进一步提出了在各抗日根据地建立"三三制"（即政府工作人员中，共产党员、非党左派进步分子、中间派各占三分之一）的政权制度，明确规定："根据地抗日民主政权，是中国共产党领导的统一战线性质的政权，即几个革命阶级联合起来对汉奸、反动派的民主专政。"1944 年 10 月，中区纵队主力部队挺进粤中，到达鹤山后，根据省临委和东江军政委员会的战略决策，以宅梧为中心，加紧开辟、建设皂幕山抗日根据地。首先是重视政权建设。1944 年 10 月，新鹤大队进驻三区云乡，惩罚了专门勾结国民党顽固派、恃势欺压人民的土霸彭道平；深入发动群众，做好上层人物的统战工作。在此基础上，召开乡民代表大会，成立新云乡乡务委员会，推选共产党员陈棠为主席，进步人士樊仲威为副主席，部队派共产党员彭炳炎任该乡政治指导员。接着，帮助各村举行村民大会，选举产生各村村长。11 月，中区纵队铲除了盘踞宅梧镇和白水带的国民党顽固派势力之后，立即帮助当地建立抗日民主政权。12 月，鹤山县第四区临时行政委员会在宅梧宣告成立，当地开明士绅罗捷云当选为区长，部队派共产党员杨基任该区政治督导员。之后，相继建立了五个乡、镇一级政权：靖村乡行政委员会，主任委员余敬华；双桥乡行政委员会，主任委员李振厚；白水带乡行政委员会，主任委员赖华煜；荷村乡行政委员会，主任委员罗举廉；宅梧镇行政委员会，主任委员余敬华（兼）。此外，部队还先后帮助新会县第十区（司前）、开平县的水井乡和高明县的第二区建立了抗日民主政权。

抗日民主政权建立以后，试行了一些改革措施，使群众的政治生活和物质生活得到改善。在政治上，废除了国民党强制施行"抽壮丁"的征兵制度，这种征兵制度是乡保甲长对贫苦百姓进行敲诈勒索的手段，不少人因此家破人亡。民主政权实行志愿兵役制，经过宣传发动，自愿参加广东人民抗日解放军的近千人。在经济上，民主政权宣布废除国民党的实征实购和一切苛捐杂税。新云乡乡务委员会实行"二七"减租（"二七"减租，按原租额减少27%），以保证减轻佃户负担，但也要保证佃户依约交租。新云乡乡务委员会主席陈棠带头，全乡地主富户均依法实行减租。二区粉洞党支部发动农民成立"合作社"，领导农民实行"二五减租"（"二五减租"，是按原应交租额减少25%，以减轻农民负担）同时制定六条乡规民约：（一）不准超耕，每人佃耕平均一亩六分田，多者属超耕。（二）凡佃耕田超过平均数的要调整。（三）任何人不得插手取回他人的田为己耕，违者作挑耕论。（四）调整佃耕田。调整出来的田，由合作社分给不足平均数的佃户耕种。（五）减租减息不动摇，坚持到底，动摇者按村规处理。（六）租减多少，由合作社统一规定，佃户按规定执行，违者按村规处理。合作社由共产党员当主任，六条乡规民约则由抗日自卫队监督执行。粉洞村的农民，绝大多数是佃农，田租削减后，佃户收益增加，土地也逐步转到自耕农手中。在文化教育方面，对因战争而停办的学校，民主政权帮助其迅速恢复上课；经费不足，民主政权设法筹集，改善教职工生活待遇，资助贫困学生就读；在教学内容上，增编有抗日内容的乡土教材。白水带乡的教员，除完成白天教学任务外，还举办民众夜校，扫除文盲，普及文化知识，宣传抗日，协助民主政权改革不良风俗习惯。

在农业生产方面，广东人民抗日解放军协助民主政权，尽力帮助农民克服困难。当时部队经济很困难，仍抽出为数不少的现金举办无息贷款，帮助农民解决肥料、种子、农具等资金的需要。部队没收国民党粮仓的粮食，部分用作军需，大部分平粜或救济贫民。这样，党群关系和军民关系更加密切，人民群众更加坚定了夺取抗日战争胜利的信心。

## 二、惨烈的云乡战斗

云乡镇位于鹤山市西南边陲，海拔 800 多米的皂幕山南麓，峰顶常有云雾，故称云乡。云乡西部与开平市水井镇接壤，全镇群山环抱，只有三个山口出入，地势险要。

1938 年 10 月，侵华日军大举南下，1939 年初，江门、新会陷落。中共广东省委要求地方各级党组织，迅速开辟抗日根据地、开展敌后游击战争。新（会）鹤（山）县工委根据上级指示，派出一批干部进驻地理条件优越、群众基础好的云乡，展开建立根据地工作。1939 年秋，云乡党支部成立，点燃了革命火种。在党支部带领下，云乡人民先后进行了迎军支前、救护伤病员、传递情报、发动青年参加抗日游击队等一系列革命活动，1944 年 10 月，建立云乡抗日民主政权——新云乡乡务委员会，组建一支拥有 70 多人的云乡民众抗日自卫中队，革命烈火越烧越旺。国民党反动政府对云乡的抗日根据地恨之入骨。

1945 年 2 月上旬，广东人民抗日解放军主力挺进两阳，云乡地区兵力相对薄弱，国民党反动政府趁机行动。1945 年 3 月 6 日，出动挺三、挺五纵队和鹤山、开平地方反共团队 1 000 多人，分六路"围剿"云乡抗日根据地，企图一举消灭抗日游击队。情报人员接获情报后，新鹤工委经过分析，认为敌兵力数倍于部队，为减少牺牲，保存实力，于是在敌军压境前夕，主力部队已转移在外，乡务委员会大部分骨干也撤离和疏散，只留下乡干部和少数自卫队员留守。他们坚守云乡最坚固的、华侨早年建造的碉楼——张怀楼。当敌人气势汹汹进入村口，被守楼战士居高临下开枪扫射，当场击伤多人，敌兵分散朝碉楼猛烈射击，一时枪声大作，硝烟弥漫，墙壁弹孔累累，战斗竟日，敌未得逞。入夜，凶残的敌人四处搜集柴草堆在碉楼的四周，点燃后施行火攻，午夜，张怀楼四周大火熊熊，烈火将铁门烧得通红。浓烟直冲楼顶，呛得守楼战士眼泪直流。关键时刻，守楼战士果断做出撤退决定。张志德、张乔龙、张泽林、李名扬和女战士刘宝霞等5人利用战斗空隙，撕破各人的夹被，扭成一股绳，由身负重伤的张帝荣掩护，趁敌人大意之际，从四楼抓住绳子吊下，沿着偏僻小路成功突围。7日晨，敌军从绳索爬进楼内，当即把张帝荣杀害，张帝荣牺牲时仍手握步枪，年仅20多岁。坚守云清楼的乡务委员会副主席樊仲威、战士樊纪云等，与顽军战斗，7日被敌骗开门，樊仲威与樊纪云当即被杀害。同时，7日早上从云乡出发执行任务的广东人民抗日解放军政治部民运队长方奕智和干部廖荣，途经冷水迳与顽军相遇而被捕，解往宅梧。方奕智被认出是广东人民抗日解放军的干部，受尽酷刑，坚贞不屈，于3月7日在宅梧英勇就义；廖荣之后被关押在多处监狱，经共产党和爱国民主人士营救出狱。

在敌众我寡的情况下，云乡落入敌手，群众财物被劫一空，顽军烧毁民房480余间，云乡人民遭受空前浩劫，白色恐怖笼罩整个云乡。

### 三、龙潭山战役

1945 年 4 月，广东人民抗日解放军二团和三团回师高鹤。领导干部会议决定：沈鸿光率三团一个加强连在老香山一带活动，伺机向新兴发展，牵制顽军，其余部队开赴皂幕山区，清除顽军据点，恢复被顽军破坏的抗日根据地。5 月 4 日，二团、三团和独立营开赴白水带，一举歼灭顽军鹤卫总队黄柏森中队，收复了白水带抗日根据地。5 月 8 日，部队开赴鹤城，攻下鹤山三区署和国民党自卫中队、警察派出所，扫除了顽军企图封锁和切断广东人民抗日解放军向新鹤边活动的障碍。三个月的反顽战斗中，连续获胜。但是领导干部滋长了轻敌麻痹思想，放松了对顽军正在加紧"围剿"解放军的警惕。5 月 11 日，当二团、三团和独立营抵达开平县水井乡的黄桐坑村时，顽军一五八师四七三团及挺五何志坚部共 1 000 多人已跟踪而至，发生战斗。解放军为保存抗日力量，不与顽军纠缠，由独立营一连掩护，把部队撤上皂幕山。一连拼死与顽军作战，击毙顽军营长以下 20 余人。解放军也伤亡较重，排长以下 20 余人牺牲，指挥员黄和负重伤，指导员一人被捕。当晚，部队在皂幕山耙齿沥召开营以上干部会议，总结一个多月来集中行动的经验教训，商讨新的斗争策略，决定分开活动：陈江、卢德耀、李鹤超率二团和独立营到新鹤前线抗日，严尚民、陈春霖、黄仕聪率三团回高明地区。三团往高明途中，因向导失误，致 12 日晨仍未走出皂幕山区，被迫在荷村附近的龙潭山隐蔽，遭鹤卫总队 200 余人袭击，解放军战士英勇还击，击退敌人多次进攻，战斗至入夜。13 日晨，又在鹿湖顶碰到顽军，战斗失利，政委陈春霖、指导员张纯纲等 10 余人牺牲，督导员严尚民等 10 余人负伤，损失轻、重机枪各一挺，步枪数十支，人员大部分被打散。战斗后，高明二区屏山等支部收容失散及伤病人员 100 多人，并分批安全送归部队。三团经整编，继续在老香山根据地坚持抗日斗争。

# 第六节 打击日伪顽军，夺取抗战胜利

## 一、白水带战斗

1944 年 10 月，中区纵队挺进粤中，在鹤山云乡稍事休整后，旋即进军宅梧地区白水带乡，建立、巩固白水带这块重要的抗日根据地。先头部队尖兵连在向导带领下翻过鹿湖山，黎明前抵达白水带附近的北帝庙桥头，遭到国民党豢养的地方团队阻击，向导负伤，先头部队随之发起攻击，战斗打响不久，敌人仓皇溃败。部队顺利进入白水带圩，群众纷纷前来慰问人民子弟兵。1945 年 2 月上旬，广东人民抗日解放军主力挺进两阳（阳江、阳春），3 月初，国民党鹤山县长梁汉耀率县警黄柏森中队乘虚攻陷白水带，大肆劫掠，迫害革命家属，白水带乡干部赖学文不幸被捕，拘禁在金岗监狱，受尽严刑拷打，但他坚贞不屈，最后惨遭杀害。

烈士鲜血没有白流，1945 年 5 月 3 日晚，留守宅梧地区的广东人民抗日解放军二团和独立营 300 多名战士，在严尚民等指挥下，从元坑出发，午夜抵达白水带，将顽军占据的"联昌""厚福"两座炮楼重重围困，发起攻击，敌人自知无法抵抗，遂缴械投降，此役共俘敌 20 余人，缴获机枪、长短枪等一批武器，重新收复白水带抗日根据地。

## 二、智歼敌伪密侦队的大凹战斗

1945 年夏，日本法西斯行将覆灭，盘踞在新会会城、横行乡曲的日伪密侦队，预感末日来临，打算扩充军备，垂死挣扎。他们知道毗邻的鹤山县共和民权乡较为富庶，是华侨之乡，就致信共和民权乡公所（政府），向该乡"借"（实为勒索）80万银元军饷（当年是一笔巨款）及猪、鸡等物资，以壮大自己队伍，顽抗到底，并声言如不"借"款，满足要求，会有"好戏"看（意为会进村拉人抢劫）。

建立不久的广东人民抗日解放军二团独立营，奉命到民权的大凹、莱苏一带村庄驻防，开辟根据地。当部队接到村民关于密侦队来勒索的报告后，就派出干部与该乡策划做好歼敌的准备。

其时的乡公所设在大凹村杨氏大宗祠内，祠堂为硬山顶建筑，二进夹一天井，梁架结构，墙体高大坚固，前边有一口池塘，易进难出。经过勘探和权衡利弊之后，决定采取智歼办法消灭敌人。一面通知密侦队在约定时间来取款取物，设宴招待；一面安排战士扮成村民在酒宴上充当"招待员"，到时"举杯为号"，见机行事。

是日，密侦队12人，全副武装，在队长吕某率领下按时来到民权乡公所，公所执事依计在杨氏大宗祠摆下两桌丰盛酒席款待，"招待员"殷勤侍候，觥筹交错间，敌人开始松懈麻痹，把枪支放在一边。时机已到，"招待员"拔出手枪，大喝"缴枪不杀"，当场将一名反抗的顽军击毙，早已埋伏在祠堂四周的50多名战士，在政委陈江指挥下，迅速冲进祠内，里应外合，聚歼敌人，10多分钟便结束战斗，当场毙敌2人，俘虏9人，逃敌1名在祠外被村民抓获。是役缴获步枪10支，手枪1支，仅有两名村民轻伤，解放军大获全胜。

### 三、歼灭残敌，夺取最后胜利

1945年4月，中国共产党的第七次全国代表大会在延安召开，制定了放手发动群众，壮大人民力量，在共产党的领导下，打败侵略者，建设新中国的政治路线。广东人民抗日解放军第二团和独立营，为了夺取抗日战争的胜利，摆脱同顽军的摩擦，避免不必要的牺牲，保存力量，争取抗日的主动性，经团、营领导研究，决定实行战略性转移，跳出国民党统治区。1945 年 5 月下旬，二团和独立营移师新鹤边境的沦陷区和半沦陷区，在靠近江门、会城日伪据点的汉唐、大凹、铁岗及新会县的井岗一带开展游击战争，建立敌后抗日游击活动的据点。部队得到当地党组织的配合和支持，发动群众，密切军民关系。解放军的进驻，群众都感到安全有了保障。同时，解放军坚定不移地执行抗日民族统一战线政策，团结一切可以团结的力量，共同抗日。对区内的伪政权人员，解放军派人去做细致的教育工作，晓以大义，允许他们有立功赎罪机会。一些伪乡长帮助部队征收爱国公粮（每亩三至五市斤稻谷），有的则协助交通员进城买药品、军需物资、侦察敌情等工作。

6 月下旬，广东人民抗日解放军政治部主任刘田夫带了一支小分队，从两阳地方来到新鹤前线，在汉唐村找到二团政委陈江等人。刘田夫代表司令部向全体指战员表示亲切的慰问，他对部队在极端艰难困苦的情况下，紧紧地依靠当地党组织，依靠人民群众，坚持敌后抗日战争，给予高度赞扬。全体指战员受到很大的鼓舞，表示决心坚持抗战到底，夺取最后胜利。刘田夫还和全体指挥员一起，共同研究和制订今后对日作战的计划。

1945 年 5 月 8 日，德国法西斯投降，反法西斯战争的胜利形势迅速发展，抗日形势也发生了深刻变化，在亚洲和太平洋战场及中国共产党领导的敌后抗日战场已进入全面反攻阶段，日本侵略军已面临全面崩溃之势。但是日本帝国仍作垂死挣扎，幻想挽回败局。盘踞江门、会城的日伪军四出抢掠，侵扰百姓。二团和独立营做好战斗准备，随时打击前来侵扰抢掠的日伪军。

7月上旬，二团政委陈江率部分指战员前往共和莱苏等乡村开展抗日活动，途中碰上一股前来抢掠的日伪军，陈江当即率队阻击，驻汉唐的二团和独立营立即前来增援，把日伪军击退。7月14日，江会日伪军200余人，强迫一些群众做挑夫，于清晨从新鹤边境扒船岗（共和铁岗村前的一座山，土名扒船岗，地处鹤山和新会两县交界处）窜来，企图往铁岗村一带抢掠。驻冼黄村的二团和独立营发现敌情，迅即抢占村后冼黄岭（土名萝卜山）及附近高地，趁晨雾笼罩，以猛烈火力夹击来敌。毙敌4人，伤敌一批。敌不敢进犯，匆忙撤退。日伪军遭受痛击，恼羞成怒，稍后，再调遣兵力300余人来"扫荡"，妄图消灭解放军。二团和独立营获得情报，迅速做好战斗准备，在敌军来犯之前，先登上莲花山，凭借有利地形，痛击日伪军。午后，敌军果然来犯，解放军顽强抗击，战斗到黄昏，敌军见天色已黑，仍无法前进，胡乱向山上发炮后，即撤返会城。解放军连续主动打击日伪军，保护了群众生命财产安全，大大激发和鼓舞了军民抗日的热情。

1945年7月26日，中、美、英三国发表促令日本投降的《波茨坦公告》。8月8日，苏联发表对日作战宣言，美国又向广岛、长崎投下致命的原子弹。中方审时度势，朱德总司令命令人民军队对日展开全面大反攻。8月15日，日本天皇裕仁公开宣布无条件投降。朱德总司令致电南京，命侵华日本派遣军总司令冈村宁次，下令其所属日军停止一切军事行动，听候八路军、新四军及华南抗日纵队命令，向中方投降。8月16日夜间，二团、独立营在驻地三区莱苏村举行军民联欢晚会，庆祝抗日战争的伟大胜利。虽然日本已宣布投降，但盘踞在江门、会城的日伪军，不但没有放下武器，且还四出侵扰。为促使会城日伪军缴械投降，二团和独立营决定攻打会城。战前，部队根据中共新会县委提供的地图及日伪军据点的分布、关卡、哨位、武器装备等详细情况，制定了作战方案，决定在两个作战单位中抽调精干指战员 30 余人，由独立营营长黄国明、二团连长曹广率领，于 8 月 25 日夜间，从三区共和向会城进发。午夜，包围了日伪开设的"国际""统一"两间俱乐部，发起攻击。日伪军龟缩在据点里，胡乱向天鸣枪，不敢妄动。此战活捉日伪密侦队长，缴获长短枪数支及军用物资一批。战斗中，解放军还在城内散发传单，张贴告示，敦促日伪军迅速向解放军缴械投降。此后，日伪军再没有侵扰鹤山。

1945 年 9 月 2 日，日本政府代表在投降书上签字，在华日军 128 万人向中国投降。至此，中国的抗日战争胜利结束，世界反法西斯战争也胜利结束。抗日战争的胜利，是 100 多年来中国人民在反对帝国主义侵略中第一次取得完全胜利的民族解放战争，雪洗了 19 世纪 40 年代以来的民族耻辱，成为中华民族由衰败到重新振兴的转折点，为中国的独立和解放奠定了基础。抗日战争的胜利，是全国各族人民经过艰苦卓绝的斗争，付出极大的代价而取得的。14 年抗战，中共鹤山党组织领导全县军民，坚决同日本侵略者浴血奋战，并同国民党顽固派的妥协投降、反共逆流进行了异常艰苦的斗争。在中国共产党的领导下，鹤山人民得到了锻炼；为了夺取抗日战争的胜利，鹤山人民积极参军参战，在生活十分困难的条件下，节衣缩食，集中财力物力支援前线，为反法西斯战争做出应有的贡献。

# 4

# 第四章

## 肃清残敌，鹤山重光

第
一
节 **坚持艰苦卓绝斗争**

### 一、积蓄力量，隐蔽伺机

日本投降后，"双十协定"墨迹未干，国民党就单方面将其撕毁，随即加紧了消灭共产党及其领导的人民武装的部署。对此，中共中央通过报刊发表文章，同时社会上，学生示威游行、国民党元老、民盟南方总部、港澳同胞、新马泰华侨等纷纷发出通电，呼吁和平，严正地驳斥了张发奎的谰言。经过一系列斗争，国民党不得不承认广东省中国共产党组织和共产党领导的部队，并同共产党签订了北撤的协定。中区部队骨干和部分地方干部需要北撤，中共中区临时特委为适应形势的发展，决定由谭桂明担任中共新鹤县委书记，县委委员有李克平、关立、赵向明、赵彬。

1946 年 6 月，部队北撤，停止公开武装斗争。根据广东区党委指示，中区和所辖各县撤销党委制，实行特派员制。中共中区特派员谢创，副特派员周天行。9 月，杨德元任中共鹤山县特派员，罗明改任副特派员。

抗战胜利，为贯彻党中央和广东区党委关于分散坚持，保存武装，保存干部的指示，广东人民抗日解放军和中共中区特委，于 1945 年 10 月在恩平县朗底召开有部队团级干部和地方党县级以上干部参加的会议，总结工作，确定在新形势下，部队及地方党进行分散坚持斗争的部署。会议在总结工作的基础上，研究了坚持长期斗争的策略，决定：（一）工作重点由原来以山区为主，转向以城市、平原和交通要道为主，准备将来的合法民主斗争。据此，拟将有条件的一部分干部战士和工作人员分别转到广州、江门、三埠、台城等城镇或香港、澳门，而在山区留下精干的武装队伍，坚持自卫斗争。（二）在军事行动上，部队由原来较多的集中活动，转变为分散坚持。活动地区应以云雾山区和两阳、新兴、恩平一带为主，新高鹤次之，继而向信宜、广西发展。（三）按照广东区党委指示，地方党和部队实行统一领导，决定将原中共中区特委与抗日解放军党委合并，组成为中共中区临时特委，统一领导全中区地方党和部队工作。会议经过选举，产生中共中区临时特委：书记罗范群（兼部队政委）、副书记刘田夫（兼部队政治部主任）、谢创（兼组织部部长），委员：谢立全（兼部队代司令员）、周天行（兼宣传部部长）、唐章。

朗底会议期间，撤销独立营建制，人员编入二团。在朗底的部队，有解放军领导机关及一、二、四团，指战员近千人。国民党为了消灭解放军，表面上派人与共产党谈判，暗中调集六十四军一五六师四六七、四六八团及地方反动团队共 3 000 多人，分兵六路，于 10 月 22 日凌晨向朗底进攻，解放军仓促应战，激战竟日，牺牲干部战士 37 人，失踪、被俘 10 余人。夜间，解放军趁敌不备，分路突围。突围后，二团在新兴县与三团会合，活动了一段时间，即分头返回原驻地。二团于 1945 年 11 月中旬返抵鹤山。下旬，中区临时特委传达上级党委关于暂停武装斗争的指示，执行"隐蔽待机"方针。二团执行上级党委决定，停止武装斗争，把轻机枪、步枪等长武器集中交址山大朗党支部托管，安排干部和战士复员。属于鹤山籍的复员干部战士有：南洞的阮常、雷鹏等，大朗的郭忠、郭祥、郭佛、郭权、郭维等。不能复员的30 余人，其中 20 余人由连长杨奇带领，到新鹤边的汉唐村隐蔽，其余的人到新会的大井头、井岗、同和等地隐蔽。另外，二团干部陈金星，带了 4 名战士在皂幕山隐蔽了一段时间，因多次遭敌搜捕而转往汉唐与杨奇会合。隐蔽下来的二团指战员缺乏给养，生活艰苦，于是自力更生，开荒种植南瓜、玉米，砍柴割草卖，或者帮人挑担打杂工，为了生存，什么活都干。在最困难的时候，汉唐进步青年钟祖（不久后入党）等几人出面作保，借得公偿谷 1 700 余斤，帮部队缓解了缺粮的燃眉之急。尽管生活困苦，环境险恶，指战员仍不忘做宣传工作。1946 年 4 月，在新会井岗出版《新民主报》，宣传共产党和平民主的主张，揭露国民党发动全面内战的阴谋。该报广泛派发给绅士和国民党党政军机关，引起很大震动，对唤起群众反对独裁统治、反对内战，起了很大作用。一次，指战员到禾谷圩卖柴草时，还把《新民主报》派给到赶集的群众手中。三团的 12 名武装骨干，由梁文华率领，分散隐蔽于高明、鹤山、开平边境。他们在群众支持下办小农场。鹤山四区双桥党支部书记李润新，千方百计借耕牛、种子，筹措资金，全力帮助开办小农场。

"双十协定"签订后，中共中央与国民党达成东江纵队北撤山东的协议。1946 年 4 月，中共广东区委决定，广东人民抗日解放军部分人员可以东江纵队名义随同北撤，少数人留下坚持，大部分人复员。方针是："保存力量，保存骨干，长期积蓄力量，等待时机"。留下坚持的人员，实行"偃旗息鼓"，不挂共产党解放军旗号，同群众结合，进行斗争。复员的人员，可按各自的条件进行隐蔽，做群众工作，争取生存，可以读书、耕田、做工、任教、任职、做生意等。军事干部、战士，尽可能参加地方团队，一方面隐蔽，一方面掌握武装，需要时争取发挥作用。中区临时特委在安排北撤的人员中，属二团的指战员有卢德耀、杨奇、肖敏（女）、张钊、谢悦、陈金星、陈伟强，还有合成地方干部胡康。

6月，东江纵队北撤。7月，国民党广东省当局违背北撤后保证共产党军队复员人员安全的诺言，分别在东江、西江和粤中等地召开"治安会议"，部署"绥靖"清乡计划。7月3日，鹤山县清乡委员会成立，随后各区成立联防处，疯狂迫害革命人员及其家属，恐吓勒索，强迫"自新"，或悬红通缉。大朗乡大部分共产党员和抗日战士都无法在家立足，要转移到中山县或港澳地区谋生。一次，国民党派兵到南洞逮捕雷鹏等共产党员，因得群众掩护，及时走避而脱险。朱六合、粉洞、青溪、汉唐等地的党组织，也都是在群众的多方掩护下，未发生过意外，很好地保存了革命力量。

## 二、恢复武装斗争

### （一）建立武装基干队

1946年6月，正当东纵北撤的时候，广东的国民党已迫不及待地在鹤山县四区合成圩召开"鹤山、高明、新兴三县联防会议"，组织反共武装，成立清乡委员会，企图短期内消灭共产党和人民武装力量。国民党为了打内战竟不顾百姓死活，横征暴敛，强化征兵、征粮、征税（简称"三征"），到处缉捕共产党人和进步人士。为保障群众利益，保护广东人民抗日解放军复员人员的安全，1947年，中区特派员根据中共中央香港分局关于恢复武装斗争的决定，执行不违反长远打算、实行"小搞"、准备"大搞"的方针，首先把分散隐蔽的武装骨干集中，同时号召复员人员归队，积极动员青年参军，分别在鹤山大朗和高明水井等地取回由地方代管的枪支弹药，组成一支50人的武装基干队，公开番号是"鹤山人民抗征自卫大队"，大队长戴卫民。基干队集结后，进行了3个月整训，以提高部队素质。基干队活动一段时间后，即以小分队形式，兵分三路，其中一路由叶琪等带领，以鹤山三区的汉唐村为立足点，建立交通情报站，以 3 至 5 人为小组，组成武装工作队（简称"武工队"），分头深入农村做群众工作，为下一步开展大规模的武装斗争和建立游击根据地打下基础。

### （二）各边县、边区党委的建立

1947 年 6 月，全国解放战争进入战略进攻阶段。解放大军渡过黄河，拉开了战略进攻的序幕。为配合全国军事形势的发展，中共中央香港分局于 1947 年底向华南各省发出"放手大搞武装斗争"的指示，在香港举办领导干部学习班。周天行、杨德元等参加学习班后，回到新高鹤地区，贯彻执行香港分局大搞武装斗争的决定。

1948 年初，香港分局根据大搞武装斗争的需要，决定撤销地、县各级特派员制，恢复党委制。3 月，中共中区地委成立，书记谢创，委员谢永宽、周天行、郑锦波。中区地委隶属于粤桂边党委广南分委。3 月下旬，周天行、梁文华、杨德元等在高明、新兴边境召开新高鹤第一次干部扩大会议，传达香港分局大搞武装斗争的指示，宣布成立中区地委属下的新高鹤区工作委员会，书记周天行，委员梁文华、杨德元。区工委辖鹤山、新会、高明三县和开平、新兴、高要三县部分地区。根据这次会议精神，调整了武装活动地区，并成立相应的边县、边区的党委会。边县和边区党委会成立后，随即领导群众，开展反"三征"、破仓分粮、"借救"运动、建立农民协会、组织民兵等一系列群众运动，同时成立武装基干队，发动群众参军参战，开创大搞武装斗争新局面。

### 三、大搞武装，开辟新区

新高鹤第一次干部扩大会议决定，发展人民武装，建立皂幕山游击根据地，依托山区，向平原伸展，直至西江南岸，确定了"发展高鹤山区，饮马西江"的战略目标。1948年3月27日，新高鹤人民解放军总队在新兴县良田地方成立，总队长梁文华，副总队长叶琪、沈鸿光（兼参谋长），政治委员周天行，政治处主任杨德元、副主任李法。总队下辖的直属中队，称"自由队"，队长赵均，指导员胡秉迅。这是新高鹤地区开展大搞武装斗争建立的第一支人民武装。属于鹤山县的三个党委领导机关建立的武装基干队，都属人民解放军总队领导，平时，在各辖区内进行军事或政治活动，战时，由总队按战争需要集结歼敌。中共新开鹤县工委以原抗征自卫大队派到鹤山的小分队为基础，建立县工委的武装基干队，称"平等队"，由叶琪和冯志谦负责。这支部队准备逐步扩大为一个团，先建立团的领导机构：政治委员杨德元，副政治委员关立，副团长汤平。主力连连长赵均，指导员谭灿。中共开鹤新边区工委先后建立过两支基干队："和平队"，负责人方向平；稍后，由白水带、泗云两地青年农民组成另一支武装基干队，称"白云队"，队长黄大湖，指导员张弓。中共高鹤边特区工委成立时，率粉洞、朱六合等地共产党员及青年农民夜袭龙口警察派出所，缴获长短枪20余支，随即发动茶山、粉洞、朱六合等地群众参军，成立武装基干队，称"茶山队"，队长温棠，指导员肖伟协。

1948年5月下旬，中共新高鹤区工委命新高鹤人民解放军总队，集结了各边县、边区的武装基干队"茶山队""平等队""白云队"及高明的武装基干队"信义队"，直插西江南岸，于25日午夜兵分两路：一路攻打高明县重要进出口岸三洲镇，由茶山队主攻，平等队和白云队配合，一举打下警察派出所和自卫队部，缴获长短枪20余支，并在街上、轮渡上（往返于三洲、广州的渡船）张贴布告，开展宣传，扩大影响；一路开赴南海、鹤山两县交界的西江边陲要地石岩头，由信义队主攻，打下国民党的武装关卡，缴获步枪 10 支。刚建立不久的新高鹤人民解放军总队，首战三洲、石岩头告捷，震惊了敌人，鼓舞了士气，为发展新区开创了新局面。

三区云乡，地处皂幕山东南面，与开平水井乡毗邻，是抗日游击根据地之一。自大搞武装斗争开始，中共新开鹤县工委以此为立足点，经一段时间的武工活动，游击区扩大到鹤城、址山、共和一带，国民党在这里的统治开始动摇了。鹤山县县长为挽回颓势，带县警进驻鹤城，于 1948 年 7 月 11 日夜间偷袭共产党在高咀村钟家祠内住宿的武工队。武工队拼力突围，队员谢三秋牺牲；队长张耀芳及队员钟新喜、钟发仔三人冲出门外时被俘；队员杜求在祠内被捕。他们被押解回沙坪惨遭杀害。为支援武工队开辟新区，粤桂边区党委广南分委主力部队及新高鹤人民解放军总队直属队联合行动，进驻高咀村，巡游于禾谷、三堡一带，逮捕并处决了奸细邱文腾，有力地打击了敌人的反动气焰。

开辟新区，武工队确实发挥了很大的作用。它主要由部队抽调精干人员，多以三五人开展活动，党委书记或部队首长有时也带武工队去开辟新区。因为武工队人少，机动灵活，便于深入群众，做细致的思想工作，也便于隐蔽转移。在敌人统治势力较薄弱地区，经武工队工作就可以突破，而在反动势力较大的地区，以武工队先行，连队作后盾，必要时采取军事行动去解决问题。武工队到处出现，出没无常，在全国解放战争急速发展的形势下，敌人更感风声鹤唳，岌岌可危，从而加速了国民党的崩溃。

## 四、放手发展，扩大战果

中共新开鹤县工委执行"大胆放手发展，一切为了发展"的总方针，一面发动群众，开展反"三征"、开仓分粮、借粮救荒、借枪自卫等一系列群众运动，在运动中建立农会、民兵、妇女协会等群众组织，一面进行清匪反霸，打击一切反动势力，以保证群众运动的正常开展。在禾谷，县工委为保障人民生命财产安全，派武工队拘捕禾谷自卫中队疑犯陈秤杨，要求自卫中队长黄仁爵释放被绑架的归侨吕嘉湘，并令其在 8 月间解散禾谷自卫队。在共和，县工委派武工队于 8 月 16 日处决铁岗恶霸吕安，随即公布其罪状，群众称赞共产党为人民斩了这条"地头蛇"，为地方除一大害。虎爪村的"捞仔"梁旺，被武工队警告后，也急忙把正筹建的反共自卫队解散了。在南洞，武工队执行县工委指示，于 10 月间逮捕了松咀村国民党鹤山县谍报队长肖贵辉。从 9 月到 11 月，武工队先后奉命处决惯匪罗通、罗廷、蔡三斗、徐蛇仔等 4 人，枪毙冒充解放军"打单"勒索归侨巨款的罪犯阮级。至此，鹤城、共和、禾谷、南洞一带的反动势力被清除，社会治安状况好转，人民安居乐业，更加拥护共产党。

鹤山四区，属开鹤新边区工委管辖，这里是抗日游击根据地，有群众基础。自大搞武装斗争开始，边区工委以双桥、白水带、荷村做立足点。1948 年春，边区工委派武工队带领群众，打开宅梧粮仓，把稻谷分给贫苦农民。随着反"三征"、开仓分粮和"借救"运动的开展，全区的群众运动轰轰烈烈。到是年秋，除个别封建势力较雄厚的大村外，绝大多数乡村反动势力已被铲除，成为较巩固的游击根据地。

中共高鹤边特区工委，以二区的粉洞、朱六合、四堡等村为立足点，特区工委书记带武工队和群众打下龙口警所之后，带领群众开展反"三征"和"借救"运动。四堡大地主刘蛇妹对抗"借救"运动，他不仅不肯借粮，还开枪打武工队员。为扫除运动障碍，5 月 11 日夜间，五华队包围了刘蛇妹住的炮楼，他负隅顽抗。部队破门而入，逮捕刘蛇妹夫妇，收缴长短枪四支，没收烟把，打开粮仓，把 10 余万斤粮谷分给农民度荒。此举震动了高鹤边区，鹤山的二区和高明的杨梅地方，很快就铺开了"借救"运动。5 月中旬，武工队再次攻打龙口警所，不费一枪一弹，俘全部警察（10 余人），缴获步枪 10 余支。此后，国民党再不敢在龙口、金岗两圩派驻武装警察。7 月，区工委派部队开赴龙口附近的八座村，收缴国大代表李伟良枪械，计有轻机枪一挺，步枪、手枪数支，子弹千余发。李伟良是鹤山、南海、高明三县联防主任，多次率队"剿共"，是地方反共头目之一，部队端了他的老巢，震慑了二区的反共势力，使革命运动的进展更快。

7 月，游击区扩大到高要县属的金利，南海县的西岸、太平沙、九江。为保证西江航运安全，区工委在南海县西岸设西江指挥所，在古劳设立税收站，在九江设立交通情报站，实现了"饮马西江"的战略目标。

1948 年秋到 1949 年春，新高鹤地方武装斗争形势发展很快，游击区迅速扩大。鹤山方面，自 1948 年入秋以后，新开鹤县工委一面以南洞为基地，向沙坪方向发展，一面把"背靠老区，发展新区"的战略方针具体化为"背靠鹤山，面向新会"，派出 4 支较强的武工队到新会县北部地方活动：青州区武工队，背靠南靖，面向棠下等地；中州区武工队，背靠民权乡，面向杜阮、江门；东西洋武工队，背靠民族乡，面向大泽、会城；红海区武工队，背靠址山，面向司前等地。为加强新会地方领导，1948 年 8 月，新高鹤地工委决定成立中共新会区委，委托中共新开鹤县工委代管。新会区委书记曾国棠，委员岑利清、邓瑜碧。鹤山一区水沙乡是青州区的后方，乡长李炳汉兄弟坚持反共立场，勾结国民党欺压群众。1948 年 9 月，新开鹤县工委派青州武工队将李炳汉兄弟拘捕处决。反共乡长被镇压，南靖这个游击根据地更加巩固了。

1948 年 11 月 25 日夜间，时任中共新开鹤县工委书记杨德元指挥棠下战斗。战前经周密侦察，加上战斗部署得当，仅 15 分钟即全歼新会县常备自卫大队驻棠下的第五中队，伤敌 4 人，俘敌 28 人，缴获轻机枪 1 挺，长短枪 20 余支。此战的胜利，有力地促进了新会潭江以北平原地区的游击区开辟工作。经中共新开鹤县工委和部队一段时间的努力，云乡、共和、汉唐、平岭、址山、南洞等游击区已连成一片。1949 年 2 月，东西洋武工队执行县工委指示，瓦解国民党驻鹤城的李容帝自卫中队，并限令国民党官员撤离鹤城。1949 年 3 月，军分委主力团、新高鹤总队和新开鹤、要明鹤（高要、高明、鹤山）部队、武工队等近千人，分别从三堡、马耳山两地出发，在白天向鹤城进军（有人称之为"和平进军"），鹤城商人夹道欢迎。至此，鹤山三区全部解放。

中共开鹤新边区工委辖下的鹤山四区的反动势力，是新高鹤人民解放军总队扫除的。1948 年 11 月 5 日夜间，歼灭靖村反共联防队；1949 年 1 月 10 日夜间，歼灭选田驻守乌石台据点的反共联防队，缴获轻机枪 2 挺，步枪 60 余支；2 月 21 日，发起解放宅梧镇的战斗，敌人龟缩炮楼内，妄图负隅顽抗，后通过谈判，鹤山县联防大队第四中队投降。至此，除泗合村外，四区已全部解放。

**五、高咀事件**

1948 年春，中共新高鹤区工委、中国人民解放军新高鹤总队成立之初，武装力量还较弱小。4、5 月间，驻在三堡、禾谷、云乡根据地的武工队，先后两次袭击鹤城粮仓，组织当地农民进仓，挑粮回去度荒。鹤城粮仓两次被"老八"（共产党游击队）偷袭，国民党鹤山县当局恼羞成怒，7 月，由县长朱集禧率领百余军警进犯鹤城，分别驻扎在鹤城镇最高点杨家园、麦家园和华南楼，派出便衣侦查、跟踪武工队去向，伺机扑杀游击武工队。

由队长张耀芳率领的武工队，共 7 名战士，知道敌人正跟踪他们，于 7 月 10 日深夜转移到高咀村。队员钟森是当地人，他向张耀芳建议，到云乡那里较安全。张耀芳认为时近深夜，敌人未必发现队员到高咀村钟家祠过夜。进入祠堂，连日东奔西走疲惫的队员倒头便睡，没有放岗哨。深夜 12 时，驻在鹤城的朱集禧，获悉武工队在高咀村，立即率兵奔袭高咀祠堂。村中狗吠声四起，钟森一边唤醒队员，一边销毁文件资料，从横门逃出去，躲藏于一间厕所内。张耀芳、钟新喜、钟发仔三人从大门冲出去，走到树林边被敌人抓捕。杜求、钟汉仔、肖荣章三人藏在祠堂的神龛里。敌人不敢贸然冲进祠堂，天亮了就驱逐村里的男人当盾牌打前阵，躲在厕所的钟森趁敌人未发觉，飞快地混入人群中，钟汉仔、肖荣章也乘乱从神龛跳下混进人群。敌兵进入祠堂搜索，而来不及逃跑仍躲在神龛内的杜求不幸落入敌手。被捕的 4 名战士被捆绑在祠堂大树下严刑拷打，他们坚贞不屈，始终没有供出武工队的情况，敌人逼村民指认武工队队员，乡亲们保持沉默，没有一人指认。这样折腾到上午 9 时，最后敌人押着张耀芳等 4 人到华南楼审讯，不久转押到县城监狱继续拷打，并残暴地用铁线穿过张耀芳的两个手掌，情景悲壮。4 名铁汉视死如归，不久都壮烈牺牲。

高咀事件后，新高鹤总队把 1 名奸细枪毙。1948 年 9 月，武工队在南洞发动了 80 多名青年参加游击队，壮大了武装力量。

# 游击根据地建设

## 一、做好统战工作

在大搞武装斗争中，共产党十分重视统一战线工作，化阻力为助力，团结一切可以团结的力量，保证革命战争的胜利。地主、富农、商人、士绅、知识分子，都是反蒋反美的统战对象。国民党"三征"，不仅对贫农、中农，甚至对富农、地主，也大肆掠夺。这些人同国民党有矛盾，经过统战工作，完全可以争取他们同情或支持革命。鹤山各边县、边区工委坚定不移地执行统一战线政策，在"借救"运动中，农民向地主富农借稻谷，保证有借有还，并付 10%—30% 的谷息。在减息运动中，实行主佃协商，既规定佃主执行"二五"减租，也要求佃户保证交租。统战政策易为上层人物接受，促使他们转变，从而削弱、动摇或瓦解国民党的社会基础。

农村中有一种既无土地，也无正当职业的流氓无产者，群众习惯叫他们为"捞仔"。这种人的社会关系复杂，但熟悉地方情况，遇事敢作敢为，善于见风使舵，搞得好是助力，搞不好是阻力。鹤山各边县、边区工委通过群众运动，对"捞仔"进行教育改造，表现好的，吸收他们加入武工队或连队。出身于"捞仔"的五华队战士张耀芳，作战勇敢，在高咀事件中英勇牺牲。大多数"捞仔"，通过教育改造，都有较好表现。

农村更夫队武装，多由上层人物掌握，做好统战工作，对革命斗争很有利。三区民族乡黎庶村更夫队，拥有"白郎林"轻机枪等较精良的武器。红海区武工队派林怀通过梁乐（黎庶村人）引线，多次与该村保管机枪的更夫队长梁泽民接触，中共新开鹤县工委领导人杨德元、陈行之、冯志谦等也去做他的统战工作。经过一段时间的教育，终于争取过来，梁泽民下决心参加革命。1949年4月某日夜间，梁泽民偕两名青年携轻机枪2挺，机枪弹1 000发，手枪2支投奔解放区，受到党委和部队的热烈欢迎。事后，县工委在民族乡召开座谈会，宴请上层人物梁叔毅等，宣布委任梁泽民为乡长，希望地方大力支持。部队代表宣布：机枪和手枪是解放军借用，并给收据。至此，民族乡的工作，很快打开了新局面。

对于反面人物的工作，共产党采取一面打击、一面教育的方法，若有转变，则宽大处理，促其中立，或与共产党合作。禾谷国民党的县参议员钟宝鼎，过去反对共产党，也曾杀害共产党员。新开鹤县工委的武工队拘捕他后经过教育，他表示悔改。县工委释放他时，把没收的东西全部发还，他十分感激，向县工委承诺三条：（一）辞去县参议员职务；（二）支持共产党在禾谷的工作；（三）抚恤受害者家属。从此，禾谷局面很快被打开，影响很大。云乡反共头目彭怀也改变态度，使云乡、禾谷等游击根据地建设更加顺利进行。禾谷还有个实力派人物——黄仁爵，抗日战争时期，曾任反共自卫中队长；解放战争中，曾在禾谷组织反动自卫队，与国民党鹤山县县长黄汉山往来密切。1949年初，新鹤县工委派武工队先后两次将其拘留教育，后送新高鹤人民解放军总队处理。之后，黄仁爵表示悔改，获准参加谢坚持领导的区队工作。解放前夕，黄仁爵被派往三区支前指挥部，负责筹集粮草，支援南下大军。鹤山"大天二"何柏，土匪出身，抗战时任鹤山自卫总队队长，替国民党"剿共"，是人民抗日游击队的"死对头"。1948年秋，他再出任自卫总队队长，再次与人民为敌。后来新鹤县工委写信去教育他，通过与他相识的开明人士去争取，经反复做工作，何柏终于在 1949 年 4 月辞职。鹤山自卫总队解散，大大削弱了地方反动势力。新鹤县工委策动了鹤山县警察局长李龙眠反正，李龙眠于 1949 年 10 月 17 日率警员 40 余人，携带轻机枪 1 挺，长短枪一批，来到解放区南靖乡投诚起义。鹤山一区负责人胡学明、武工队长胡均平把他们带到粤中纵队第六支队第十九团驻地，团长温流宣布接受起义，并对起义人员进行了整编。

## 二、建立人民政权

1948 年冬，广南分委和新高鹤地工委对建政工作做了安排。1949 年 3 月，新高鹤人民解放军政治处召开了政权工作会议，明确了政权的形式、性质和基础，决定了建政方针、任务、方法及政权干部的配备等。

1949 年 2 月，中共高鹤边区工委在四区双桥乡和白水带乡建立人民政府，分别委派了民主乡长，这是新高鹤地区根据地第一批乡政建设。3 月，该边县工委又在漱云等乡进行建政。4 月，中共新鹤县工委开始在三区南洞建政，由各村农会选出人民代表，通过乡人民代表大会选举产生乡长，成立南星乡人民政府。截至 6 月，三、四区各乡已全部建立乡人民政府。二区的乡级政权建设稍迟，6 月，成立四龙乡人民政府；9 月，成立福迳乡人民政府；其余各乡均于中华人民共和国成立后才建立人民政府。

区一级人民政权，以三区建立得较早。1949 年 3 月 25 日，粤中军分委直属队和新高鹤总队和平进军鹤城，随即宣告成立鹤山县第三区人民政府，区长汤伟基，副区长阮俊明。4 月 5 日，鹤山县第四区人民政府成立，举行成立大会，区长方向平在会上宣誓就职，并做了施政报告。5 月，鹤山县第二区人民政府成立，区长李军。9 月，鹤山县第一区人民政府成立，区长李伯纪。县一级人民政府在 5 月间成立，鹤山县县长杨德元，副县长温流、汤伟基。

鹤山各边县、边区工委在政权建设中，都分别举办农村干部训练班，学习时间约半个月。通过边学文件、边学理论、边联系实际的方法，提高学员的政策观念和办事能力。从 4 月至 6 月，高鹤边县工委在四区举办了 3 期农村干部训练班，系统地培训了 300 名农村干部，使基层政权干部素质大大提高。

各级人民政权建立后，人民群众均以自己能够当家作主，掌握政权而欢欣鼓舞。各界进步人士、港澳同胞纷纷来信祝贺。人民政府刚成立就忙于为人民办好事、办实事。四区是新高鹤的大后方，区人民政府领导全区群众大搞生产运动，积极推行减租减息的"两减"，整顿农会，优抚军烈属，调解民事纠纷，发行根据地货币，活跃农村经济，努力扩军支前等各项工作，都取得显著成绩。鹤山各区以四区为榜样，为人民做了大量工作，获得群众的拥护和支持，使根据地建设工作迅速开展。

### 三、推进各项建设发展

#### （一）发行粮税代用券，促进经济发展

根据地经过"两减"运动，农民生产热情空前高涨，各级人民政府和农民协会及时领导农民进行农业生产运动，在贫困山区，继续实行借粮度荒、减租减息，解决人民生活困难。四区荷村乡人民政府为解决劳动力和耕牛不足的困难，发动群众，通过自愿原则，组织临时变工互助。荷村乡人民政府还发动群众开荒 100 亩，烧山灰作肥料，精耕细作，争取较好收成。三区新云乡人民政府成立后，深入群众做思想工作，调解了多年未解决的两宗水利纠纷，促进农业生产的发展。1949 年 5 月，四区漱云乡人民政府以"寓救济于生产"的办法，把极端贫困的农民组织起来，成立农业生产合作社。漱云乡塘肚村农业生产合作社向开明士绅及

殷商富户借稻谷若干作为生产基金，社员每人开工一天，发给工值大米二斤，以解决社员生活困难。到收成时候，除归还所借稻谷外，收获全部归生产合作社。

税收，是根据地建设的重要一环，中共新高鹤地工委成立财政经济委员会，专门领导经济工作。大搞武装斗争初期，税收没有专门机构，只有流动税收员，能收多少算多少。1948 年 5 月以后，中共高鹤边特区工委颁布税收条例，向西江过往船只征收航运税。到 7、8 月间，工委已在古劳和南海县的九江、河清等地设立税收站。1949 年初，新高鹤人民解放军总队成立税收总站，下辖十多个分站，分站下设若干组，分片负责税务工作。对于暂未设税收机构的圩镇，则派税收员负责征税。税收总站建立后，制定了统一的税率、票据，要求税收员严格遵守纪律，廉洁奉公，严格执行税务收支和呈报制度，使税收工作日趋完善。当时税种不多，除上述航运税外，在各圩镇征收货物进出口税、屠宰税、娱乐税、营业税等。由于税率合理，深受群众的拥护和支持。

农业税的征收，以实物为主，也就是征收公粮。1949 年 5 月，根据中共粤中分委、军分委《关于征粮工作的通知》精神，新高鹤人民解放军总队政治处发布了《征收公粮条例》，按稻谷收成实行合理负担。稍后，中共新高鹤地工委发出《1949 年早造征粮办法草案》，规定各地可按实际情况，实行富者多征、贫者少征、赤贫者免征的办法。四区每亩征粮 10 斤，主佃各半，其余各区每亩征粮 12 斤，主七佃五。对于公偿田亩，则按税率征收。新发展区和边缘地区凡未实行减租的，向地主征粮每亩 15 斤，佃农与自耕农免征。征粮工作，由村人民政府或农会代征代管。1949 年 9 月，鹤山绝大部分地方已经解放，鹤山县人民政府颁布了《1949 年早造征收公粮条例》，具体规定公粮、附加公粮及公偿收入的征收率，按累进法计征。鹤山四区的执行情况是：凡全年稻谷收入达 150 担的，征收 5%，151 担至 200 担的，征收 7%，

201 担至 300 担的，征收 10%，300 担以上，征收 13%。收入在 100 担以下的免征。开展征粮工作以后，根据地和部队的粮食供给就有了保障。

国民党为了内战，不惜横征暴敛，苛捐杂税多如牛毛，为刮削民脂民膏，更疯狂滥发货币，1948 年 8 月发行金元券，急剧贬值后，于 1949 年 7 月发行银元券，企图对人民进行最后掠夺，造成恶性通货膨胀，经济全面崩溃。最后，银元券也无人信任，商人宁愿关门也不肯使用银元券，群众急需的生活用品，只有以物易物，市场贸易陷于半瘫痪状态。1949 年 2 月，新高鹤解放区日益扩大，鹤山四区地处新高鹤地区的中心，成为全区的大后方，局面较稳定，是政权建设的重点。和其他地方一样，国民党货币已不受欢迎，只有黄金、美钞、港币在市面上流通。解放区的商人、农民及各界人士，都一再要求发行自己的货币。发行货币要有准备金，准备金以金、银为主，解放区缺乏金银，但是有公粮有税收。解放区全年有公粮 200 万斤，税收也不少。如果发行货币，用于完粮纳税，群众是欢迎的。1949 年 6 月，中共新高鹤地工委经过反复考虑，原拟用"新高鹤人民解放军总队财政经济委员会"名义发行"粮税代用券"，以打击国民党在经济领域的无限掠夺，保护群众利益，活跃市场经济。后来，决定以鹤山四区为试点，首先发行粮税代用券，称"鹤山县第四区人民政府粮税代用券"，由区长方向平签署发行。四区发行的粮税代用券，以谷物为基金，比值与港币相等，面额有一毫、二毫、五毫、一元、二元，共五种。中国共产党和人民解放军享有崇高威信，所以粮税代用券一开始在市场上流通，人民群众即信任不已，币值稳定，无人假冒。四区发行的粮税代用券，原规定在本区流通，但发行不久，流通区域逐步扩大到三区、二区和邻县的水井。四区粮税代用券试点发行成功，本县二区，高明县一、二区和高要县二、三区人民政府，参照四区的办法，都先后在各区发行粮税代用券。

解放区有了粮税代用券，发展了贸易，活跃了市场，调节了税收。在粮食市场上，四区在平时提高粮食外运税，有效地限制奸商倒卖粮食出口，避免区内缺粮；到新谷登场，调低粮食外运税，鼓励粮食外运，防止"谷贱伤农"，兼顾农民和正当商人的利益。粮税代用券繁荣了根据地经济，保护了人民利益，扩大了共产党在群众中的影响。

鹤山全境解放后，粮税代用券已完成历史使命，停止流通。鹤山县人民政府以人民币按相应比价全部回收。

### （二）试行教育改革

1949 年初，中共高鹤边县工委派政治干部到县立第三中学工作，以帮助师生提高政治觉悟，并兼某些课程的教学。1949 年6 月4 日，三中校长李朝赞率全校师生集会，并到宅梧街上游行，公开宣告脱离国民党统治。根据四区人民政府指示，三中首先试行教学内容的改革，废除公民训练课，设置政治课，施行新民主主义教育。

四区人民政府参照华北老解放区教学改革经验，草拟并颁布《鹤山县第四区教育实施办法草案》。5 月18 日，全区教师代表大会在宅梧镇召开，成立鹤山县第四区教师联合会，通过了联合会章程，选举产生了联合会常务委员会。大会讨论了教育改革的内容，包括课本的供应、教育行政、办学经费等。6 月，区人民政府召开教育行政会议，对教育行政、教育方针、教学内容和教学方法等方面又一次进行深入讨论。会议决定：取消公民训练课，将历史、地理课本中有关诽谤中国共产党或粉饰蒋介石政权的内容，全部删除。

教育行政会议结束后，区人民政府即派人下乡调查教育改革执行情况，帮助各乡、村整理学校体制，对一些比较散漫、无组织纪律的乡村小学加以改善。对私塾式的小学进行合并；对教育经费短缺的学校，通过发动群众协助、政府支持，使之在人力、物力、资金等方面的问题都得到合理解决。

鹤山三区，派出一批有一定学历和教学能力的干部到乡村小学任教，还在云乡试办了一所新型的公学，借此加强教学力量，促进教育事业的发展。各区人民政府对各乡村的校产进行了调查清理，以帮助各地解决教育经费问题。

**（三）加强交通情报工作**

革命战争年代，通信器材奇缺，党政机关之间、部队之间的工作关系，主要靠步行联络，因此，设置交通情报站是十分必要的。在"小搞"阶段，原在抗日战争时期设的交通情报站，如合成的长岗、三区的云乡等，都于1947年重建。为适应大搞武装斗争的需要，各边县、边区工委都十分重视在辖区内设置交通情报站：中共新鹤县工委建立19个站和4个联络点，中共高鹤边县工委建立12个站，中共要明鹤独立区工委建立8个站（不含县外数）。

交通情报站的负责人和交通员，绝大多数由共产党员担任。交通员分机要交通和一般交通。机要交通员直接同领导机关联系。在任务多、时间紧、人手缺的情况下，发动可靠群众送信，也是常有的事。特殊的文件书信，有"急件"或"特急件"记号，必须立即传送，不能延误。为了安全，交通员都千方百计把文件收藏好，保证把信件安全送到目的地。此外，交通情报站还兼做许多工作。中共开鹤新边区工委设置的双桥站，经常要接待过往人员，成为部队的"临时招待所"，有时一天之内要接待二三十人，在经费缺乏的情况下，要解决一班人的食宿问题，确实不易。一次，为了转送巨款到总队部，区委委员方向平担任交通员。白水带站除做好信件传递以外，还下乡发动青年参加民兵，办妇女夜校、护理伤病员、保管军用物资、组织妇女联合会等。罗汉顶村的保长范仕，经过交通站的教育，转变立场，成为一名很有作用的情报员。

交通情报站的建立，形成了一个庞大的交通情报网。消息灵通，情况明了，工作主动，是夺取革命战争胜利的有力保证。

### （四）完善医疗服务

地方党委和部队党委十分重视医疗服务工作，使革命战争中的伤病员及时得到治疗，早日康复，重返前线。大搞武装斗争初期，部队发展很快，但医务人员奇缺，广南分委和新高鹤人民解放军总队先后在鹤山四区的宅梧和高明二区的高村开办卫生员训练班，请学识渊博、临床经验丰富的名医上课。经过一段时间，各个地方的医疗站和连队都配备了足够的卫生员。连队卫生员工作艰苦，行军途中照顾伤病，帮他们背枪支、背米袋和行囊，到达宿营地，要为他们打点床铺，帮他们煎药，煮病号饭，侍候他们服食、洗伤口、敷药；战时，冒着枪林弹雨抢救伤员，把他们抬下火线。在卫生员的精心护理下，伤员很快康复归队。一些重伤员，则转送后方医疗站。新高鹤设在宅梧的后方医疗站，后归属粤中纵队，曾驻白水带、塘简等地。

至于治病所用药物，部分派人采购，部分由港澳同胞捐助，但仍不能满足所需。卫生员密切联系群众，收集民间验方，广泛采集中草药，通过临床实践，不断提高疗效。为使伤病员早日康复，卫生员设法改善营养，常到小河溪涧中捞捕鱼虾。老百姓也十分关心伤病员，常给医疗站送鸡蛋、蔬菜。1947 年 9 月，国民党保二师来宅梧"扫荡"，塘简村群众迅速行动，青年民兵抬担架，把伤病员送到山上，隐蔽在废炭窑里，民兵留在附近警戒。塘简山高林密，敌军怕当中有埋伏，不敢贸然登山，只在村边乱放一阵枪就离开。有人民群众保护，医疗站和伤病员都十分安全。

# 第三节 迎接胜利

## 一、茶山战斗

茶山战斗发生在 1948 年 5 月 27 日。袭击三洲之后,解放军回到茶山顶上的塔磨塘休息。在 27 日凌晨转移时,前哨班到达百步梯刚要下山,突然同敌人遭遇发生枪战。原来敌人早有"围剿"新高鹤人民解放军的计划,由敌三区行政专员陈文纠集省保警和南海、新兴、鹤山、高明的地方反动团队共 700 余人,乘夜包围茶山。战斗打响之后,前哨班的黄庭、陈兆棠、麦贞元 3 位战士为抢夺敌人的迫击炮与敌展开肉搏,终将迫击炮夺到手。前哨班的猛烈还击,把围上山顶来的敌人击退。整个战斗从凌晨 3 时激战到下午 1 时,敌人从 3 个道口组织了 9 次冲锋。茶山顶当天被浓雾笼罩,敌人搞不清 3 个防卫道口兵力和火力的虚实。开始是戴钢盔的省保警团冲,后来几次是省保警团在后边压阵,迫使各县的自卫队冲锋,都被解放军打退了。战斗十分激烈,解放军缺少子弹,茶山的群众纷纷把自己的弹药送到部队。特区工委主力五华队负责把守面向沙洞的道口,队伍虽然成立不久,但经过战斗考验,战士们作战情绪高涨。当敌人已经战斗到疲惫的时候,总队领导果断决定,命令各战斗单位立即组织突围,下午 1 时半,由温流率领李超明一个机枪排先冲下山,抢占沙洞前面敌人一个高地,得手后,接着向沙洞二线包围圈的敌人猛烈开火,打得敌人晕头转向，以为是解放军增援部队到了，便纷纷后退。此时，大部队迅速绕过山腰，经朱六合撤到四堡，地下党率福逵自卫队在粉洞山头也鸣枪掩护解放军撤退，使驻朱六合的省保警队仓皇向杨梅方向退缩。此战敌人伤亡甚众。解放军的区来、陈伯刚、陈群成、谭继长、叶某等战士英勇牺牲。区来是班长，率领一个班冲出茶山边沿占据一个独立高地，该高地的一半为敌人所占，班长牺牲后，战士仍坚守阵地，牵制住向茶山冲击的敌人，最后全部壮烈牺牲。此战解放军缴获六〇炮1门，机枪1挺，敌军败退时遗下大批武器、弹药，后被当地群众捡获。国民党反动军队700余人的"围剿"，以失败告终，敌专员陈文受到撤职处理。

## 二、简师起义

1949年4月26日，鹤山简易师范学校（以下简称"简师"）百余师生，脱离国民党政府的反动统治，奔赴解放区投身人民解放事业。这次起义，在鹤山是一次前所未有的革命行动，对当时的粤中地区，也产生了重大的政治影响，被称为"简师起义"。当年新华社记者穆欣在他的前线通讯《南线巡回》中曾及时做过报道。

成立于1943年的鹤山简师，校址先后设在南山一中、龙口涟蓼和龙口刘屋村（现协华小学）。抗战胜利前夕，李建中、李见心、汪梅等一批中共地下党员受组织委派到简师任教，他们在学校传播革命思想，发展一批积极分子，播下革命火种。1946年国民党发动内战，实行法西斯统治。按规定，简师学生每月都可以领到"学米"，但鹤山县政府用种种借口拖延甚至停发，师生面临断炊之虑，不少人只能煮南瓜粥充饥。为解决学生吃饭问题，李建中秘密组织、发动几十个进步学生到县政府请愿、静坐，在沙坪街头贴出"我们要读书！我们要吃饭！"的标语和宣传画，并选出刘锦畴、李景亮等几名学生代表与当局论理，其中女学生李佩云直闯县府面见县长温一华，要求拨给教育经费，按期发放"学米"。学生的正义行动得到社会民众的响应和支持，后在知名民主人士宋森、刘富文等人的支持下，终于取得胜利，迫使国民党当局承诺恢复发放"学米"。

1946 年 7 月，国民党特务暗杀著名民主人士李公朴、闻一多，激起全国人民的公愤，简师的师生宋军、李佩云、李玉宽等编演活报剧，揭露、声讨法西斯罪行。

1947 年 2 月，中共广东区党委决定恢复武装斗争，从香港派遣大批党员、干部进入粤中地区开展革命活动。中共党员李伯纪（雅瑶陈山人）受命从香港返回鹤山简师执教。他组织师生阅读进步书刊，唱革命歌曲，搞社团活动，张贴和散发解放军宣传品，配合游击队破坏交通通信设施。他还深入串连、发动吸收了李佩云、李景亮、李德枝、张凌等一批学生加入共产党，建立学生党支部，由一区党组织负责人余绪明、李伯纪领导。当时，龙口协华仍是白区，情况复杂，校里有特务学生，有反动教师，还有"三青团"组织，国民党县政府也常派督学来校训话，派员突击检查课堂、宿舍，面对困难环境，学生党支部团结引导同学认识共产党的政策主张，揭露反动统治者的面目和行将灭亡的命运，看到全国解放的曙光，使绝大多数的师生团结在共产党的周围。

1948 年秋，李伯纪接任简师校长，胡学明、温炳光分别任教导主任和训育主任，并在教职员中成立党支部，成为中共在鹤山的一个秘密据点，革命火焰越烧越旺。

1949 年初，国民党政权土崩瓦解，鹤山县第四区人民政府在宅梧宣告成立，革命形势鼓舞简师学生，他们纷纷要求投笔从戎，参加解放军游击队。于是李伯纪秘密进入解放区向新鹤县工委负责人关立，新高鹤人民解放军总队领导周天行、杨德元汇报，经过缜密的考虑，总队党委做出了组织简师起义的决定。

1949年4月26日零时，简师100多人在学校饭堂（刘屋村松侣祖祠）紧急集合，事前，一批进步学生把反动教师李佩荃绑起来，以策万全。李伯纪校长向全体师生做了起义动员，说明全国即将解放，共产党需要大批干部，因此欢迎师生到游击区工作，不愿去的"悉从尊便"。听过李校长的动员，大家心潮澎湃，热血沸腾，随即集队，连夜行军。高鹤边区工委派出一个连的兵力护送师生到解放区。全校150余人除个别年纪太小之外，都各自携带简单行李出发，起义队伍热情高涨，高唱革命歌曲，沿着崎岖山路，经朱六合、杨梅于次日进入白水带解放区，最后抵达四区人民政府所在地宅梧靖村，受到解放区军民的热烈欢迎。4月30日，新高鹤总队在宅梧举办青干班，区工委书记李牧向起义师生报告解放战争胜利形势和阐述党的政策，介绍游击区的群众运动情况，并对起义师生提出恳切要求。学员结业后，分配到部队当战斗员、卫生员和安排到地方做群众运动工作。

简师起义，具有极其深远的历史和现实意义，时至今日，仍发挥其潜在的积极的作用。

一是掀起起义浪潮。由于这次起义，是解放战争时期震撼新（会）高（明）鹤（山）开（平）等粤中各地的革命行动，在其影响下，开平长沙师范、新会第三中学等学校师生也纷纷投奔粤中解放区加入武装队伍，形成一股强大革命洪流，指明了当时青年运动的正确方向和知识青年应走的康庄大道。

二是为新区输送大批干部。中华人民共和国成立前夕，解放区急需大批经过锻炼的干部，100多名的简师起义师生，经过短期培训后，立即送到新区工作。这批有知识的热血青年，大都是中共党员或入党积极分子，他们到新区后，能团结群众，较好地贯彻党的方针政策，使解放区政权日趋巩固，为以后的社会主义革命和建设事业奠定坚实基础。

三是壮大师范教育。中华人民共和国成立后，教育部门继承简师起义的爱国主义传统，坚持不懈地办好师范教育。1951年成立鹤山县初级师范学校，1956年升办中等师范，1958年改称高鹤师范（高明、鹤山合并）。随着形势的发展，1984年改制为鹤山教师进修学校，以在职小学教师为主要培训对象，并与江门教育学院、广东教育学院等高校合作，设大专函授站。1998年起与华南师范大学合作，开办成人高考本科学员辅导班。累计培训教师3 000多名。

四是促进爱国主义教育。创办于1921年的协华小学，是龙口镇的中心小学，也是鹤山简师起义发源地。1986年，协华小学扩建，并建起简师起义纪念堂，当年领导起义的李伯纪校长题写碑记。此后，每年的4月26日，学校都举行纪念活动，对全校师生进行爱国主义教育，激励着一代又一代人沿着当年起义的革命道路奋勇前进。

### 三、金岗战斗

解放战争时期，鹤山县发生几场较大的战斗，其中艰苦卓著、堪称战例典范的金岗战斗，其出动兵力之多，过程之激烈，影响之深远，是诸多战斗中少有的，不仅重创敌军，也为鹤山全面解放创造极为有利的条件。

#### （一）瓦解敌人偷袭阴谋

1949年4月，中国人民解放军挥师南下，国民党军节节败退，蒋介石政权行将覆灭。粤中新高鹤总队配合大军南下，推行"大搞武装、发展新区"战略，在国民党眼皮底下的金岗、五福、涩蓼一带的白区（今为龙口镇）建立游击根据地，总队主力猛虎连开到五福乡牛角坊村扎营，由副县长温流带领、新组建的鹤山县人民政府机关也驻在五福乡安分村。国民党鹤山县政府垂死挣扎，县长黄汉山为了向上邀功，6月8日指令县保安营160多人，由副营长韦武俊率领，偷袭驻金岗、五福游击队驻地，首先包围县人民政府机关，企图扼杀新生政权。6月8日中午11时许，战士正在营地小休，值班战士、副班长谢碧仔突然听到枪声，知道敌人来袭，马上向连长胡仁昌报告，其时，猛虎连只有80多名战士，装备也很落后，政府机关方面只有少量武装战士，其余都是文职人员，在敌众我寡情况下不宜硬拼，胡连长命令四班和一个机枪组登山迎敌，掩护县府机关及部队撤退。

四班战士奉命出发，连背包都来不及背就跑上牛角坊的后山旗仙岗，分成3个组，居高临下向来犯之敌猛烈开火。其时被包围、战斗力弱的县府机关，情况极之危急。在猛虎连战士反扑下，机枪、步枪一齐开火，把措手不及之敌杀得人仰马翻，终使机关干部突破包围圈，安全向四堡方向撤退。

### （二）3挺机枪顶住9挺机枪进攻

眼看"煮熟的鸭子飞走"，保安营头目韦武俊恼羞成怒，集中数倍于解放军的兵力，以9挺机枪，一窝蜂向守山战士猛攻。危难之际，连指导员张工到山上鼓励战士坚守阵地，没有命令不得撤出，战士都下了与阵地共存亡的决心。此时，敌兵分三路包抄过来，9挺机枪向阵地扫射，子弹嗖嗖地在解放军战士头上飞过。解放军利用有利地形从容应战，3挺机枪轮番射击，像3条火龙扑向敌人，敌兵一个个倒下去，机枪手曾宏的捷克机枪打到枪管发红、冒烟，"瓦斯筒"折断不能连发，就逐发射击。双方胶着到下午5时左右，解放军主力部队基本撤出，坚守阵地的战士奉命撤离，副班长谢碧仔带领几个战士突围，敌兵仍不断射击，谢碧仔跳进一个棺材坑掩蔽幸免于难，后面的战士邓四（宅梧白水带人）来不及走下掩体，被子弹击中，壮烈牺牲，年仅 17 岁。战士谢东湘的步枪打光了子弹，便向战友要一颗手榴弹，跃起身来投向敌人，敌群开了花，但谢东湘（鹤城高咀村人，22 岁）却中弹倒下，英勇牺牲，实现与阵地共存亡的诺言。

部队和县府机关向四堡根据地撤退，敌人怕遭伏击不敢尾追，却到仓下、安分、拗合、涩蓼等村庄大肆洗劫，抢掠村民财物 60 多担运回沙坪。此役解放军牺牲了 3 名战士，2 人负伤，敌军伤亡难以统计。

**（三）重创敌人，鹤山解放现曙光**

敌保安营偷袭解放军后，反动气焰更加嚣张，事隔两天即 10 日，韦武俊又从县城率所部 160 多人窜至金岗圩扎营，并到五福乡一带搜刮抢掠。为保护人民利益，粤中区分委和军分委决定歼灭该敌，收复金岗，清除隐患。吸取上次教训，采取优势兵力打歼灭战。1949 年 6 月 13 日，第二次金岗战斗打响，参战部队共 5 个连，包括独一团，新高鹤总队独一营的猛虎连、雄师连，要明鹤部队主力连，地方区队和民兵等达 600 多兵力，以多打少，独一团负责主攻，其他部队伏击和截击。指挥员有军分区参谋长莫怀、新高鹤总队队长梁文华等，独一团副团长庞震为前沿指挥，独一营营长温流协助。战斗在 14 日黎明前开始，独一团两个连很快攻占了金岗西边后山敌两个机枪阵地，迫使敌人步步后退。上午 10 时龟缩圩内之敌乱作一团，陷入解放军包围圈，在解放军强大火力射击下，丢下一具具尸体纷纷四散向月桥方向逃命。总队长梁文华命令猛虎连阻击、拦截，战士跑步涉水过了月桥河抢占制高点，敌军无处可逃，到处哭爹喊娘，有的窜入村民家中，换上农民衣服企图蒙混过关，有的冲上来和解放军拼刺刀，战士英勇与之格斗，逐一歼灭敌人，敌军大多乖乖举手投降。此役全歼保安营 2 个连，击溃 1 个连，毙敌官兵 42 人，伤 20 人，俘获排长以下 27 人，缴获步枪数十支，子弹数千发。韦武俊一股在松岗突围逃回老巢沙坪，有的顽抗逃兵在路上为群众击毙、俘虏，敌人逃命时将无数的枪支子弹丢在水沟里。战斗告一段落，当地村民担茶送水煮粥到阵地慰劳战士，协助包扎伤员，充分显示军民鱼水之情。

此役解放军牺牲了两个班长和两名战士，其中卫生员周悦琼在抢救伤员时，被突围的敌兵用刺刀刺中，牺牲时年仅 17 岁。烈士的血没有白流，经过两次金岗战斗，敌人元气殆尽，一蹶不振，鹤山的解放迎来了曙光。

### 四、坚守华南楼，鹤城起烽烟

1949 年 6 月，新高鹤部队一举全歼入侵金岗之敌。为庆祝金岗战斗的胜利，部队邀请一个粤剧团来鹤城圩演戏，从 16 日起一连 5 晚公演粤剧。20 日晚，剧团演完最后一场戏已近零时，当时由鹤山三区人民政府副区长阮俊明率领的鹤城武工队 20 多人在场做保卫工作，在完成任务后回到鹤城的碉楼华南楼住宿。万万没想到，国民党鹤山县保安营不甘心金岗失败，竟向南海九江省保警队借兵，乘夜深偷袭鹤城。21 日清晨，敌军 200 余人包围鹤城圩。武工队见敌众我寡，来不及转移，唯有固守华南楼抗击敌人。敌兵用机枪、掷弹筒向华南楼猛攻。武工队仅有 11 支步枪，8 支短枪，就按武器分成 4 个战斗组，分守 4 层楼房沉着应战，击退敌人多次冲锋。后敌军在楼周围堆满柴草，浇上煤油火攻，霎时间烈火熊熊，守楼战士冒着浓烟烈焰与敌奋战，激战至上午 9 时，敌军无法攻占，又怕解放军增援部队打来，就慌忙撤退。敌军走前大肆抢掠，杀害商民 2 人，伤 4 人，洗劫店铺 120 多间，掠去金饰、布匹、杂货等财物无数。事后，三区人民政府向国民党鹤山县长施压，追回部分被劫财物。

1949 年 9 月，鹤山县县长黄汉山率兵第三次进犯鹤城，这是敌人在灭亡前的垂死挣扎。为了将敌人赶回沙坪，三区领导派邓长风率武工队夜袭比解放军强大得多的敌保安营，目的是阻吓敌人。当夜幕降临，邓长风带领七八名长枪队员摸黑抄小路直扑鹤城镇水浪村后山，到深夜突然向敌驻地开火，打了就跑，如此偷袭几个晚上，弄得敌军不得安宁，害怕解放军主力再来攻，只好龟缩在几个碉楼里不敢下乡抢钱粮了。

## 五、三堡会议

1949 年元旦，《人民日报》发表了题为《将革命进行到底》的社论。4 月中旬，中国人民解放军总司令朱德发布了向全国进军的命令。4 月 20 日，中国人民解放军百万雄师横渡长江，23 日解放南京，蒋家王朝的覆灭，已成定局。

1949 年 6 月 27 日，中央正式批准成立中国人民解放军粤中纵队和粤中临时区党委。7 月 18 日，粤中纵队和粤中临时区党委正式成立。粤中临时区党委书记冯燊，委员吴有恒、谢创、欧初；粤中纵队司令员吴有恒，政委冯燊。新高鹤人民解放军总队编为粤中纵队第六支队，原鹤山各边县、边区的部队，编为第十九团。

胜利来临，全国解放在即。1949 年 8 月，中共新高鹤地工委决定撤销各边县、边区的党政机构，重新按历史上各县行政区划建立新的党政领导机关。8 月 21 日，原属鹤山县的三个边县、边区的领导干部，集中到三区三堡举行党政军联席会议，中共新高鹤地工委党务委员冯光到会主持。会议进行了整风学习，加强了干部的团结。会议通过了关于整顿军纪、军容，扩大部队，组织民兵，部署解放大军到达时的迎军支前工作；通过了关于防奸肃特、教育改革、开展税收和征粮、建立财经制度、准备接收城市等方案。会议初步确定了党政机关的干部人选，报请地委批准。

9月5日，中共新高鹤地工委发出通知，任命各县、区党政干部。鹤山县的党政领导干部成员中，党委机关：中共鹤山县工作委员会，书记关立，副书记陈行之（陈长源），委员温流、汤伟基、郭忠。各区党委：一区特别支部，书记李伯纪，委员胡学明、胡均平；二区工作委员会，书记李军，委员叶常青、温煊荣、冯维庆、任顺才；三区工作委员会，书记汤伟基，副书记甄平，委员郭常、阮俊明、郑元彬；四区工作委员会，书记陈行之，副书记邓悦庄，委员林志强。政府机构：县人民政府，县长杨德元，副县长温流、汤伟基，秘书徐效鹏，公安局局长郭忠，副局长谢坚持、冯仕玲，民政科科长汤伟基，财政科科长谢清扬，教育科科长梁志云。一区人民政府，区长李伯纪；二区人民政府，区长李军；三区人民政府，区长汤伟基，副区长阮俊明、林怀；四区人民政府，区长陈行之，副区长林志强。

三堡会议意义重大，不仅指明了革命事业进行到底的方向，也为接管县城，解放鹤山，建立各级政权和办事机构奠定基础。

# 第四节 鹤山解放

## 一、支前迎军

中共新高鹤地工委根据中共中央华南分局指示，于 1949 年 3 月发出准备迎接解放大军南下的通知，鹤山各边县、边区党委立即行动，强调各项工作均以准备迎接南下大军为中心。7 月，中国人民解放军南下部队抵达粤湘赣边区，解放广东，指日可待。中共新高鹤地委号召全区党组织要抓紧时机，做好迎军支前和接收城市的准备工作。9 月 5 日，《人民报》粤中版发表了题为《紧急动员起来，迎接南征大军》的社论。社论指出，解放大军马上就要来到，全区军民要紧急动员起来，迅速做好迎军支前工作。

9 月中旬，迎军支前工作首先在各个根据地开展，宣传队、工作组分头到农村进行宣传鼓动，帮助群众建立各种支前组织，开展筹粮筹款。三区发动数千名妇女，白天上山割草，晚上加工军粮（将稻谷用人力加工成米）；有的地方大量开荒种蔬菜，准备供大军过境时食用。迎军支前工作，如火如荼地进行。10 月 12 日，中共新高鹤地工委和中国人民解放军粤中纵队第六支队司令部发出《紧急开展迎军支前工作的指示》，要求各地立即成立支前领导机构。接到指示，鹤山县支前司令部当即成立，司令员温流，政委关立。与此同时，各区也即时成立支前司令部，各乡成立支前指挥所。区支前司令部下设粮草站、工作队、宣传队和收容站等；各乡支前指挥所设工作组、慰劳队；各村设茶水站、民工队（任务是负责担架、运输、修桥、带路等）、洗缝（洗衣和缝补）组、营房组等。

10 月 19 日，二野四兵团十五军四十四师先遣部队从南海河清渡江，到达二区古劳镇。为使大军顺利渡江，二区支前司令部派人找到经营航运的商人，动员他们把已经隐藏的"花尾渡"（靠轮船拖带航行的载客木船，船尾多有木雕花纹，人称"花尾渡"）开出，接载大军渡江。在二区支前司令部领导下，从 19 日起，各乡群众都开展了紧张的工作，保证南下大军食用的大米、蔬菜、燃料以及马草等一斤不缺。是日，四十四师先遣队在金岗圩与中国人民解放军粤中纵队司令部及独一团会师，接着，马不停蹄，日夜兼程赶赴阳江，堵截国民党刘安琪兵团。

南下大军路过鹤山，均经过根据地或游击区，沿途都有群众设置的茶水站、粮草站、救护站，绵延数十公里。19 日下午，大军路过云乡，云乡人民在云乡圩早已搭好迎军牌楼，彩旗招展，鼓乐喧天，群众舞着醒狮，夹道迎军。21 日晚上，四兵团十五军四十三师路经禾谷，指战员涉水过河，群众打起灯笼或掌着油灯替大军照路。在支前中，据不完全统计，全县献出的物资有：稻谷 291 595 斤，柴草、马草共 3 396 695 斤，蔬菜大批。大军首长陈赓、郭天民、胡荣贵诸将领致电粤中临时区党委，盛赞粤中军民"全力支援前线""充满手足情谊"。

## 二、肃清残敌

1949 年 9 月初，中国人民解放军南下大军进入广东，以雷霆万钧之势，迅速歼灭妄图顽抗的国民党军队。一些国民党残兵败将，明知穷途末路，仍幻想逃往海外，苟延残喘，在解放军和人民群众追击拦截下，慌不择路，窜到鹤山来。鹤山各级党组织和人民政府，执行地委指示，一面努力做好迎军支前工作，一面主动配合南下大军，肃清境内残敌，夺取解放战争的彻底胜利。

10 月某日，国民党军残部 30 余人，窜到四区双桥乡，乡长李润新对败军头目说："只要放下武器，我们优待俘虏，还可煮饭给你们吃。"败军头目当即交出轻机枪 1 挺，步枪 10 余支，军马 2 匹。第二天，双桥党支部派民兵把这批俘虏送往驻开平的中国人民解放军粤中纵队第六支队独立第三营处理。

10 月 15 日，四区双桥乡党支部获悉，国民党六十四军残部 200 余人已窜到宅梧，正欲取道双桥往开平县苍城镇。支部当即派人火速前往开平边境，向独立第三营报告，并派民兵配合作战，在开鹤边境猪𪡔潭地方截击，该敌全部投降。

国民党刘安琪兵团三十九军九十一师，于 1949 年 9 月 7 日夜间窜至四区靖村乡附近，被中国人民解放军粤中纵队独立第一团截住。粤中纵队司令部向该敌表示：接受其起义诚意，但须报请上级批准，要求该师集结在荷村、选田待命。9 月下旬，南下大军把九十一师带往三水县河口镇接受和平整编。九十一师逗留宅梧期间，中共鹤山四区区委书记陈行之、副书记邓悦庄带领干部下乡，教育群众执行优待俘虏政策，动员群众，一面监管该师，一面帮助解决九十一师 3 000 多人的吃饭问题。

### 三、接收县城

沙坪，是鹤山的政治、经济、文化中心，它扼珠三角水陆交通要冲，是粤西南的咽喉之地，是江门五邑的北大门。抗战期间，沙坪饱受日寇蹂躏，生灵涂炭，国民党统治时期，满目疮痍，民不聊生，人们期望早日解放。

#### （一）警察局局长投诚

鹤山县警察局局长李龙眠，祖籍是鹤山雅瑶陈山村，有正义感。新高鹤总队曾致信他，宣传党的起义、投诚政策，敦促他弃暗投明。1949 年上半年，青州区（游击队代号）武工队队长和中共鹤山一区特支书记李伯纪，分别约见李龙眠，洽谈有关起义事宜。李龙眠眼见国民党大势已去，经过权衡利弊，终于坚定投向共产党的决心。10月14日，他率警员40多人，携带机枪1挺、长短枪40余支，从沙坪开拔到南靖磨耳凹村，主动找青州区武工队领导人，表达他们起义的意愿，经过磋商，双方就起义时间、地点、步骤达成一致的意见。当晚，中共鹤山一区特支负责人胡学明、青州区武工队队长胡均平带投诚警员到鹤城四堡横水村——中国人民解放军粤中纵队第六支队驻地报到。15日，十九团团长温流宣布李龙眠正式起义，起义警员编入十九团，李龙眠被任为营级教官。

李龙眠的投诚，为沙坪解放提供了有利条件。

**（二）最后的枪声**

10月18日，龟缩在城内的县长黄汉山（鹤城禾谷人）预感末日来临，就和保安营头目李礼坤、吕义楷、黄柏森等率200余兵丁连夜慌忙逃跑。敌军刚刚进入昆东隔朗村，武工队马上商讨对策。他们估计敌人败走前进村定是要抢劫，情况紧迫，必须设法打击敌人，保护群众生命财产。但武工队的装备、人员、战斗力无法与敌抗衡，只有依靠群众，发动民兵用伏击办法取胜。于是全体武工队员带着泊步、雅瑶的民兵共20多支枪，埋伏在泊步的小山丘，伺机伏击。另外布置陈山村民兵守在松园村树林中，黄洞村的民兵守在元岗仔。以第一枪声为号，同时开火，守望相助，做成合围之势。当晚，武工队分头到各村布置，各村民兵摩拳擦掌等待歼灭敌人。

19日晨，埋伏在山丘的武工队战士和民兵，发现隔朗之敌20多人经过公路进入伏击圈，一声令下，一轮排头火扫过去，敌军乱作一团，连滚带爬向山边逃跑，还有的滚落水坑。几分钟后，敌不甘示弱爬上后山向武工队还击，他们在制高点上向下扫射，机枪、冲锋枪、榴弹炮的爆炸声十分激烈。由于战士、民兵分散隐蔽，敌人找不着目标，只有干打枪。此时各村民兵纷纷鸣枪助阵，枪声、锣声大作。正在隔朗村抢劫之败兵闻声丧胆，像惊弓之鸟拉队上了后山。他们怕遭伏击不敢走大路，只有寻找村后崎岖山路，经大城山向新会逃窜，山上及沿途遗下一堆堆衣物、粮食和其他物资，地上还遗留一摊摊血迹。

最后的枪声为逃亡县长"送行"，结束了国民党在鹤山的统治。

### （三）胜利进城

1949 年 10 月 14 日广州解放，鹤山国民党政府机关团体四散奔逃。19 日，时驻鹤城龙眠山根据地的中共鹤山县工作委员会、鹤山县人民政府和中国人民解放军粤中纵队第六支队第十九团等机关、部队，奉命接管鹤山县治沙坪镇。是日，秋高气爽，阳光艳丽，上午 9 时，吃过早饭，鹤山县党政领导人、机关干部与十九团全体指战员 600 余人，从二区金岗乡附近的月桥村整队出发。为防不测，十九团战士急行军直奔南山，占领制高点，设好岗哨警戒，宣布全体指战员在驻地候命。10 月 20 日，鹤山县军事管制委员会成立，主任关立，副主任温流，委员汤伟基、陈行之、郭忠、李军、李伯纪。当天深夜，军管会贴出第一张报告，宣告鹤山全县解放。

与此同时，军管会派人接收了国民党县政府及其下属机关。包括地方法院、救济院、卫生院、广东省银行鹤山支行、汽车站、邮政局、电话所等机构，成立鹤山县人民政府公安局。军管会对汽车站、邮政局、电话所发出命令，限 5 天内恢复通行汽车，两天内恢复通邮、通信。令已接收的国民党机关职员交代其工作，登记留用。并令县立一中于 25 日复课，由于校长已逃，由教导主任代行其职务。沙坪镇立小学原有的教师响应号召也很快复课。

当日，沙坪镇工商界在同善堂举行座谈会，军管会代表温流、汤伟基应邀出席，并在会上宣传中国共产党和人民政府的政策法令。会议通过如下决定：一、所有商店一律开门营业，地方治安由中国人民解放军粤中纵队第六支队第十九团负责。二、举行欢迎中国人民解放军入城仪式。

10月22日是个不寻常的日子，当天，沙坪工商各界群众举行欢迎解放军进城大会，第六支队第十九团的600多名指战员，踏着整齐步伐，纪律严明、飒爽英姿，雄赳赳、气昂昂地从南山开进沙坪街道。数千群众站在公路两旁热烈鼓掌欢迎，各商店燃放鞭炮，气氛非常热闹。

解放军进城后，县军管会没收沙坪镇德昌隆号、合记号等官僚资本企业和各圩镇企业中属于官僚资本的股份，接收银行、码头及官僚资本控制的工厂，收回对外贸的管理和外汇管理，出人民公产整理委员会接管边县公有款产管理委员会及联区性的昆阳义学、和平社学、同善堂、鹤城育婴堂及龙腾、昆东、龙门等书院。共接收学田官产550亩和同善堂坐落在广州的铺屋8间，月租共米49市担。宣布禁烟禁赌，减租减息。解放军部队进城前后的整个接管工作，在5天内基本完成。

11月16日，县军事管制委员会副主任温流率粤中纵队第六支队第十九团300余人，配合南下大军解放泗合村。至此，国民党对鹤山的统治已彻底崩溃，鹤山人民获得新生，沙坪进入新的历史时期。

# 第五章

## 巩固政权，恢复生产

**建立政权，恢复生产**

### 一、各级职能机构的成立

军管会、县政府接管鹤山后，即成立鹤山县人民政府秘书室。接着鹤山县民政科、财政科、财粮科（1950年5月改称粮食科后又称粮食局）、交通科等政府职能机构相继成立，鹤山县邮政局（1952年4月改称邮电局）、鹤山县税务站也同时成立。1949年12月4日，鹤山县人民公产整理委员会成立。

1950年1月，鹤山县人民法院成立，副县长汤伟基兼院长，张诚红为副院长。是月，鹤山县建设科成立（1952年5月改称农建科）。1950年2月至9月，按照中央关于"统一财经制度、厉行紧缩编制"的指示，政府先后建立工商科、卫生科、侨务科、中国人民银行鹤山支行、税务局（撤销原旧的税务站）、中粮公司鹤山支公司（原财粮科之米粮部设为粮食分库）、县总工会、县纪律委员会（关立兼任纪委书记）。1950年5月，撤销军管会，成立县政府，县长杨德元，副县长温流、汤伟基。10月关立接任县长。

区乡政权方面，解放前夕及解放初期，全县建立了共4个区政府，区干部42人。全县有27个乡政府，5个乡委员会，390个村政权，乡一级共有干部366人。区乡村三级政权干部均以委派方法进行，村长、村委由各乡工作队提名，经区委同意，由区政府批准任命；乡长、乡委由区委提名，经县委同意，由县政府任命。

1950年秋，各级政权基本建立起来，并进行了一次整编，整编后全县辖4个区，48个乡，一个直属镇——沙坪镇。全县有行政干部858人，整编前为1 100人，其中直属机关脱产干部40人，行政归属粤中专员公署。

农会、中国新民主主义青年团、妇女联合会、工会等群众组织也于1950年5月先后成立。沙坪镇组建有职工协进会、机械职业工会、机缝职业工会、单车职业工会、酒楼茶室职业工会、粉面茶居职业工会、土木建筑职业工会、理发职业工会、装卸职业工会等组织，全县建立乡农会14个、村农会182个，农会人数达5万人；青年会8个，会员2 400人；区妇女会1个、乡妇女会11个、村妇女会198个，共有会员8 916人；教师联会会员666人；工会组织9个，会员1 746人。各个组织人数共63 728人，占当时全县总人口的37%。另有少先队6队，队员261人；儿童团6队，队员368人。

## 二、发展生产，度荒自救

解放前夕，鹤山经济处于崩溃边缘，战乱频发，货币贬值、物价飞涨、旱涝相煎、人民的生活极度艰难困苦。解放后，鹤山县委、县政府面临的首要任务是恢复国民经济，力求把工农业生产水平恢复到战前较好水平。

素有"七山一水二分田"之称的鹤山，解放初期全县有耕地239 469.5亩，人口211 943人（统计年鉴中，1953年8月人口普查为202 202人），人均耕地不足一亩，加上解放前夕国民党军劫掠，仅三区昆华乡就被强征8 000担谷，造成茶、烟丝、腐竹等鹤山大宗土产产量缩减和滞销，侨汇不畅。而且两年连绵春雨，致使西江沿岸的围田区内涝积水，受淹农田达 12 577 亩，各地陆续出现春荒。至 1950 年 4、5 月，全县缺粮人口达 63 581 人，缺粮 250 多万斤。

1950 年春，广东省政府向全省农民发出"增产节约，度过春荒"的号召，县委也发出"紧急动员起来，发动广大群众度过灾荒"的指示。在鹤山县第一次各界人民代表会议上，副县长汤伟基就生产自救问题做出部署，要求全体党员干部下乡，突击搞好生产度荒工作，切实保证做到不饿死一个人。于是从县委到区、乡大多数干部深入到四区等严重缺粮地区，领导群众抗灾度荒，使群众消除依赖国家救济的思想，增强生产自救的信心。

一是大力增产粮食和其他农作物。县定出稻谷亩产目标早造 281 斤，晚造 330 斤，全年争取超过 1949 年水平，同时多种早熟杂粮。各级农会发动农民，利用一切宅边地、秧坎地、田基等种植玉米、番薯、瓜类、豆类、叶菜等农作物，以备不时之需。

二是开垦荒地。政府明文规定，任何地区不能丢荒一块耕地，要把荒芜了的一切坑田、岗田和茶地复耕复种。所有荒地都要上报乡村人民政府，由乡村人民政府登记分配，并给开垦者以各种优惠，保障佃权及"熟荒"地三年免粮赋、"生荒"地五年免粮赋的优惠。

三是恢复及改良烟叶生产。红烟是鹤山主要经济作物，但长期以来产量上不去。县政府组织烟叶技术改良研究会，鼓励烟农改进烟叶种植技术，提高品质、扩大面积、增加产量，争取到 1951 年增产 50%。

四是提倡精耕细作，增产节约。开展互助帮工，推广科学除虫、选种，协助孤寡老弱人员搞好生产，调剂畜力人力，严禁屠宰耕牛。在困难时期，各级人民政府、人民团体、学校，都要开展增产节约运动，反对大吃大喝，杜绝铺张浪费行为。

五是靠山吃山、靠水吃水，开展多种经营。各地组织一切劳动力，利用农闲进行运输，上山打柴割草，下水捕捞鱼虾，增收度荒。

六是兴修水利，防洪复堤。组织防洪复堤委员会，健全各围董会，加紧复堤培基，准备好一切防洪抢险器材，如麻包、木桩等物资，确保安全度汛。与此同时，全面改造堤围，将长乐、独岗、罗江、前江、砚江、大埠、江头、霄乡等8条小围进行联围，称连城围；将古劳、坡山的铁围联围称古劳围；将越塘、园州（即楼冲围）合并为越楼围，提高防汛能力。

为了帮助群众度荒，县政府于6月发放救济米164 500斤，发出无息农贷公粮谷332 307斤、米197 500斤。其间，贸易公司又急贷米389 970斤，小利贷谷120 000斤，各地自筹借救济谷288 240斤。总共发放救济米751 970斤，谷740 547斤，加上贸易公司大量推销贸易粮，使米价平抑下来。

随着春种早熟作物的收成，农民又得到了救济粮和无息贷粮，1950年的春、夏灾荒胜利度过，且没有饿死人，如此成就，只有在中国共产党领导下才能实现。

### 三、打击投机倒把，稳定市场物价

中华人民共和国成立之初，市场投机倒把活动猖獗，一些不法分子哄抬物价，囤积粮、油等必需品牟取暴利。米价曾经一日三涨，就连政府工作人员的工资也一度以大米来计发。物价上涨给人民生活带来很大困难，对刚建立起来的人民政权造成威胁。为稳定经济秩序，县人民政府着手整治市场，成立专职机构，培训财经干部。对投机商的不法行为，主要是通过建立国有商业，如粮食、百货、棉布、土产等国营公司、供销社等机构来调控粮油等主要商品价格，适时抛售，以打击投机资本，避免投机商人的中间剥削，平抑了物价。同时，公安、工商部门联手打击、制裁投机分子欺行霸市、囤积居奇、哄抬物价尤其是哄抬粮油价格行为。中国粮食公司鹤山支公司又适时地从省内外调入大米38万多斤，在沙坪设门市部供应粮食，使粮价逐步回落到合理水平。

事实证明，通货膨胀、物价波动是受金银、外币的波动影响。根据国家关于禁止银元买卖流通，金银首饰只准许存储和兑换人民币、不准买卖的规定以及由人民银行统一经营和管理外汇业务、禁止外国货币在市场上流通等有关规定，发动群众，开展反对金银外币投机斗争，配合公安、金融等有关部门，取缔地下钱庄、取缔外币兑换店、禁止倒卖外汇外币，外汇牌价和外汇调度由人民银行统一管理，设立外币兑换站，打击黑市外汇交易，使人民币占领市场。经过周密调查，掌握确凿证据之后，1950年12月下旬，县执法部门一举查封了沙坪镇的华盛、厚德祥、大兴、中兴等10多家非法经营的金铺，搜获黄金55两、港币19 400元、美钞130元、白银80元，打击了投机分子的嚣张气焰，稳定了金融市场。

为了稳定市场，搞活城乡物资交流，县有关部门还采取发放农贷、收购农副产品等措施，使农民有再生资本，购买生产生活资料，活跃市场。如针对鹤山最大的大宗商品——红烟市场滞销，直接影响农民生计的问题，县贸易公司召集烟商开会，要求李义兰等各大烟庄大力收购烟叶，开拓市场，如烟商资金有困难，请贸易公司给予贷款支持。其次，县政府扶持私营商业企业，处理好公私关系。一方面对私营工商业户进行职业道德教育，使之守法经营；另一方面使县贸易公司停止零售业务，让私营工商业户有更多经营空间，同时将私营企业的销售利润从4%调高到6%，使商人有利可图，刺激商人的积极性，对繁荣市场起到正面作用。此外，政府注意发动群众入股组建生产（供销）合作社，便于贸易公司与合作社联系，收购农户土特产和向农民发放粮贷，增强农民抗风险的能力。夏收前三区已建起多个乡、村合作组织，社员股金每股 20 元或折谷 24 斤，夏收后各地陆续组织合作社。截至 1951 年初，贸易公司向合作社及农户收购烟叶 52.78 万斤、收购木炭 8.2 万斤、收购萝卜种子 1.19 亿元，以上总价值 19.26 亿元（当时的人民币）。

通过连串的工作，稳定了物价，消除了通货膨胀的隐忧，人民生活日趋安定。

土地改革，清匪反霸

### 一、开展土地改革，实行"耕者有其田"

"耕者有其田"，这是孙中山领导的资产阶级民主革命的纲领之一。但是，在半殖民地半封建的中国，软弱的民族资产阶级没力量领导农民去实现这个纲领。只有在毛泽东和中国共产党的领导下，中国人民经过 20 多年前赴后继的斗争，才真正实现"耕者有其田"，完成了这一彻底反封建的伟大历史任务。

1950 年，鹤山的人口、土地基本情况是：全县分 4 个区，48 个乡政权，总户数 64 879 户，211 943 人，其中男 100 594 人，女 111 349 人，华侨 28 642 人。土地面积（可耕地）239 469.5 亩（市亩，下同），其中一区 65 204.5 亩，二区 57 730.2 亩，三区 65 694.3 亩，四区 50 838.86 亩。耕地不多，公偿一般占三成左右，地主占有地平均每户 20 亩上下，上百亩的只有 3 户。中农所占比重较大，约占三到四成土地，贫雇农所占的土地一般不超过一成。外出华侨较多，全县达 3 万多人，故地主成分中有许多是华侨或归侨，他们占有的土地大部分是购买的。其剥削方式以地租、高利贷为主，地租一般占正产 50%—70%。高利贷甚为活跃，以放烟叶为主，利率 80%—100%，个别暴利者本利累进达 400%，故农民对放高利贷者十分憎恨。

贫雇农对待土改的态度，始终是坚决支持，热烈拥护；中农的态度虽然有顾虑，带有点抵触情绪，经过动员教育后，也是拥护且坚决跟贫雇农走的；富农听闻土地改革，初期顾虑较大，积极分散财产，变卖粮食，对保存富农经济有怀疑，怕被划为地主；地主的表现是反抗有之，沉默有之，怕被当作不法地主；工商界一般表现冷静，个别怕被没收财产。

1950 年 10 月，广东省人民政府发布《广东省土地改革实施办法》，并确定鹤山等 11 个县为省土地改革试点，同年 11 月，鹤山土地改革委员会成立。中共粤中地方委员会从各县及高校抽调 226 人组成土改工作团，由团长周天行率领开赴鹤山县进行土地改革。全县组成 1 168 人的土改工作队，分为 4 个大队。土改队入村前先进行短期的培训，学习有关文件，掌握土改政策，明确土改的目的是废除地主封建剥削阶级的土地所有制，实行农民阶级的土地所有制，解放生产力，发展农业生产。学习班特别强调，消灭封建剥削制度，不是消灭地主本人。土改运动始终要贯彻依靠贫农、雇农，团结中农，中立富农，有步骤分别地消灭封建剥削制度的路线。

1950 年 12 月 1 日，鹤山土改工作队分赴全县 4 个区 48 个乡、256 个村、918 个自然村开展土地改革，运动分清算、分田、复查三个阶段和按"五要"（要田地、要耕畜、要农具、要余粮、要多余房屋）、"五不要"（不要挖底财、不要侵犯中农、不要侵犯工商业、不要动富农自耕地和雇农耕种的土地、不要乱打乱杀）的原则进行。团部要求，地委干部下县、县级干部下区、区级干部下乡、乡级干部下村，集体分工，个人负责。步骤上分三个阶段进行：

第一阶段，宣传发动，组织阶级队伍，开展"清匪反霸，退租退押"（简称"八字运动"）。工作队进村后，召开各种会议，宣传、发动群众，宣传依靠贫雇农、团结中农、中立富农、管制地主，土地归农民所有等土地改革的政策方针；宣传主张土地归农民、团结中农、把地主管制起来、中立富农、按政策办事、整顿队伍、完成征粮扩军任务、永远跟着毛主席走等8点的《告农民书》，使土改的政策深入人心，尽人皆知。参加第一阶段土改运动的有58 603户，共21万多人，这些村民中充分发动起来的有100 947人，占49.16%，基本发动起来65 662人，占26.43%，即是占75%以上农民已发动起来。工作队员还与贫苦农民实行"三同"（同食、同住、同劳动），并进行扎根串连诉苦活动，提高群众阶级觉悟，培养积极分子，建立农会、妇女、民兵等群众组织，仅农会组织，土改期间就建立了20多个，发展5万多会员，占农村人口的40%以上，依靠这支力量，开展清匪反霸，镇压反革命，查地主的剥削、破坏，减租减息，退回租田押金。

第二阶段，划分阶级成分。通过调查摸底，弄清土地占有、债务、雇工、经商等状况，采用自报、评议、上报审批，三榜定案方法划分成分。土改中全县评定地主1 074户，占总户数1.7%；富农969户，占总户数1.6%；中农17 971户，占总户数28.7%；贫农20 825户，占总户数33.3%；雇农4 932户，占总户数7.8%；其余工人、手工业者、华侨、小商贩、贫民、小土地出租者等共16 770户，占总户数26.9%。

第三阶段，没收、征收地主、富农的土地，重新分配土地，放榜定案，颁发土地证。鹤山全县共没收地主、征收富农的土地17.689万亩（占全县耕地面积的7.5%），没收粮食95.4万千克，耕牛1 410头，房屋1 069间，大小农具1.3万多件，家具衣物一批，并按需分配给雇农、贫农。全县占75%以上的农民每人分到了一份土地，地主也按家庭人口同样分得土地。富农则征收其出租部分，保留其自耕部分土地。土改前后，各阶层土地占有量变化明显，全县统计，贫雇农土地占有量人均由土改前的0.18亩增加到 1.2 亩，增幅达 5 倍。其中地主由 4 亩减到 0.8 亩；富农由 2 亩减至 1.3 亩；中农由 0.65 亩增至 1.7 亩；其他阶层保持 0.3 亩水平。统计资料表明，土改后，占总户数仅 3% 的地主、富农的土地占有量，从土改前的 43 890 亩，减为 14 292 亩，约减少至土改前的 32%；而占总户数 30% 的贫下中农的土地占有量，则从土改前的 73 437 亩，增加到 196 390 亩，土地总量增加两倍多，显示出第三阶段土地改革的巨大成果。

但不久之后，包括鹤山在内的 11 个试点县被指责为"右倾"，是"和平土改""煮夹生饭"，于是从 1951 年 6 月起进行声势浩大的土改复查，批斗打击"阶级敌人"，查漏网地主，把一些较富有的华侨、工商业者错划为地主，造成打击面过宽，伤害了一些干部，这些情况往后在落实党的政策中陆续得到纠正。

1953 年 3 月，土改复查结束，工作队撤出。从此，鹤山县结束了延续两千多年的封建土地剥削制度，建立起新的生产关系。

## 二、清匪反霸，巩固治安

中华人民共和国成立初期，鹤山的治安形势相对来说是平静的，但也有不平静的地方。1950 年 1 月中旬，一区、三区、四区接连发现武装股匪：一区昆东乡被二三十人的股匪械劫了雅瑶圩一间商店，并不时在昆东各地骚扰；三区民族、民权、松塘（新鹤边境）、昆阳、昆华（新开边境）也发生了 30 人武装股匪进行造谣破坏活动；四区云宿山有百余武装匪特在活动。这些分散在边境的匪徒多数利用夜间行动，择治安力量薄弱的地方抢劫、骚扰，得手后马上遁走。三区曾发现一些来历不明的陌生人，他们装扮成卖药的、收破烂的、上山打鸟的，三五成群，形迹可疑。2 月还发生了两起匪特袭击、杀害土改干部的恶性案件。

1950 年 3 月，按中共中央《严厉镇压反革命分子的指示》，县开展镇压反革命运动。先是从圩镇到乡村，召开各种类型的学习会、座谈会，通过多种形式，大张旗鼓宣传动员镇压反革命、保卫革命成果、保卫人民生命财产的重要意义。其间，全县展开斗霸控诉会、公审宣判会、匪特罪行展览会等各类型会议 62 场，参与群众达 35 440 人次，紧接着进行一系列打击反革命分子工作。

一是配合驻防大军剿灭匪患。四区泗合乡长期被反动势力所控制，气焰嚣张。1949 年底，粤中纵队六支队配合南下大军，一举摧毁这个反动堡垒，俘获以大队长麦鹤龄为首的反革命集团共 50 多人，收缴机枪 3 挺、长短枪百余支。1950 年 2 月，鹤山、新会两县军警联合行动，采取夹击汇剿战术，一举消灭窜匿在大雁山的国民党军队，共计俘中队长 2 人，匪徒 60 多人，缴获轻机枪 2 挺，收音机 2 部。1950 年 6 月 1 日晚，反革命分子黄松枝、黄祥（禾谷人）纠集 10 多名匪徒，冒充解放军洗劫大龙尾村，被公安机关抓获，两犯是日被县人民政府枪毙。至此，鹤山境内基本消灭匪患。

二是打击敌特潜伏活动。经过几个月的周密侦察，公安机关掌握匪特地下活动情况，于 1950 年 9 月初，拘捕了敌第三军（军长李江）第七师第七团第二营副营长匪特分子陈其业及两个从犯，并通过他们提供的线索，由粤中公安处拘捕其同伙营长两名，搜出一批秘密文件，证实该组织是属美蒋特务合作团的。同时，由香港派遣回来的特务李美胜、李振庭（两人是国民政府时期鹤山最后一任县长黄汉山的第四大队正副队长），脚跟还未站稳，就被省公安厅在广州抓获并处决，这是对鹤山县匪特组织的一次有力打击。

三是展开对敌特及反动党团、反动会道门组织的登记，加强户籍管理，各圩镇建立治安小组和居民小组，依靠群众搞好治安工作。

在第一阶段运动中，共破获反革命案件 39 宗，逮捕匪特 67 人；破获抢劫案 25 宗，拘捕劫匪 44 人；破获盗窃案 42 宗，拘捕盗窃犯 63 人；破获烟毒案 135 宗，拘捕案犯 340 人。此外还逮捕地主恶霸 110 名，判处一批首恶分子死刑。通过运动，社会治安得到好转。

1951 年秋，鹤山县贯彻中央对镇反运动"实行谨慎收缩方针"，及时收缩并接受清理积案任务，成立县镇反清理委员会，各区也成立清理积案小组，领导和组织开展对 541 名反革命分子案件的清理工作。

1953 年 5 月，全县展开取缔反动会道门运动，在党委领导下，层层成立指挥所部，严密注视反动会道门动态，加强对反动会道门头子的监视控制，做好取缔工作。6 月 6 日起，先后取缔了"一贯道""先天道""同善社"等反动会道门，收缴道房 3 间，道具一大批，反革命文件及经册礼本等 385 件，经过教育，有 12 名中、小道首前来登记，271 名道徒退道，对轻微罪过、悔改表现好的免予处分，对有罪恶分子分别给予判刑、斗争、管制处理。

1955 年 5 月，县开展第二次镇压反革命运动，重点是打击漏网的反革命分子和各类刑事犯罪分子，到 1957 年下半年结束。两次镇反共逮捕反革命分子 580 人，处决 146 人，收缴各种枪支 1.7 万支，弹药一批。

中华人民共和国成立初期鹤山的两次镇压反革命运动，打击了敌人的气焰，促进社会治安稳定，为社会主义建设事业保驾护航。但也有偏离政策，打击面扩大的地方，有的干部把镇压理解为"杀"，只要是反革命分子就不会杀错，把不该斗的斗了，不该杀或可杀可不杀的杀了，据当年办公室统计，这部分人约占处决人数的 0.6%，不过此种情况很快得到纠正。

### 三、司徒美堂视察鹤山

1951 年春，著名爱国华侨领袖司徒美堂，曾到鹤山视察土地改革情况，与鹤山人民结下不解之缘，尤其是他转送烟叶给毛泽东之举，使鹤山特产的红烟声名鹊起，扬名全国。

3 月 20 日上午，司徒美堂偕中央调查团一行，深入全国知名红烟产区雅瑶上南以及龙门、昆东等各乡考察。那时，从沙坪到上南道路崎岖，没有汽车可通，考虑到司徒美堂年事已高，县政府准备一乘经过加固的轿子，挑选了两名精壮、可靠的轿夫让他坐轿前往。上南翻身农民获悉司徒美堂到访感到很兴奋，农会组织了 30 多名武装民兵，在村前的碉楼及山岗上放哨，沿途做好保卫工作。

司徒美堂一行出沙坪，经小范、大岗、大路等村庄，道路两旁是一望无际的烟田，绿油油的烟叶迎风翻滚，使他感到全国红烟产区名不虚传。一个多小时后，考察团抵上南乡农会文氏大宗祠（今中边村），农会在祠堂外空地搭建一个临时会场，挂上热烈欢迎的横幅，300 多村民齐集那里欢迎中央调查团。农会会长文演庆致欢迎词后，银须飘逸、精神矍铄的司徒美堂发表讲话，他简要阐述土地改革中有关华侨政策。演说中幽默的谈吐，洪亮的声音，加上满口开平方言，使村民听得津津有味，报以热烈掌声。随后，调查团分别找农民座谈，了解土地改革中华侨政策落实情况。

鹤山种植红烟源远流长，有 300 多年历史，清乾隆十九年（1754 年）已大面积种植，民国初期年产量高达 5 000 吨，居全省红烟之冠。中华人民共和国成立后种植面积不断扩大，从事烟叶种植和烟丝加工的农民、工人达 5 万之众，当时黑猫牌、蜜蜂牌、前进牌烟丝畅销省港澳及东南亚地区，也成为全县财政收入的主要来源。由于上南及其周边地区土质适合红烟生长，所产烟叶以色泽红润，烟味馥郁，久贮不变而驰名中外。

中央调查团在鹤山进行了一周的考察，司徒美堂的音容笑貌给鹤山人民留下深刻印象。临别时，上南翻身农民特意精选了1.5千克产自"猪公袍"（土名，今属和安村）一块面积约260平方米的优质烟田的晒干的红烟叶，分4扎、用防潮的糯米稻草包起，扎上红丝带，请司徒美堂转送给毛泽东。毛泽东收到烟叶后，在百忙中于1951年4月27日复信给鹤山人民，《粤中报》头版原文刊载，使侨乡特别是鹤山人民深受鼓舞。复信件至今在鹤山档案馆被妥善保存。

司徒美堂回京后，曾致信毛泽东及中央人民政府，反映土地改革对华侨评阶级的一些情况，对以后落实党的华侨政策很有帮助。

### 四、提前改变错划华侨地富成分

1953年，中共中央华南分局制定了《关于处理华侨土地财产补充办法》，错划的成分得到纠正。1955年5月，粤中区党委召开侨务工作会议，部署提前改变华侨地主、富农和港澳地主成分工作。鹤山县委随即召开全县华侨工作会议，传达中央和省委、地委会议精神，全面部署提前改变华侨地富成分的工作。由统战、民政、银行等部门抽调干部组成工作组，民政部门牵头，深入各区进行细致审查复核。先以七区鹤城小官田乡为试点，继而以六区、七区、四区华侨较多的区乡为重点。工作之初，多数侨户对提前改变其阶级成分表示欢迎，但也有些人半信半疑，抱观望态度；有的地主侨户存在不满情绪，不积极配合。有的乡干部认为改变华侨地主成分是立场问题，思想转不过弯。

针对这些问题，工作队进村后先开展宣传教育。通过各种会议，阐明提前改变错划华侨地主成分的意义及重要性，消除一些人的偏见和顾虑，使工作顺利开展起来。至1955年9月统计，在全县地主侨户471户中提前改变成分的有462户，占华侨地主户的98.1%。华侨富农233户，提前改变成分的225户，占华侨富农户的96.6%。港澳地主241户，提前改变成分的185户，占港澳地主的76.8%。经过改变成分的侨户有不少参加了合作组织。

对过去的"错伤户"（错划成分）按"除掉帽子，多说好话，原物不退，适当照顾"方针处理。对全家在外的"空头"地主，不分大小，一律取消地主帽子，回国保证不杀、不斗。过去被划为地主成分，没有血债，民愤不大的一般可改变成分。有的户改变成分对海外华侨影响甚大的，就"特事特办"给予改变成分。如本村不通过，乡、区和县委可根据实际情况给予批准，再往上送。此外，要求各地处理好几个具体问题：华侨地主改为工商业者不能参加互助组，只准参加信用社或供销社；机关学校占住华侨户房屋的，要办理租赁手续，按期交租；贯彻好省委关于华侨粮食供应的指示；对已改变成分的华侨在建房等方面碰到困难时，应给予帮助解决；就算是做法事需要某些物品，也尽可能帮助解决。

华侨政策的贯彻、落实，团结了海外同胞，扩大了政治影响，广大侨眷、港澳家属以及各阶层人民都深表拥戴，尤其是那些割去地主"尾巴"的侨户，更是由衷高兴，纷纷写信向海外亲人报喜。考虑到这次提前改变华侨成分工作发展不平衡，有的地方不彻底，县委部署各区乡必须进行一次查漏工作，可改的应及时改正过来。县民政科指定专职干部负责成分改变工作，各区民政助理也将此作为一项严肃性业务处理。

## 第三节　农业合作化和人民公社

### 一、大办农业生产合作社

1951 年 9 月 9 日，中共中央召开第一次农业互助合作会议，通过了《关于农业生产互助合作的决议（草案）》（以下简称《决议》），发至各级党委试行。中央认为，要克服农民分散经营中所发生的困难，就必须提倡"组织起来"，按"自愿互利，等价交换"的原则，发挥农民劳动互助积极性。《决议》指出，当前发展农村互助合作运动，要根据生产发展的需要与可能的条件，实行稳步前进的方针。鹤山县委、县政府为了发展生产，使农民走共同富裕道路，按照"自愿互利，等价交换，民主管理"的原则，引导农民组织起来，成立临时或常年、不改变所有制性质的互助组，进行换工、帮工、互助活动，解决农户缺乏劳力、畜力和农具的困难。

鹤山县第一个互助组是鹤城区城东乡谢帝荫互助组。始建于 1951 年初，由 8 户农户组成，开始是季节性互助组，后来发展为常年互助组。到 1952 冬，全县生产互助组达 7 585 个，为以后组织临时和常年互助组奠定了基础。

1953 年 2 月 15 日，中国共产党中央委员会《关于农业生产互助合作的决议》发表后，鹤山的互助组发展很快。至 7 月 7 日统计，全县有常年互助组 142 个，参加农户 931 户 2 921 人；临时性互助组 4 211 个，17 851 农户 60 284 人，两者合计共 18 782 户，占总农户数的 39.8%。到 1954 年夏收前，全县参加常年互助组达 13 000 多户，占总农户数的 20%。由于发挥了集体优势，促进了生产发展，全县的多数互助组均获得增产增收，受到农民广泛欢迎。

1953 年 12 月，中共中央发出《关于发展农业生产合作社的决议》，强调在农业互助合作问题上要反对两种思想倾向，一种是消极的思想，另一种是急躁的思想。对农业生产互助合作运动，既要积极引导，又要坚持稳步前进的方针。

根据中央和省委、地委把互助合作运动推向新的高潮的指示精神，县委采取"重点试办、逐级试办，发展一批、巩固一批"的方法，开始试办第一批社会主义性质的农业生产合作社（简称"初级社"）。1954 年春，鹤山县第一批先锋、先驱两个试点农业合作社先后成立。先锋社地处鹤城区城东乡谢屋村，以谢帝荫互助组为基础，由于合作社成绩显著，社主任谢帝荫被选为县、省人民代表。先锋、先驱两个初级农业合作社建立后，县委召开会议，总结办社经验，并于 1954 年 9 月开办第二批社干部学习班，决定继续办 6 个农业合作社。有了第一、第二批建社经验，全县合作化稳步推开，到 1955 年上半年止，全县建成 146 个农业合作社，参加农户 4 699 户，占全县农户的 8.3%。

1955 年秋，毛泽东在全国区、地委书记会议上发表了《关于农业合作化问题》的讲话，从中央到地方批判发展农业合作化中所谓"小脚女人走路"的保守思想。县委总结第一、第二批的建社经验和教训，发出《对有关建社扩社中的一些具体政策问题的意见》，迎接农业合作化高潮的到来。至 12 月底，全县共建立初级社 716 个，入社农户 20 789 户，占总农户的 36.5%，这种合作形式，受到农民的欢迎。

1955 年秋，在批判所谓"坚决收缩"的右倾保守思想后，初级社迅猛发展。而初级社的发展高潮，又促进了高级社发展。鹤山于 1955 年下半年着手筹建高级社工作，经过调查，县委决定先办鹤城区的先锋社，平汉一、三社，宅梧区的先驱社等 17 个初级社转高级社试点。1956 年 9 月中旬，在"书记动手，全党办社"方针指引下，鹤山县委加快初级社向高级社过渡的进程，至 1957 年夏，全县共建立高级社 381 个，入社农户 56 186 户，占总农户的 97%，人口 189 712 人，平均每社 147 户。至此，鹤山县基本实现全县农业社高级化，还出现一乡一社的大型高级社。

## 二、鹤山、高明合并

鹤山、高明同饮一江水，山水相连，阡陌接壤，风俗习惯相近。高明以粮产区著称，鹤山以红烟、茶叶等经济作物出名，有较大的互补空间。在省内，鹤山、高明都是小县，两县合起来不足 40 万人口，受当时"一大二公"思潮及各地并县风影响，1958 年，两县的领导经过充分洽商，从有利生产指挥、优势互补，推动"大跃进"向前的思路出发，提出中华人民共和国成立后的第二次合并方案。1958 年 11 月，经广东省人民政府批准，鹤山、高明两县合并称为高鹤县，隶属佛山专区，县治设在鹤山沙坪镇。并县后行政领导分别为：县长黄海，副县长温兆雄、李林泉、李均旺、刘长金、魏建明、袁玉胜。同月，中共高鹤县委成立，郭佛任第一书记。副书记改称书记处书记，黄海、温新源、邝国廉、梁继成、陈国光为书记处书记。

两县合并后进行一系列建设规划。指导思想是：农业生产方面，高明以粮食、甘蔗等生产为主，充分发挥三洲、西安等围田大生产优势，增产粮食；鹤山发挥水网和丘陵区的优势，以红烟、水产养殖等生产为主，提高市场份额，增加财税收入。工业方面：

高明要发挥资源优势，着重发展水泥、煤炭、化肥等重化工业为主；鹤山则重于轻纺、机械、烟丝、食品为主。从而达到优势互补、共同发展的目的。合并当年最为明显的成效是，融合双方的优势，促成鹤山杰洲 5 000 吨磷肥厂和高明 3 万吨峰江水泥厂上马，改写了高鹤县没有化肥、水泥基础工业的历史。

从有利生产调度、有利加强行政管理出发，1959 年，把全县 12 个公社调整为 17 个公社，其中鹤山片设 10 个公社，高明片设 7 个公社。1961 年至 1981 年，公社建制略有增减，但变动不大。

1958 年 12 月，县委召开并县后第一次三级干部大会，历时 4 天。会上，县委第一书记郭佛做《认清形势，不断实现明年更大跃进》的报告，会议总结了 1958 年两县贯彻党的"鼓足干劲，力争上游，多快好省地建设社会主义总路线"的伟大成就，对实现 1959 年的更大跃进做出如下部署：一、以中央"郑州会议"精神为纲，全力整顿、巩固人民公社。二、掀起深耕改土高潮，夺取早造丰收。三、抓好水利建设，大办山区小水电。四、贯彻群众路线，树立艰苦奋斗，勤俭办一切事业的优良作风。大会号召干部团结共事，同心同德，反右倾，鼓干劲，贯彻工农业并举、粮食与各种经济并举方针，确保实现 1959 年更大、更全面的跃进。

### 三、人民公社发展和整顿

1958 年夏，不少地方的农业合作社加以合并，不但规模变大，而且改变了原来所有制关系和社会组织结构，实际上成了人民公社化运动的前奏。8 月 18 日，《人民日报》发表了"人民公社好"的口号后，全国公社化运动势如破竹地开展起来。

### （一）大办人民公社

1957 年，鹤山县进入农业合作化高潮，在 716 个初级社的基础上，又合并建立高级农业生产合作社 381 个，入社农户 5.62 万户，占农户总数的 97.8%，人口 18.97 万人。1958 年春，鹤山县委根据中央和省委、地委的指示精神，深入批判"合作化太冒进了"等右派言论，随后在龙口、鹤城的几个整风整社试点中进行了社会主义建设总路线教育，继续批判右倾思想，制定远景规划。这几个试点社在讨论远景规划时，要求并大社以发挥更大的生产潜力。于是到了 8 月，再由 306 个高级社合并为 55 个大社，基本是一乡一社，实行政社合一，乡党委就是社党委，乡人民委员会就是合作社社务委员会。

受"一大二公""超英赶美""人多好办事""越大越接近全民所有制"等极左思潮影响，迎合人们"跑步进入共产主义"的期盼，急风暴雨式的公社化高潮随即爆发。1958 年 8 月初，时任县委副书记邝国廉带队到河南省遂平县全国第一个人民公社参观，回来后即以桃源乡为建设人民公社试点。9 月，高明、鹤山县委在县城召开四级干部及先进人物表彰的 4 000 人大会，动员全党、全县人民贯彻社会主义建设总路线，认为人民公社是从社会主义过渡到共产主义的最好形式，又是将来共产主义的基层单位，人民公社比现在的高级社优越。确定会后向群众宣传，动员群众创造条件入社。9 月 8 日，鹤山第一个实行"政社合一""工农商学兵五位一体"的桃源人民公社成立，共有 6 880 户 26 822 人。当天，桃源圩镇成千上万的农业社社员、工人、机关干部、商业店员、学校师生，敲锣打鼓，载歌载舞庆祝桃源人民公社的诞生。到 9 月 15 日，短短一个星期内，全县先后建立了桃源、龙口、金岗、古劳、越塘、雅瑶、鹤城、共和、禾谷、址山、宅梧、双合 12 个人民公社。11 月，公社规模再度扩大，鹤山以区为单位合并成 9 个人民公社。

公社成立之初，人们的情绪极其高涨，吃饭不要钱、按月发工资，几个月内全县建起 100 多个小水电站和一批综合加工厂，到处兴办大型的林场、畜牧场、试验场，不少村庄安上电灯，这在过去人们是不敢想的。公社化后又大办公共食堂、卫生站、幼儿园、敬老院、托儿所等，多年来农民所盼望的"老有所养、幼有所托、病有所医"的理想似乎就要实现了。

### （二）人民公社化运动初期的特征

在"左"的思想指导下，人民公社化运动起初最大的特征是实施"三化"，即组织军事化、行动战斗化、生活集体化。按照组织军事化的要求，人民公社"实行生产劳动和军事组织训练相结合"，凡是青壮年都分别组成民兵和预备役组织，成为生产队的骨干力量和突击力量。公社建立民兵团，大队建立民兵营，厂矿建立民兵连。大家按时吃饭、统一开工、统一收工。较大的工地（如兴修水利），一般插上红旗，安上喇叭，统一指挥"作战"。实行劳逸结合，月中放假，男社员 4 天，女社员 6 天，每天工作 8 到 10 小时，农忙不超过 12 小时（实际执行不了）。

生活集体化，包括吃饭食堂化、老人住敬老院、幼儿入园入托等。这些体现共产主义因素的组织，成为人民公社的重要内容。而受生活集体化影响最大的莫过于公共食堂的普遍建立。建公共饭堂的初衷是使原来在家做饭的妇女参加集体劳动，是解决劳动力不足的有效办法，后来说成是有利于"割资本主义尾巴"。几天时间全县建起 1 000 多个公共食堂，最多时平均每个自然村有两个食堂，参加食堂的人数占全县总户数的 99%，大家集中一起吃名副其实的"大锅饭"。为了办好食堂，县委专门召开现场会议，推广龙口公社饭堂"十化""三自给"经验："十化"是食堂餐厅化、吃饭桌子化、菜式多样化、清洁制度化、番薯饱点化、锅炉跃进化、管理民主化、用水自流化、灯火沼气化、环境美化绿化。"三自给"是蔬菜自给、副食品自给、柴草自给。1958 年秋收，粮食丰产"捷报频传"，万斤、十万斤亩产的"高产卫星"一个接着一个，从中央到地方政府自以为粮食吃不完。中央北戴河会议后，《人民日报》关于安徽舒县的报道，顿时使"吃饭不要钱"成为一句家喻户晓的口号。各地普遍实施吃饭不要钱的做法，而且是放开肚皮任吃，同一个地区可以互相串食，外来人路过一样可以进饭堂吃饭，还出现吃饭"放卫星"的现象。随着对浮夸风的整顿，核实粮食增产数字，粮食开始紧缺，放开肚皮吃饭只实行一个多月就停止了。

按月发工资，是人民公社化运动初期的特征之一。大体分 5 个等级，一级 2 元，最高 5 元，等级差距不大，等级低的社员产生消极怠工情绪，等级高的社员出现"一分钱一分货"想法。大多数的公社并没能按期发放工资。全县 11 个人民公社到 1958 年 11 月中旬，只发过一次工资。

由于"一平二调"的泛滥，集中过多，没有分权，拉平分配，没有承认差别，物资劳动的不合理调剂，没有等价交换等问题相继出现。对原高级社的生产资料无偿征用，把社员的自留地、宅基地、空闲房子、牲畜、零星果树、农具实行集中使用。统一调配劳力，搞"大兵团作战"，大大挫伤群众积极性，不久即出现吃饭人多，出勤人少；装病人多，吃药人少；学懒人多，学勤人少，以及"出勤一条虫，收工一条龙"等现象。由于分配上的平均主义，干多干少一个样，甚至出现了"开工自由化，吃饭战斗化，收工集体化"的现象。

### （三）整顿人民公社

1958 年 10 月 27 日，县委农业办公室提出《关于认真解决当前人民公社劳动组织和分配问题的几点意见》：一、关于生产管理问题。各公社必须根据自然情况，从生产出发，把原有的大队、小队进行适当的调整。大队（营）应作为一级的管理机构，成立管理委员会，小队（连）是直接指挥生产的战斗单位，必须划分责任区，建立专业生产组织。要加强计划管理和贯彻生产责任制。为搞好计划管理，公社对大队、大队对小队，必须层级订出年度和季度的种植面积、产量指标、投资和用工计划。为保证计划的执行和责任制的贯彻，要加强政治思想教育工作，经常性地开展"六好"红专干部，"七好"红专社员运动。二、关于分配问题。明确积累与消费的确定问题。如何确定供给制、分配数的核算问题，关于工资级别和工资等级问题，关于评定工资等级问题要抓好的几个方面。三、关于并社中的政策问题。秋收前要先处理主要生产资料和秋收"三比"关系，其次是有关副业生产如肉猪母猪管养问题，社员借钱购买生产资料问题，社员投资单车和缝纫机的问题等。

为了解决"大跃进"和人民公社化运动中出现的一些问题，1958 年底，毛泽东向全国六级干部（中央、省、县、公社、大队、小队）发出公开信，中共中央也很快召开郑州会议，形成两个文件。一是《关于人民公社若干问题的决议》，二是《十五年社会主义建设纲要四十条（1958—1972 年）》，规定"统一领导，队为基础；分级管理，权力下放；三级核算，各计盈亏；分配计划，由社决定；适当积累，合理调剂；物资劳动，等价交换；按劳分配，承认差别"这 14 句为整治人民公社的方针。

1959 年 3 月 25 日，高鹤县委在沙坪召开五级干部会议，全面部署整顿人民公社，重点是揭露"共产风"的危害，开始部分算账退赔工作。组织了由县委、科局长及县属机关、公社、大队干部 500 多人组成的工作团，以龙口、明城公社为清退"共产风"和第一批清退公社试点，公社在其他面上结合生产的同时，把一些对生产影响较大而又容易清退的，根据有物赔物、无物赔钱的原则进行赔退。至 1960 年底统计，县以上机关企业和公社向大队、社员赔退房屋 529 间（鹤山、高明合计数，下同），家具 2 100 件，农具 2 590 件，耕牛 179 头，生猪 1 440 头，建筑材料一大批。另由县拨出 135.03 万元赔偿现金（资金来源分别由地区、县共同承担），大队、社员的损失得到补偿，初步消除群众的顾虑和埋怨情绪，挽回了党在群众中的威信。

经过一段时间的整顿，人民公社逐渐褪去了一些空想色彩，刹住了争向全民所有制和共产主义过渡的势头，对"共产风"做了一定的清算，形式主义、浮夸风得到一定程度的遏制，干部强迫命令作风有所收敛、改变，社队规模逐渐缩小，平均主义的供给制基本限于粮食消费，不少公共食堂自动解散，"三化"也逐步松懈，形势向好的方面转化。

### 四、调整社队规模

1958 年下半年的人民公社化运动初期，高鹤县共成立了 11 个人民公社，1959 年分为 17 个公社，1960 年底又并为 14 个公社。每个公社平均有 6 425 户，最大的龙口公社达 13 236 户。最小的杨梅公社 3 294 户。有部分公社、大队、生产队的规模偏大，穷队富队一拉平，造成穷队依赖、富队消极，社员集体观念大大削弱的状况。规模过大，管理困难，工作难以深入，穷富之间常常闹矛盾，影响生产，个别富队变成穷队。龙口公社中七大队的社员说："大水滚大鱼，拆一座祠堂占不到一块瓦。"大队死了耕牛，社员不但不觉可惜，还在食堂的菜牌上写上"好消息！有牛肉吃"。

1961 年春，县委召开四级干部大会，学习、贯彻中央《农村人民公社工作条例（草案）》（即"六十条"），重点是调整社队规模，这次调整的原则是贯彻落实"三级所有，队为基础"，改公社统一核算为以大队作基本核算单位。是年冬，又根据中央指示，解决以生产队为基本核算单位问题。县委认为，目前，生产大队的规模基本是适合的，但生产队的规模一般偏大。全县3 593个生产队中，30个劳动力以下的只有1 398个；31—40个劳动力的有785个；41—50个劳动力的有545个；51—60个劳动力的有645个；60个劳动力以上的有220个。

县委在大会上明确表示，规模过大的生产队必须下决心调整。如何进行调整，县委认为，调整规模，要从有利生产发展、有利经营管理、有利组织生活、有利社员团结出发。从实践来看，一般20—30个劳动力一个生产队为宜，但不能一刀切。比如经营管理基础好，领导能力强的队，以25—30个劳动力为好；经营管理基础差，领导能力弱，生产条件比较稳定的队，以20—25个劳动力为宜；山区村落分散，一个自然村40个左右劳动力、群众又没有分队的要求可以不分，如一个村只有20个以下劳动力的，一般不应跨村并队。

县委强调，具体工作中要处理好以下问题：

（1）土地在"四固定"的基础上，悬殊、差别不大的，不作调整。确实差别大，不利生产发展，可根据自然条件，适当搭配好、坏、高、低、易受水旱灾害的土地。但尽可能做到土地连片，以利排灌和管理。

（2）征购粮问题。按各生产队占有的产量比例计算负担征购粮任务。征粮与购粮的划分，是以大队的征购粮比例来计算各生产队的比例数。

（3）公积金、公益金的提取。公积金提取4%—5%，公益金提取2%—3%，并定死上缴大队数。以后生产搞得好不多交，搞不好也不少交。按产量折成现金，提成0.5%上交大队管理费。

（4）已"四固定"给生产队的耕牛、农具一般不作调整。但分成两个或以上生产队的，可根据耕牛等级负担田亩数来分配耕牛的大件农机具。

调整生产队规模的同时，县委重新明确、划分了大队和生产队的权限。

大队的权力是：管理本大队企业权；按国家下达各项任务，对生产队进行征购、派购、收购任务权；有生产计划管理和全面安排生产权；有掌握和安排使用机动粮、公积金、公益金权；有安排兴建大队集体基建和遇到自然灾害时组织各队协作权；有经常对干部社员进行政治思想教育、管理本大队文教卫行政事业和民兵、治保工作的权力。

生产队的权力是：在保证完成生产大队下达生产计划前提下，有因地制宜、全面发展生产、安排各项作物种植权；在完成上交大队任务后，有分配自主权；有耕牛、农具所有与使用权；有决定各项生产措施权（如培育良种、精耕细作、兴办小型农田基本建设等）；有制订、调整生产定额权；在保证不影响水土保护及牧牛地条件下，有开垦荒地荒山，充分利用一切土地的权力。

至 1961 年底，全县由原有 3 593 个生产队，平均每个生产队 36 个劳动力，调整为 4 927 个队，平均每个生产队 26 个劳动力，增加了 1 334 个生产队，增加27%。

调整社队规模，扩大基层的自主权，是一项顺应民意，适应生产力发展的举措。

老区各项基础设施上马

## 一、发展交通运输事业

1958年高鹤合并后，县人民政府贯彻"全党全民办交通"方针，领导全县人民大办公路事业，掀起修筑乡村道路特别是山区公路热潮，以后又结合农田水利基本建设，多次整治、改造和新修500多千米乡道，使原来的羊肠、崎岖小路可以通行车辆，全县新建公路400多千米（大部分在老区村），修复旧公路100多千米。杨宅线、明富线、三富线、大更线、鹤龙线、址云线等一批主要的公路建成通车，全县公社所在圩镇、主要厂矿及革命老区均有公路，初步形成由县城到各公社及主要圩镇的交通公路网。

1969年党的九大以来，用战备思想统领交通建设，全县再一次掀起全民办交通的高潮，仅1969年冬到1970年春，在建和即将完成的战备公路，包括宅梧双桥至开平镇海水库线共12条、76.5千米，出动民工32万多人，完成土石方40万立方米，全县可通公路680多千米，比中华人民共和国成立前增长39倍，90%以上的山区生产队通公路。

高鹤县早期的桥梁多为木质结构，负载力低，不能适应经济发展的需要，20世纪60年代开始有计划地改造旧路桥，逐步把木桥改为钢筋水泥桥。根据需要，各桥作了不同程度的拓宽。1958年至1965年，高鹤全县修建主要桥梁20多座，总长350多米。至于散布在境内星罗棋布的乡村小桥，由于年久失修，影响群众的生产生活。1958年因"大跃进"需要，各公社采取村民集资、发动华侨捐资以及民办公助等多种方式筹集资金，修建了数以百计的乡村小桥，有的在桥头筑起凉亭石凳，遍植花卉树木，小桥流水，村容村貌焕然一新。

1958年初，鹤山汽车站有客车5辆，货车16辆；高明汽车站有客车4辆，货车8辆，两县加起来客货车仅有33辆，远远满足不了群众生活和生产发展的需要。1958年12月，在大办交通方针指引下，客货运输量大幅上升。至1964年，仅鹤山汽车站就拥有客车10多辆，货车20多辆，营运里程由200多千米增至400多千米，当年完成客运量111万人次，货运量15万吨，比1959年的36万人次和6万吨分别增加2倍和1倍多。其间，高鹤县交通部门大力整治河道，修筑港口、码头，使三洲河保持枯水期水深2米，150吨船通行无阻。沙坪河的通航能力也有所提高。三洲、富湾、沙坪、杰洲等河道先后修建多个简易码头。其中三洲、沙坪、杰洲逐步建成有一定规模的港口，广州、梧州、三埠等地客货轮可直泊港口作业。

1959年，高鹤县水上运输公司成立，拥有大小船只346艘，2 385吨位。1962年，县交通部门对民间运输行业进行整顿，把1958年下放给公社管理的民间运输站收回由县交通局管理，实行统一管理、统一运输、统一货源，民间运输队伍不断壮大。至1965年末，全县共有民间专业运输站12个，从业人员500多人，拥有中型拖拉机5辆、汽车3辆、手扶拖拉机64辆、手推车2 000辆、码头吊机3台。亦工亦农运输队48个，畜力车21辆。全年完成装卸量28万吨，货运量7.7万吨，占全县货运量60%。

随着交通事业的改善，高鹤县的经济及社会各项事业得到较快的恢复和发展。

## 二、通信、医疗事业的普及

中华人民共和国成立初期，鹤山只有长话、县话合席交换机10门，电话机6部，线路长27千米。1958年，全县长途电话增容到30门，开办长话网点8处，长话4路。1960年，沙坪至佛山长话由1路增至2路。1962年，长话网点增到16处，全县公社所在地及较大的圩镇均设有长话业务网点。1958年，电话增至1431部，逐步满足工农业生产和人民生活需要。

20世纪60年代后期，为了落实战备方针，电信部门加快通信联络工作，更新设备，增容扩容，延伸线路，至1970年8月，全县（高鹤县，下同）所有公社、大队全部装上电话，部分生产队也装有电话，从县城到各公社的通信线路工程达230千米，基本形成战备通信网。1970年8月31日，全县16个公社、场共230千米实现载波化。

20世纪60年代初，县内一些村开始实施合作医疗。70年代开始，通过全民办医的战备动员，初步形成群防群治、防治结合的平战医疗卫生网。全县172个生产队，1970年办合作医疗的有162个，占大队总数的94%。鹤山参加合作医疗人数达20.6万人，占农村总人数78%。合作医疗为自愿参加，每年每人交医疗基金5到10元不等，个人与生产队各付一半。

随着医疗事业的发展，医疗机构相应增加。70年代中期，全县有卫生院16间，卫生所、站365个，医务人员（包括赤脚医生）1 115人。

## 三、劈山开路的周妹

1946年，周妹出生在宅梧镇卢山一个贫困农民家庭，20世纪60年代初念完初中后便在生产队出勤，由于工作、劳动积极，又是学毛泽东思想积极分子，她先后被吸收为共青团员、共产党员，成为当地优秀青年。而一场劈山开路战斗，使之名扬全县。1969年12月25日，《南方日报》在头版以《愚公移山画新图》为题报道其事迹。

宅梧卢山村是抗日战争游击根据地，坐落在"九曲十三弯"崇山峻岭之上。30户人家，却有7个姓，中华人民共和国成立后，政治上翻了身，经济上得到了解放，但是，交通不便阻碍着山区生产的更大发展，也给山区人民的生活增加了不便。

这里也跟其他山区一样，光是送公粮、卖余粮、买肥料，就占用很多劳动力。所谓"夏粮担到秋，秋粮送到春"，为了解放"肩膀头"，村民决心修公路。

以前，卢山生产队曾经两次发起修公路，两次"包工"打石，花了1 700多元，却什么也没有搞成。失败和挫折教育了他们：要建公路，必须有愚公移山精神，走自力更生的路。

消息传出，有人说，建盘山公路，谈何容易？要凿石，要放炮，要炸药，要花钱，一个小小生产队，有多少钱？另一些人说，响一炮，就丢掉一个牛耳，响两炮，就不见了一条牛腿。响三炮，就连牛也没有了。卢山人民不听这一套。他们坚定地回答："就算一口口地啃，也要啃出一条公路来！"

他们挑了21位男女民兵，作为筑路工程的主力。攀悬崖，过峭壁，斩荆棘，经过好几天的努力，才在乱石丛中清出一个立足之地。

开山凿石的战斗开始了，青年人的手上磨出一个又一个血泡，脱去一层又一层肉皮，还有人的虎口震裂，鲜血直流，但是谁也不叫一声苦，谁也不说一声累。反而越干越欢，越干越有劲。他们风趣十足地说："困难是石头，办法是锤头，锤头打石头，困难就低头。"

打石头的钢钎磨钝了，到外边修理，一根就要六角钱，还要浪费许多时间。于是他们升起木炭炉，自己锻打。没有风箱，用扇子扇火。担石头的粪箕烂了，他们上山砍竹，自己破箔，自己编织……他们克服了一个又一个困难，为开辟前人所没有开辟出来的路而奋勇前进。

工程进入高潮，开山凿石的任务还十分艰巨。忽然接到公社通知，要他们派 11 个青年去公社修水库。这样，小集体和大集体发生了矛盾，经过讨论，最后，还是顾全大局在 21 个青年男女当中，挑选了 11 个最强的男青年去公社修水库。剩下的 10 个人中，8 个是女的，继续前进，还是停下来呢？

"男的走了，我们女的顶上去。"年刚 20 岁的女共产党员周妹，勇敢地站了出来。"男青年能干的，我们女青年一样干。"原来打眼放炮、炸石头，以及冶锻钢钎的技术活儿，都是男青年干的。如今他们都走了，怎么办？在旧社会，打眼放炮之类的活儿，从来不准妇女过问，甚至看也不准妇女看，说女人一看，炮就不响了。因此，一些人听说女青年要放炮炸石，就说："你看一眼都会'衰'（倒霉），还打什么石？"

周妹不理这一套，把年轻姑娘们召到一起，打眼，一齐来；放炸药，共同试验。一个单炮放响，接着放双炮、放三炮、放排炮。过去连点个爆竹都要掩耳朵的姑娘们，如今成了放炮能手。

8 个女青年，闯过一道又一道技术难关，打碎一条又一条的精神锁链。然而，斗争并没有完，横在跟前的绊脚石，真是说也说不完。一些人奚落姑娘们说："今天你们修路，明天还不知道嫁到哪儿去呢？""为建设山区修路，为社会主义修路，嫁到哪儿还不是一样建设社会主义？"

经过整整一年的艰苦劳动，他们搬走 3 500 多个石方，3 万多个土方，终于筑起一条 3 000 多米的公路，汽车可以直达山顶卢山村。作为"修路铁姑娘"周妹，其事迹传遍高鹤大地……

1970 年 4 月，周妹出席中共高鹤县第三次党代会，被选为县委委员，后来被提拔为仁和公社副书记、高明医药公司副经理，2006 年在高明石油公司退休。

### 四、水利、电力基础设施建设

#### （一）农田基础设施形成规模

从 1955 年冬开始，县委、县政府根据中共中央、国务院关于大力发展山区生产，繁荣农村经济的指示，和全民办水电的精神，在山区宅梧白水带石门潭建起了全县第一个小型水力发电站，全县各公社也先后建成一批小水电站。1958 年后，投资逾千万元建成水库 87 座，包括四堡水库、金峡水库、鹤城大坝水库、双合马头水库、宅梧青年水库、古劳白水坑水库、址山云乡水库和将军陂等，这些水利基础设施，为粮食增产创造了条件。四堡水库和金峡水库是内库容 1 000 万立方米以上中型水库，灌溉面积 5 万多亩，旱涝保收 4 万多亩。四堡水库于 1958 年 10 月动工兴建，1960 年 12 月基本建成，库区集雨面积为 27.3 平方千米，其灌溉防洪效益范围，含龙口镇、古劳镇、沙坪镇、桃源镇，人口 10 多万，水库总容量 3 340 万立方米，装设发电站，年发电量约 110 万千瓦时，输入国家电网，灌区有南、北干渠，灌溉农田总面积 2 100 公顷。1962 年特大洪水后，兴建了沙坪河水闸；每年投入数万个劳动力，10 多万土石方上堤，加高培厚堤坝，主干堤标高 7 到 8 米，堤坡 1∶2，顶宽 3 米，比中华人民共和国成立初期增高 60 多厘米，大大增强了防御能力。

全县大力建设电动排灌站。短短几年间，新建 165 个电排站，装机容量 11 635 千瓦，受益农田达 24 万多亩。

1959 年前，高鹤县没有高压输变电设施。1960 年，自从桃源

金峡水电站 7 千米的 6.6 千伏高压输电线路，与三洲豸岗 10 千伏
24 千米输电线路建成使用后，全县供电网络不断延伸、完善。
1962 年春，全县有 10 千伏高压输电线路 70 多千米，变电站由原
来 35 千伏发展到 110 千伏。1964 年 11 月，县供电局变电站迁至
郊区花果山。续后，相继建成雅瑶、杰洲、三洲等多条输电线路，
覆盖大部分水区和山区。

### （二）龙口南北渠的兴建

龙口是革命老区，位于鹤山县西北，属丘陵地区，面积
128.9 平方千米，耕地分布在馒头山群之中，遇旱农作物便减产
甚至颗粒无收。1958 年，高鹤县委筹资 124 万元兴建四堡水库，
1960 年四堡水库落成，但引水工程尚未配套，龙口几万亩农田未
能受益，旱患依然存在，群众迫切要求修渠灌溉。

1966 年，县委顺应民意，排除各种干扰，支持大渠上马。佛
山地委也拨出资金、器材并派出技术人员援助。经过论证，决定
先修北渠，即从四堡水库北面引水，经五福、涩蓼、三凤、中七、
宵南、下六等几个大村，止于古劳公社的连城村。以何兆清为首
的公社领导班子积极行动，组织数以万计的社员上山修大渠。经
过 3 个冬春的奋斗，1969 年，北渠完成主体工程，通水总长 19.5
千米，1971 年再完成附属建筑物 33 千米，1974 年重修。通水后
受益农田 2 万多亩。1973 年冬修建南渠，1980 年建成，通水总长
15 千米，从四堡水库南面引水，经五福、七连、那白、青文等村
庄抵达桃源公社的民龙村，灌溉面积达 1 万多亩。南北渠总长
34.5 千米，9 条支渠，长 21 千米，灌溉农田约 3.5 万亩，占全公
社耕地的 80%。

修建南北渠，对龙口公社来说是件了不起的大事，全社男女
老少都满怀热情上山修渠，起早摸黑地干，甚至在山上安营扎寨。
炎炎夏日，赤膊上阵；数九寒冬，也挥汗如雨。公社书记、社长

带头和社员一道干。总投资约 300 万元的大渠，除原材料由国家提供外，其余由村民想办法解决，大部分农民以工代赈。在物资匮乏年代，缺乏机械、车辆，挖泥、取土用的是锄头、簸箕、扁担。修渠的水泥、钢材、砖石等原材料，都用胳膊扛上山。没有吊装设备，社员硬是用木头顶、用人手扛、用麻绳拉，把几吨重、50 多米长的渡槽，10 多米高的桥墩，一个个矗立在山坡上……

参加修建南北渠的工程技术人员先后有 10 多位，来自广东省水电厅、佛山水电局和高鹤县水电局，他们为大渠的建设做出很大的贡献。早年在清华大学水利系就读的易坤成，是土生土长的鹤山人，1959 年毕业分配到广东省水电厅任技术员，1973 年调回高鹤县水利局工作，并担任南北渠的设计、施工。修筑南北渠最大困难是缺乏钢材，易坤成等经过科学分析，决定在压力容许范围内采用迫拱渡槽和缩短跨度等技术措施，有效地减少钢材消耗。同时制造马鞍型、钢丝薄壳型、少筋型、无筋型等多种形式的渡槽，既保证工程质量，又节省水泥、钢材。

南北渠工程浩大，30 多千米的干渠渡槽跨越 60 多个山头，翻越 70 多条山沟，如果遇到不能跨越的沟壑，则用水泥压力管，也就是书本上称的"倒虹吸管"埋在地下。人们如果站在高处，可以看到明渠暗道曲折迂回、蜿蜒旋转，忽上忽下的流水，或喷薄而出，或潜入地底。在水口村，就有 500 多米的压力管深埋地下，穿过房屋、水塘、公路、大地，直奔对面山头。这种"飞天遁地"的壮观情景，为水利工程史上所罕见。

这条被老区人民称为"幸福渠"、鹤山"红旗渠"的南北大渠建成后，汩汩甘露沿着蜿蜒的水渠，灌溉着数万亩良田，一些原来只能种番薯杂粮的山丘旱地，逐步变成水田。

南北渠的成功经验，受到各方的关注，1969 年 12 月下旬的《南方日报》，以《愚公移山画新图》为题，连续在显著版面做了专题报道。1979 年 10 月，广东省渠系建筑技术经验交流会在高鹤县召开，易坤成在龙口三凤石陂头渡槽作现场介绍，受到与会代表的赞许。1981 年 12 月，易坤成被省推荐参加水利部在江苏省扬州市召开的"水利部农田水利配套建筑物研究班"，并作了经验介绍。

# 第六章

拨乱反正，振兴经济

# 第一节 改革开放，振兴经济

## 一、拨乱反正，落实政策

"文化大革命"，全县遭受"左"倾错误甚至严重错误影响，大批干部、群众受到残酷的迫害，制造了不少冤假错案。

县委决定冲破"两个凡是"的束缚，加快平反冤假错案的步伐。1978 年 3 月，地委召开组织工作会议后，县委迅速成立落实政策领导小组，原县委书记巩兰森担任组长，在有关单位抽调人员组成办公室，负责科局级干部案件的复查，检查督促各战线、各单位、各公社的落实政策工作。为指导落实干部政策工作的开展，县委组织部 4 月 14 日下发《认真抓紧解决干部中的遗留问题，进一步做好落实党的干部政策工作的意见》，要求肃清"四人帮"在干部问题上所散布的流毒，以高度的政治热情和无产阶级党性，实事求是的工作态度和作风，妥善解决遗留问题；坚决执行党的政策，从党和人民的利益出发，做到"有反必肃，有错必纠"，重证据，重调查研究，不轻信口供；不凭个人感情用事，不从个人好恶出发，认真讲究政策，避免盲目性；有计划有步骤地做好案件复查工作；加强领导，落实措施。8 月 14—16 日，县委召开落实干部政策会议，传达全省落实干部政策会议精神，学习中央和省有关文件。会议要求继续揭批林彪、"四人帮"，分清路线是非，总结上半年落实干部政策工作，贯彻党的"实事求是"方针和群众路线的工作方法，加强党的领导，健全组织机构，加快全县落实政策工作的步伐。11 月，县抽调一些有实践经验的老干部进一步充实领导小组和办公室的力量，各战线、各公社党委也相应调整充实领导班子，还抽调一些党性强、作风好、没有派性，办事公道，有一定政策水平的干部，加强各级落实政策工作的专职队伍。组织、公安、法院、农村、财政、粮食、民政等有关部门紧密配合，共同搞好落实政策的各项工作，真正把落实政策工作列入各级党委的重要议事日程，做到全党办案，各级办案，各部门办案。县委常委经常召开会议研究落实政策工作，讨论案件。对一些难案、要案、影响较大的案件县委主要领导还承担布置任务、审阅材料、修改结论等工作，并找被落实政策的人员及受迫害者的家属谈话，了解他们的实际困难，做耐心细致的思想工作，从组织上有力地保证了落实政策工作的顺利进行。

11 至 12 月，县委先后发出《中共高鹤县委第一批为郭佛等 16 位同志平反的决定》和《中共高鹤县委第二批为邓中行等 50 位同志平反的决定》，在沙坪南山广场召开平反大会，为郭佛、黄海、邓中行等 66 位党政领导干部公开平反昭雪，恢复名誉，当众烧毁不实之词的文字材料。随后，财贸、工交两个战线，鹤城、合水、西安、桃源、沙坪、址山、杨梅等公社以及人民银行、百货公司等单位分别召开平反大会，为何亦雄、吴礼标等 256 位各级党政干部平反昭雪，恢复名誉。为加快落实干部政策工作步伐，县于 12 月 4 日召开落实干部政策暨信访工作会议，指出：县内在落实干部政策上还存在不少思想障碍，工作进展缓慢，要求迅速端正态度，认真执行中央的路线、政策，坚持实事求是、"有反必肃，有错必纠"的方针原则，加快步伐落实党的干部政策。切实加强领导，做到全党办案，认真办案，加快办案，理直气壮地纠正一切冤假错案。至 1978 年底，全县"文化大革命"中受审查干部、职工的结论复查工作已完成 73%，按政策为 813 人平了反，其中干部 513 名。1979 年 1 月 22 日，县委又发出为原县委书记李伟璋等 8 人平反决定和为教育战线原一中校长李明等 294 人平反的决定，撤销、废除对他们的错误处分，推倒、销毁其不实之词，恢复名誉。截至 6 月止，全县在"文化大革命"中被错误拘留、监护和错批错斗的以及冤假错案受害者共 1859 人已全部平反昭雪，恢复名誉。其中干部 652 人，属于冤假错案的 40 人。到 11 月，全县对"文化大革命"中的案件落实政策工作基本结束。同时，切实做好干部安排使用工作。

"文化大革命"前，全县原有科级以上干部 231 人，落实政策后全部作了安排使用；原股级干部 676 人也全部安排使用或恢复待遇。对历年来正科级作副科级使用、副科级作股级干部使用的 21 人，股级作一般干部使用的 35 人也作了妥善安排使用，使许多在"文化大革命"中遭受诬陷和迫害的人员重新走上工作岗位。因年老、体弱多病不能坚持工作的人员则安排疗养或离职休养。

## 二、贯彻新"八字方针"

中共十一届三中全会后，党中央为扭转粉碎"四人帮"后两年经济工作徘徊不前局面，扭转在国民经济发展中农、轻、重比例失调的状况，于 1979 年 4 月 5 日至 28 日召开中央工作会议，制订了"调整、改革、整顿、提高"的八字方针，决定用三年时间对国民经济进行调整。中央工作会议指出"调整国民经济的过程，是探索适合中国情况的社会主义现代化建设道路的过程，也是推进改革开放的过程"。"经济建设必须符合经济规律和自然规律；必须量力而行，循序渐进，讲求实效，使生产的发展同人民生活的改善密切结合；必须坚持在独立自主、自力更生的基础上，积极开展对外经济合作和技术交流。"从而坚决清理纠正前两年经济工作中的失误，清理在国民经济发展中长期存在的"左"的错误影响。

1979 年 5 月，省委召开三级干部会议，传达贯彻中央工作会议精神，原县委书记谭星越，原县委副书记、县革委主任钟志诚出席会议。会后，县委迅速召开有县、社、大队干部共 982 人参加的三级干部大会，传达贯彻中央工作会议精神和省三级干部会议精神，提高与会者对"调整、改革、整顿、提高"的调整国民经济方针重大意义的认识，明确调整的首要任务是加强农业，理顺农业与工业的关系，并联系实际，找出高鹤县几年来经济缓慢特别是农业发展缓慢的主要原因，明确调整前进方向，进一步动员全党集中力量，大办农业，把高鹤县农村经济首先是农业生产搞上去。然而，对党中央关于调整国民经济的重大决策，相当部分干部表现为不理解，甚至片面认为，"农村形势开始好转，社员生产积极性调动起来，现在讲调整是否意味着前段工作'过了头'？要来个'纠偏'？"经过联系实际，摆事实，县委证明中共十一届三中全会所做出的重大决策和确定的方针政策是完全正确的，只要坚定不移贯彻执行，千方百计将农业搞上去，贯彻调整国民经济方针，就会迎来进一步发展大好形势。当时的富湾公社党委书记冯永安说："60 年代困难时期搞调整，集中力量搞农业，结果粮食生产上了去，农民吃饱饭。今天搞国民经济调整，发展农业必将大有奔头！"

县委组织各级党员干部深入学习，反复领会国民经济调整方针政策的同时，深入调查研究，分析研究确定调整的方向：在农业内部的调整，必须贯彻"决不放松粮食生产，积极开展多种经济"方针，一手抓粮，一手抓钱，积极发展社队企业。杨梅公社党委规划在三年调整中，力争实现"五个一"发展目标：稻谷每年增产 100 万斤，种植木薯 1 万亩，生猪集体饲养量 1 万头，种杉、松、茶、果 1 万亩，社员年现金分配超 100 元。县委广泛听取社队干部意见后，及时提出在三年调整中，全县发展农业生产的主要目标是：到 1981 年，除每年完成国家公购粮 173 万多担任务外，社员口粮安排每月超 50 斤稻谷，平均每个生产队每年留饲料粮 3 000 斤至 5 000 斤，社员年人均分配 150 元以上。为实现计划目标，县委采取一系列举措，领导广大党员和人民群众做了大量富有成效的工作。

首先，县委从本身做起，在思想上、组织上、时间安排上，作风和财力、物力的分配上，真正体现以农业为重点，并教育各级干部树立以农为荣，支农为荣的光荣感和责任感。县委、县革委领导到三洲、更楼、宅梧、杨梅等公社办水稻高产示范片。在县直机关和公社干部中抽调 280 多名干部到困难队、后进队蹲点。采取措施稳定大队、生产队干部，起用有群众威信、作风好、有组织能力和有农业生产知识的党员充实大队党支部和管理委员会的领导班子。动员县直各有关部门支援农业，为加快农业发展做贡献。县财贸部门在 1980 年为支援粮食生产发展，组织供应稻田氨水由每亩 100 斤增加到 140 斤，供应玉糠 500 万斤、玉米粉 130 万斤、谷糠 2 500 万斤用作发展养猪饲料等。对下乡蹲点的人员，全面建立联系水稻产量、社员人均分配指标的岗位奖励责任制，如：凡水稻总产、生猪上市和社员分配达到历史最高水平，完成粮、油、猪统购任务，计划生育达到县定指标的公社，按下乡蹲点干部人数计算，当年每人奖现金 20 元；以上指标凡超出为历史 1% 到 5% 的，每人加奖 10 元，如此类推。县革委还制订开展科学种田创高产的措施：一是建立和健全公社农技站，"文化大革命"期间调出的农技干部一律归队；二是开展群众性的科学种田创高产活动，各级干部、党、团、民兵、妇女组织要搞高产试验田、示范片；三是所有高产试验田、示范片要做到"六有"，有登记簿（牌）、有生产计划和措施、有具体责任人、有分段登记、有经验总结、有县农业局验收报告；四是建立评比奖励制度，如水稻连片50亩以上，单造平均亩产千斤以上，当年可获奖金200元等。

其次，在农业生产结构内部亦作初步调整。1980年1月，县委、县革委做出关于支持社、队开展多种经营和办社队企业有关政策措施，措施随着国家政策的调整、放宽，在实践中不断完善补充，其中最主要的：一是调整农业布局，用山岗田、山坑田改种花生5万至7万亩，社队可以用花生同国家兑换稻谷（比例1∶25）；二是调减公购粮任务，全县公购粮任务由1980年173万担减为166万担，共减去67 690担，减幅9.6%；三是着力恢复发展生猪、茶叶、烟叶、蒲草、生姜等传统土特产，提高各项农产品收购价格，如从1980年起，生猪收购价每百斤边肉增加5.7元，对140斤以上大猪加价6%收购，提高奖售标准，实行"斤猪斤粮"奖售措施；四是县利用留成外汇进口粮食、肥料和饲料；五是鼓励扶持社员发展家庭副业，社员完成生产队派工后，可以在队的规划内开荒扩种，可以饲养群畜群禽，可以外出打工或经营小生意；六是表扬奖励农村勤劳致富的带头人，1980年、1981年春节前夕，由县领导带队组织县、社、队干部到农村"贺富"，弘扬敢富、快富、善富的好人好事，尽快使全县农业生产恢复发展起来。

大力扶持发展社队企业，如充实加强县社队企业管理局领导，从县财贸部门抽调一名有经济头脑领导干部任社企局领导。1981年采取县、社（鹤城、共和、址山、龙口、桃源、雅瑶、云乡等公社）联营办法建立县毛纺厂，并于1982年10月1日建成投产，每年可产腈纶毛毯30万条，产值达1 000万元。各公社成立建筑队，业务上接受县第二建筑工程公司领导，实行独立核算。扶助公社发展"三来一补"（来料加工、来料装配、来样加工和补偿贸易）企业。1979年至1981年，龙口制衣厂、雅瑶秀丽鞋厂、沙坪高质时装厂、鹤城毛织厂、桃源针织厂、明城针织厂、沙坪餐具厂、址山聚酯厂等一批"三来一补"企业相继建成投产。采取公社、大队、生产队三级联营办果、茶、林场。其中，杨梅、宅梧、龙口、雅瑶等公社的万亩松杉林、雅瑶公社南靖大队和龙口公社涩蓼大队的千亩果场，在此时发展起来。

三年的调整，使农业及农村经济得以恢复发展，国民经济明显好转。几项主要经济指标1981年与1978年相比：1981年全县地区生产总值1.71亿元（1980年不变价，下同），增长39.7%；农业产值0.74亿元，增长16.5%；社员人均口粮（稻谷）284公斤，增长19%；社员人均收入239元，增长81%。

### 三、家庭联产承包责任制的施行

高鹤县在推行农村家庭联产承包责任制过程中，县委根据中央和广东省委的部署，采取积极引导，逐步放开，稳步推进，加以完善的做法，过程中虽一度出现"反对分田单干"的错误做法，后在中央文件指引下，很快纠正过来，家庭联产承包责任制得到全面推行。

早在1978年初，县委就支持、帮助地处边远山区、生产条件恶劣的20多个生产队，在生产队统一核算、统一分配的前提下，实行分组作业和"五定一奖"（定劳力、定地段、定产量、定成本、定工分和超产奖励）联系产量责任制。经过一年的实践证明，实行这种责任制的生产队都增产增收。如雅瑶公社安宁生产队，1978年春建立了"五定一奖"联产责任制，社员生产积极性空前高涨，早造打了翻身仗，安宁生产队主产作物稻谷、花生、红烟增产幅度居全公社首位。鹤城公社党委对1978年冬种作物全面推行"五定一奖"责任制，冬种作物长势良好，冬小麦、马铃薯获较大增产。

党的十一届三中全会精神传达贯彻后，县委总结了上述社、队推行生产责任制经验，认识到：建立联系产量的生产责任制，能比较体现各尽所能、按劳分配原则，因而较好地促进生产的发展。为此，县委于1979年1月上旬，在鹤城公社召开有公社党委正副书记及经营管理干部参加的会议，推广鹤城经验，接着各公社又召开三级干部会议。随后县委作出关于在全县范围内普遍推广"五定一奖"联产责任制的决定。到1979年6月底，全县已有近一半的生产队根据农村牧渔副业生产需要，建立起包括水稻在内的各项作物的联系产量的生产责任制，对促进当年早造增产增收起了关键作用。这是全县推广联系产量责任制的开始。

在大力推广"五定一奖"联产责任制过程中，一些长期吃粮靠返销、生产靠贷款、生活靠救济的"三靠"队，以及极少数无人当干部的队之中，有群众自发搞起包干到户。因为缺乏具体指导，这批搞包干到户的队存在一些不完善之处，有各种问题。尽管这样，也都获得不同程度增产。1979年9月党的十一届四中全会通过的《中共中央关于加快农业发展若干问题的决定》中明确指出"不许分田单干"，而县委内部对此意见不统一，多数人对"包产到户和包干到户仍然是一种责任到户的生产责任，是搞社会主义，不是搞资本主义"的含义认识不清，将群众自发搞包产到户和包干到户一律视作"分田单干"，组织工作队下乡纠偏，在电视广播、各种刊物大张旗鼓反对"分田单干"，造成基层干部和广大群众思想混乱，使这些队生产既无集体积极性，又无个人积极性。这种局面维持了几个月，直到1980年4月，邓小平在和中央负责人谈到农业问题时，明确指出："对地广人稀、经济落后、生活贫困的地区，政策要放宽……有的可包给组，有的可包给个人。"5月，邓小平对正在兴起的农村改革明确表示支持，尤其对包产到户、包干到户作了肯定。他说："农村政策放宽以后，一些地方搞包产到户、包干到户，效果很好，变化很大。"1980年9月，中央在《关于进一步加强和完善农业生产责任制的几个问题》一文中指出："在生产队领导下实行的包产到户是依存于社会主义经济，而不会脱离社会主义轨道的，没有什么复辟资本主义的危险。"全县广大党员干部经过认真学习，手拿"尚方宝剑"，理直气壮搞大包干（农民指联产承包制为大包干），包产到户和包干到户逐渐在全县得到推广。

从1980年冬开始，全县农村实行各种形式的联产责任制又蓬勃兴起，包括定额计酬、专业承包联产计酬、联产到劳、包产到组到户、包干到组到户等等。为使这项工作健康有序进行，原县委常委、县革委副主任刘长金带领工作组到双合公社泗合大队搞试点，以取得经验，指导全面。从大多数农民的选择及实践结果看，包产到户、包干到户的"双包"责任制（后统一称家庭联产承包责任制）更为农民所接受。因为这种经营分配方式是"保证国家的，留足集体的，剩下都是自己的"，将生产成果和农业生产者的利益直接联系起来，带动了生产关系部分的调整，纠正了长期存在管理过于集中，经营方式过于单一的缺点，减少了过去评工记分环节，克服了分配中的平均主义"吃大锅饭"的弊病，较好地发挥了集体的优越性和个人的积极性，而且简便易行，在农民中普遍受欢迎。1981年底，全县3461个生产队中，实行联产承包责任制的有1058个队，占30.05%，其中鹤山片1814个生产队中实行联产承包责任制的有823个，占总队数47%。1982年，全县推行联产承包责任制的生产队达到总队数的80%，该制度后来发展成为农业的基本经营制度。

## 四、坚定走工业兴市道路

鹤山在中华人民共和国成立前夕，工业基础十分薄弱。中华人民共和国成立后，在 20 世纪五六十年代，先后兴建起棉织、制砖、印刷、农机、烟丝、酱油等 13 家地方国营工业企业。但是由于这些都是规模较小的企业，加上长期得不到更新改造，多数仍处于老厂房、老设备、老工艺、老产品的状态。产品档次低、品种花色少、市场竞争能力弱、经济效益差的局面，一直持续了 20 多年。

党的十一届三中全会的召开，开创了生产力发展的黄金时代，鹤山县的工业才有了新的转机；改革开放政策，打破了计划经济的沉闷局面，带来了工业发展的春天。1979 年冬至 1981 年期间，鹤山毛纺织总厂、龙口服装厂、沙坪高质时装厂等企业，率先走向世界，敲开外商的大门，开展"三来一补"业务，在鹤山点燃起利用境外资金、兴建现代工业的火种。鹤山毛纺织总厂于 1980 年 10 月，以补偿贸易的方式，从境外引进 4 000 锭精纺及染整全套设备，建成广东规模较大的一条毛纺精纺生产线，投产半年即达到设计生产能力，建厂头一年生产出质地优良的腈纶膨体绒线 650 吨，产值 1 500 多万元，仅用 19 个月便偿还清外商、港澳台商投资及设备贷款，赚回了一个工厂。从此，鹤山揭开了自办工业新的一页。

先行者的脚印，成了后来人前进的航标。以后几年间，县办工业、乡镇工业、联合体工业、个体工业，四轮齐驱，生机勃勃。到 1984 年，已引进价值共 696 万美元的先进设备，为全县工业企业打下坚实的基础。拥有地方国营工业、县办工业 27 间，集体工业 136 间，乡办工业 137 间，村办工业 141 间，户办工业 2 012 间，当年实现工业总产值比 1979 年增长 1.1 倍。

在坚持以经济建设为中心，坚持四项基本原则，坚持改革开放的方针指引下。1984年，县委、县政府认真总结了前几年的实践经验，清楚地看到了工业生产在本县国民经济中有着举足轻重的地位，确立"农业立基、工业兴市、三业齐飞"方针，制定出"提前翻两番、建设新鹤山"和"沙坪变纱城"的规划。采取一系列得力措施：

一是切实抓好经济体制改革，围绕增强企业活力这个经济体制改革中心环节，扩大企业的自主权，正确处理好国家、企业、职工三方面关系。二是坚持外引内联，实行对外开放，对内搞活的方针。提倡打开门户，实行多种形式、互利共赢，提倡加强内外之间、地区之间、行业之间、企业之间、公司之间的经济技术合作，真正把企业搞活。三是进一步做好侨务工作，促进开放和侨乡建设。尤其注重把侨务工作重点从动员捐资兴办公益事业转到动员他们回乡投资办工业上来，引来了雅图仕印刷厂，现已成为亚洲最大的印刷企业之一。四是树立现代商品经济的观念，在充分调查研究的基础上，敢于负债，大胆使用国内外信贷资金，用来引进先进技术设备，发展和改造自己的企业，在新的技术革命浪潮中，不断提高自己的生产水平和创汇能力。五是领导思想、作风、方法适应经济发展的要求。各级党组织、政府和各个部门的思想和工作，都要坚决转到"四化"建设上来。继续清除"左"的影响，做到一心一意干"四化"。提倡有生之年，在职之时，为鹤山多做好事、实事。

"提前翻两番"规划的提出，给工业战线的广大干部职工，有了一个明确的奋斗目标，成为鹤山经济腾飞的巨大动力。首先，推动了基础工程的上马。至1988年9月，杰洲、沙坪、鹤城、宅梧等变电站作为工业"先行官"陆续建成投入运行，起到了"雪中送炭"的作用；4 000门自动电话和500门小程控电话相继投入使用，扩建的 600 门小程控电话和 480 路数字微波通讯工程，于 1989 年底开通；直达香港的鹤山港货运客运码头和一批公路、桥梁扩建工程按计划建成并交付使用。

对原来工业体系进行了合理的调整和布局，在继续抓好纺织工业发展的基础上，大力发展建材、五金、造纸、印刷、机电、化工、塑料、食品等工业行业。以建材工业为例，仅在一年之中就建成年产 8 万吨的鹤山水泥厂和年产 10 万吨的沙坪水泥厂，一举填补了鹤山县水泥厂的空白。

抓好镇级经济，是鹤山工业兴市一大亮点，1998 年第八次党代会上，市委提出"强镇富民，后发争先"的发展战略，制定了《中共鹤山市委、市政府关于实施强镇富民、后发争先战略，加快镇级经济发展的决定》，极大地促进全市镇级经济的发展。到 2001 年，全市各镇共开发工业园区 32 个，吸引了 300 多家企业落户。总投资 34.7 亿，几乎每镇都形成了具有自己特色的拳头产品和支柱产业。产业形成集群和发展，先后被授予"中国印刷产业基地""中国男鞋生产基地""中国水暖卫浴五金产业基地"称号。落户共和、址山、鹤城、龙口这几个老区镇的企业，涵盖了电子电器、机械、水暖卫浴、纺织、食品、新材料、新光源等产品，为老区山区经济的发展注入强大动力。

从 1979 年到 2010 年的 30 年间，鹤山工业呈快速发展态势。1979 年全县工业总产值只有 9 031 万元，以工业为大头的财政收入 1 764 万元，职工年平均工资 601 元。2010 年这三项指标分别为 390.42 亿元（规上）、12.26 亿元和 25 810 元，分别增长 300 倍、120 倍和 40 倍。

## 五、中国第一张拉舍尔横空出世

"鹤山一张毡，顺德一把扇，新会一条线"是改革开放初期风靡珠三角的一句顺口溜。1984年4月9日，中国第一条拉舍尔毛毯（毡）生产线在鹤山县（后为鹤山市）毛纺织总厂（即广东美雅集团公司）投产成功，生产出全国第一条拉舍尔毛毯，填补了国内这个项目的空白，毛纺产业从此成为鹤山支柱产业，托起鹤山工业半边天。鹤山毛纺产业走过的曲折坎坷道路，既有振奋的一面，也有令人唏嘘的地方。

### （一）小机修厂飞出金凤凰

鹤山毛纺织总厂前身是生产打禾机、电动机等支农产品、不足百人的二轻机修厂。1979年，改革开放的春风吹进了鹤山。县委、县政府瞄准纺织这个朝阳行业而积极招商引资。1980年10月，一位港商看中了机修厂，以补偿贸易方式，引进香港中港精纺有限公司的4 000锭精纺及染整设备，生产腈纶绒线，鹤山毛纺织总厂就这样诞生了。

1983年春，拉舍尔项目获批。3月13日，应日本伊藤忠商事株式会社的邀请，鹤山县组团赴日本考察拉舍尔经编毛毯设备及工艺。由县委领导带领的考察团在12天中跑了17家工厂，累得不时跑到洗手间用冷水清醒头脑。为了取得最便宜的价格，考察团与日本设备商再三磋商，在东京没有谈成，最后又把谈判桌移到了广州。4月25日，鹤山县引进日本生产拉舍尔全套设备的协议在广州签订。

在设备敲定之后，同年10月2日，鹤山县派出10名技术骨干到日本认真学习。短短的两个月内，他们奇迹般地掌握了生产拉舍尔的技术，令日本人大为惊叹。

县领导把希望寄托在大学生、原市长宋毅行身上，把期望落在赴日学习归来的李澄海、谭钊华等人身上，重用他们，给他们撑腰打气。当时已被任命为毛纺织总厂副厂长的宋毅行，率领一班人夜以继日地拆包、安装、调试、试产……

1984 年 4 月 9 日，中国第一张拉舍尔毛毯终于在鹤山诞生了！产品质量均达到预定计划和设计要求，填补了国内该产品的空白。鹤山人欢欣雀跃，奔走相告。4 月 30 日，鹤山毛纺织总厂召开党委成立暨拉舍尔经编设备安装成功庆祝大会。县四套班子及县直机关领导参加了庆祝大会。同时，拉舍尔生产线投产荣获国务院轻纺部奖励。

从 1984 年第一张拉舍尔毛毯诞生到 1989 年，短短 5 年间，这家厂已从初期年产各种毛毯 70 多万条发展到 160 万条，成为亚洲毛毯生产规模最大的厂家之一，产品面世当年就打入国际市场，1987 年还参加了瑞典斯德哥尔摩国际发明展览。20 世纪 80 年代末，产品已销售到全球 43 个国家和地区。

**（二）抢人一步、技术领先**

多年来，鹤山毛纺织总厂注重依靠科技进步，提高产品质量和技术含量。在办厂初期就确立"抢人一步、技术领先"的指导思想。年年都引进世界一流的技术设备，经过消化、吸收、改造，形成具有自己特色的工艺技术，多次成功地进行产品结构调整和产品升级换代。自 1984 年以来，每年都开发出适销对路的新产品，先后开发了 102 种品种规格的拉舍尔毛毯，其中单层、纯棉、羊毛、阻燃型拉舍尔毛毯填补了国内空白，适应了国内外不同消费者的需求。在开发新产品的同时，强化质量观念，提高产品质量，美雅拉舍尔获得全国同行唯一的"金质奖"，另外有 6 个产品获部优、6 个产品获省优，成为各地拉舍尔毛毯生产企业追赶学习的目标。1987 年，鹤山毛纺织总厂生产的拉舍尔毛毯被纺织工业部评为"三大支柱"创新奖，获全国最受消费者满意产品奖。1988 年鹤山毛纺织总厂被评为省级先进企业和国家二级企业。1991 年拉舍尔毛毯被纺织工业部评为国家优质产品唯一金质奖。

1985 年底，鹤山拉舍尔毛毯首次出现在日本的市场上。敏感的日本生产厂家震惊了。他们原来估计中国产品起码要 5 年才能达到日本的水平，万万没想到仅 2 年便可与日本产品相媲美，并且打回了"娘家"。这使他们坐立不安。

随着拉舍尔毛毯在市场走俏，国内生产厂家如林立起。县领导提醒毛纺织总厂思想要不停地"滚"，要不断地向市场空白点，向科技制高点进军，开发出更多更新更高质量的产品。

1985 年，毛纺厂的产值达 7 600 万元，翻了一番多，税利 1 000 万元，增长两倍多。直至 1992 年，鹤山毛纺织总厂生产的拉舍尔系列产品，已覆盖全国 29 个省、直辖市、自治区，出口到全球 43 个国家和地区，实现产值 5 亿多元。全厂出口产品在总产量中所占的比例，由 1989 年的 25% 上升到 1991 年的 30%；产品出口创汇 1991 年为 800 万美元。鹤山毛纺织总厂成为了鹤山县的第一纳税大户。

**（三）实行股份制，更上一层楼**

1992 年，邓小平南方谈话，极大地鼓舞了鹤山人。作为鹤山县"龙头"的毛纺织总厂，借此东风，加快前进步伐。

其时，全国的国企正进行体制改革，以增强企业活力。工厂领导顺应历史大潮，为了让工厂再上新台阶，大刀阔斧地实行股份制改革。负责人经过走访先行企业，编制改革方案，召开职代会，通过股份制章程，成立董事会，完成一系列筹组工作。

1992 年 9 月 28 日，广东（鹤山）美雅股份有限公司经上级批准宣告成立，该公司是广东省首批股份制试点企业之一，成为五邑地区首家法人与自然人混合持股的公众公司。

美雅股份有限公司实行股份化改造后，加速转换经营机制，使企业再度展翅高飞。

完成股份化改造，职工又由"打阿爷工"变成了股东之一，真正成了企业的主人，不仅生产积极性空前高涨，而且主动为办好企业献计献策，处处为企业精打细算。实行股份制后，美雅公司领导向董事会和广大股民负责，不仅根据股份制规范化要求，顶住各种无理赞助、捐款、摊派，而且决策更为自主。他们根据市场需求的变化，大胆决策开发仿貂皮、羊毛等新一代高档拉舍尔毛毯，使产品的花色、品种多样化，年产量也从 100 万条增加到 300 万条，市场覆盖面不断扩大，出口量占了全国同类产品出口量的七成。实行股份制的第一年（1992 年），全公司完成总产值达 7.068 亿元，实现税利 6 392 万元，出口创汇 1 227.5 万美元，分别比上年增长 41.25%、32.8% 和 56.8%。

股份制改造次年，美雅公司又投资 3 亿元，新上了 6 个技改项目，开发 PVC 薄膜、高级拉链、经编包边布、涤纶、特种腈纶、仿真丝型高级拉舍尔毛毯。另外，还向房地产市场挺进，与外商及港澳台商合作兴建美雅城、美雅新村、美雅花园半岛等。

毛纺厂的建成，美雅公司的扩大，有助于解决农村富余劳动力的出路，增加城市的财政收入，也支持了老区的经济发展。

### （四）"粤美雅"上市

轰动一时的美雅公司上市，并非偶然，而是成于一段机缘。为了接触新事物，时任江门市委书记古日新到深圳市去学习，主要内容是看股市，学习股市市场的动作，当时的深圳股票市场方兴未艾，很多企业都在如火如荼地搞上市。大开眼界之后，古日新深有感触，归来后马上召开大会，建议美雅公司千方百计搞上市。

美雅公司接到通知后，立刻召开大会讨论，一致通过，并且说干就干！首先，成立了一个专门负责上市的班子，接着向广东省体制改革委员会提出方案，得到省体改委大力支持并派专人来指导。同时，请深圳市金鹏会计师事务所前来进行评估、审计，对公司管理水平、规模、产量、产值、销售、效益、盈利率、税利等各方面进行考核。当时又适逢国家政策鼓励纺织行业向龙头企业进军，所以省体改委、深圳上市公司等部门都很重视，也很支持。为了顺利完成美雅股票的上市工作，鹤山县认真做好各项准备，确保发行工作顺利实施。

经过一年的筹备，1993年10月4日，经广东省政府批准，并报国务院证券委员会、中国证监会复审同意广东美雅股份有限公司公众股票，在江门市范围内公开发售。这一重磅消息公布后，鹤山各个部门都十分踊跃，积极去买美雅的股票。这是江门市的第一家上市公司。

11月17日，广东美雅股份有限公司已如期完成2 550万社会公众股发行工作，所募集18 360万元全部到位。

11月18日，深圳证券交易所显得特别兴旺，一大早门前就聚集着无数翘首以盼的股民。上午9时30分，美雅公司董事长、总经理李澄海敲响了"粤美雅"股票挂牌钟声。"粤美雅"股票上市，股价昂扬直上，屡创新高。追捧的股民欢呼雀跃。"粤美雅"股票以全新的概念在深圳股票上刮起了一股强劲的旋风，给一度沉闷的股市增添了新的生机。

"粤美雅"股票上市，给企业注入了强大的动力，美雅公司如虎添翼，继续扩大生产规模，先后建成新毛纺厂、经编二分厂、毛纺二分厂、科技大楼、纺织大楼、印染大楼、锅炉、水处理、污水处理、电房、仓库等工程。新毛纺厂占地9 548平方米，厂房面积36 000平方米。纺纱规模为2万锭，年产拉舍尔毛毯200万条。项目总投资4.8亿元，其中外汇配套4 000万美元，年工业产值增加到6.5亿元。

**（五）资产重组，风光不再**

轻纺产业属于劳动密集型产业，20世纪90年代中期处于鼎盛，生产效益显著，是鹤山市地方财政收入的支柱产业。但全国各地由于毛纺产业生产效益好，纷纷上马大量毛纺企业，导致产能过剩，产品滞销，不得不"压锭减产"。加之中国实行外贸体制改革，出口退税税率下降，纺织企业成本上涨，利润空间缩小，国内纺织企业开始走下坡路。美雅公司在经过 20 年的发展阶段之后，从顶峰逐渐走向衰退，陷入发展困境。

"福兮祸所伏"，美雅公司发展进入顶峰时期，碰到市场疲软，体制改革，国企转型，加之企业管理不善，决策失误，过度扩张，导致资金链断裂，致命的是转型升级滞后，2001 年、2002 年连续亏损，股票被戴上 * ST 帽子（退市风险警示）。之后在 2003 年、2004 年、2005 年仍继续亏损，2006 年 5 月，* ST 美雅终于因连续亏损而被暂停上市。往后资产重组，"粤美雅"被借壳上市，从此结束风光历史。

## 六、建设山区公路

### （一）交通不便，经济滞后

鹤山的山区泛指宅梧、双合、云乡三个镇和合成华侨农场（现为双合镇）以及鹤城一部分，这些镇、场既是山区老区，也是穷区。改革开放以来，虽然山区有了很大变化，但是由于原来的公路弯多路窄，崎岖难行，交通不便，严重影响了山区的经济发展和人民生活水平的提高。因为投资环境欠佳，外来商人也望而却步。而宅梧镇、双合镇、合成农场都出产西瓜，所产西瓜以皮薄、肉厚、清甜而驰名畅销各地。但由于山路崎岖，有些西瓜在运输过程中破裂，造成损失，致使一些瓜贩视为畏途。山区出产的马蹄，也由于交通不便被一些商贩压价收购。有些客商拟到山区投资办厂，也是乘兴而来，败兴而去。双合镇几许艰辛引来一客商，该客商到双合走一趟，认为地方环境很好，可是公路弯多路窄，用大货车运输原料、产品出入有困难，几经挽留也掉头而去。有个客商满怀信心乘小车到宅梧镇洽谈办厂事宜，途中道路坑多，导致车底盘拖底，停车修理后，该客商婉言下次再来，便一去不复返了。合成农场山地很多，提出无偿让人开发，也无人问津。

**（二）修好公路，挖掉穷根**

对山区因交通不畅带来的困扰，县委、县政府领导感受很深，眼看山区人民的贫穷落后而感到十分难过。同时，深刻认识到山区公路建设落后是阻碍山区经济发展的主要矛盾，搞好山区交通建设是使山区人民治穷致富的关键。

但是搞好山区的公路改建，困难不少：缺乏资金，用地、拆迁困难，路线长（42.6 千米），工作量大，若时间拖得过长将影响交通。时任县长邹启鸿想，这件事搞得好是为山区人民做了一件好事，搞不好将会是个大包袱，还会遭人指责和耻笑。但是，一想到山区人民的贫困落后，听到山区人民要求改变困境的强烈呼声，便义不容辞，责无旁贷。尽管有困难有风险，也要迎难而上，为官一任，造福一方，要和山区人民同甘共苦，并肩战斗。于是他主动把修建山区公路的设想在县四套领导班子会议上作了汇报，取得了共识和支持。

1992 年 8 月 9 日，县委、县政府召开了山区公路建设工作会议，决定由邹启鸿县长和当时的副县长宋毅行带领山区镇、场党委书记，镇、场长和交委、公路局的干部往新兴县参观学习。新兴县的县委书记司徒绍热情地接待，并介绍了新兴修公路的经验。他说新兴县过去公路坑坑洼洼，烂得出名，连盲人乘车经过凭感觉也知道已到新兴路段了。后来县委、县政府下大决心，发动群众出钱、出力、出地，一鼓作气，速战速决，奋战 15 天，实现了改造全县公路主干线 112 千米的奋斗目标，解决了行路难、行车难的大问题，有效地促进了全县的旅游事业和经济的发展。

新兴县的经验，使他们受到很大的启发和鼓舞，大大加深了搞好山区公路重要性的认识，一致认为只有搞好交通，山区才能脱贫致富；山区交通发展之日，就是山区兴旺发达之时；搞好山区公路是为山区人民办好事做实事的具体行动。县委、县政府领导纷纷表示要以高度的责任感、事业心完成这一造福山区人民的光荣使命，决心用"三大劲头"：用抓计划生育的劲头、搞造林绿化达标的劲头和过去搞水利大会战的劲头，把山区公路搞好。

### （三）统一领导，全力以赴

"取经"回来便雷厉风行，组织行动。一是组织落实。县成立了鹤山县"老、边、山"区治贫致富公路建设工程总指挥部，由邹启鸿和宋毅行任总指挥，当时的交委主任蔡卫建任副总指挥，各镇、场党委书记和有关部门领导为指挥部成员。山区镇、场也分别成立了公路建设指挥部，由镇、场党委书记任指挥，镇、场长任副指挥，其他镇、场干部明确分工，专人专责。二是拟定措施。实行"五统一、三集中"。"五统一"是统一领导、统一规划、统一标准、统一政策、统一行动。"三集中"是领导集中（除抓经济工作的干部外）、劳动力集中、时间集中。三是明确目标。考虑到时间不能拖得太长，必须一鼓作气，否则，一会影响交通，二会影响情绪，因此决定把9月份定为大搞山区公路月，要求全力以赴，速战速决。从8月11日起用20天时间做好宣传发动、道路规划、下达任务、组织行动。9月1日全面动工，按一级公路路坯标准，用30天时间完成改建42.6千米山区公路的工程。

接着各镇、场大张旗鼓，广泛深入开展宣传发动，在圩镇搭牌楼、挂横幅、贴标语，圩日广播，宣传车下乡宣传，大造声势。当时各圩镇的牌楼对联、标语气势磅礴，振奋人心，如"齐心营造山区新环境，合力建设治穷致富""大路大富，小路小富，无路不富""群策群力建设斩断穷根路""辛苦一时，造福万代"，使修建山区公路成为舆论中心，家喻户晓，人人关心，个个出力。与此同时，各镇、场先后召开了 4 个会议：镇、场党委，副镇长会议；镇、场干部和管理区干部会议；圩镇单位干部、职工会议；镇、场人大代表会议。有些地方还开群众大会。一些路段较长、困难较大的镇、场，如宅梧镇、合成场，邹启鸿都到会并作了动员。会上大讲由于山区交通不便带来的困境，使大家认识到要脱贫致富，就要搞好山区公路；大讲新兴县群策群力修筑公路的经验，使学有榜样，增强信心。各镇、场这 4 个会议都气氛热烈，到会的人思想一致，都认识到不搞好山区公路，偏于一隅的山区便永远落后，山区人民一世穷、代代穷、永远穷；路通财通，建好山区公路是条致富之路、斩断穷根之路；辛苦一时，造福万代。会议大大激发起山区人民建设公路的热情，使修建山区公路成为广大群众的强烈要求和自觉行动，群众纷纷表示有钱出钱，有力出力，无偿调地，服从拆迁。

址山镇虽不属山区，但有一段长 4.5 千米的路是接通云乡镇的，址山镇党委也承担了任务，积极投入修建山区路的战斗，并且率先组织了行动。营顶农场也承担了一段难度较大的工程。

**（四）群策群力，全民动手**

由于进行了充分的思想发动，一些困难问题也迎刃而解。资金不足虽然是最大的困难，但难不倒山区人民修路的决心。除了县委、县政府为支持山区公路建设每千米补助 10 000 元和交委积极向上级争取了一部分修建桥梁和涵洞资金外，其余都是各镇、场通过多条渠道自筹解决。一是群众集资。每个劳动力 10 元或 15 元；每个圩镇干部、职工 30 元或 50 元，每间商店一百几十元。有些外出干部、职工闻讯也自动寄钱回来，群众踊跃集资的场面令人十分感动。云乡镇有些群众甚至割山草卖，完成支持山区公路建设的集资任务。二是车辆集资。自行车每辆5元，摩托车每辆50元，手扶拖拉机每台100元，货车每吨位50元，另外，手扶拖拉机和货车还要为公路做义务工7个工作日。筹集资金不足部分，各镇、场想方设法自行解决。

修建出区公路占用的土地实行无偿调用，各管区自行调整解决。宅梧镇的宅朗村调用土地80多亩，群众毫无怨言。原来弯多路窄的公路，有些要裁弯取直，或降坡推平，全线按一级公路标准扩宽，于是有些在路边建的房屋便要拆除。泗合村群众麦木深在路边建的一幢3层楼房也自行拆了。全村拆的住房、粪灰屋就有21间。云乡镇二村村长温三才一户人拆了3间晒场屋和填了1个晒场。所拆房屋只得到少量补偿，但他们都顾全大局，积极配合，服从拆迁。双合镇葫芦咀村有一排筋竹，被一些村民称为"风水树"，土改时也没能砍掉，旧公路只得拐弯而过。这次修建山区公路，镇和双桥管理区在葫芦咀村设立了指挥部，就地办公，广泛深入进行宣传发动，使群众觉悟起来，自动拿刀砍、用火烧，铲掉了这排"风水树"。云乡镇原公路旁边有座"财神庙"，也被拆掉了。一些用地、拆迁较多，工作上难度较大的地方，县领导都到现场，和镇、场领导一起做群众思想工作，落实政策，妥善把问题处理好，使修路工程顺利地开展。修建山区公路工程量很大，除用机械外，一些管理区把土方任务分配到村，村分配到劳动力，集中时间，人海战术，打快速战。合成农场的榕树、庆丰、双石等管理区实行任务到人后，群众热情很高，全民动员，合家出动，有些小学生放学回来也参加劳动。亲帮亲，邻帮邻，群众点起汽灯、风雨灯，星夜作战，车载人挑，各家各户很快便完成了任务，热闹场面十分感人。实践证明，修建山区公路是顺民意得民心，山区人民皆大欢喜的好事实事。

为了保证整段工作按质按量完成，邹启鸿要求各镇、场工作尽量往前赶，30天的工作量按25天安排。县指挥部每五六天就组织镇、场领导开一次检查评比会，交流经验，互相促进。当时各镇、场都密锣紧鼓，各显神通，互有特色，指挥部总结为"合成场的决心、址山的速度、宅梧的干劲、双合的攻坚、云乡的质量、营顶场的方法"，使大家取长补短，互相促进，你追我赶，工作搞得热火朝天。

### （五）奔康致富，金光大道

在山区公路建设的日日夜夜里，县的领导和交通有关部门以及县挂钩支持山区镇的单位领导，经常到工地和镇、场党委一起指挥战斗，时任县领导邹启鸿和宋毅行、蔡卫建以及县总指挥部的干部也是全力投入建设山区公路工作。合成农场有些群众一早就见到邹启鸿来，笑问他是否在这里办公。在这期间，山区镇、场的党委书记，镇、场长和专责抓公路建设的干部天天泡在工地上，亲力亲为，既要解决思想问题，又要解决实际问题，既当指挥员又当战斗员。有些干部皮肤晒黑了，身体消瘦了，一个多月来没有休息一天，坚守岗位，和群众一起并肩战斗，精神可嘉。由于扩宽公路，有些输电杆、电话线杆、广播线杆要迁移，需要有关部门配合，协调行动。指挥部领导深入到各有关部门做思想工作，他们都识大体、顾大局、积极支持，主动配合，分毫不收，公路修到哪里就完善到那里。公路局的道班，公路完成一段就接管一段，铺上砂石，及时做好护路工作。由于各项工作紧密配合，使山区公路建设进度大大加快。

整段山区公路长42.6千米，仅用了30天时间便按一级路面工程完成了改建任务，使原来弯多路窄的崎岖公路变成一条路面宽阔、交通畅顺的通衢。整个工程完成土石方131.8万立方米，修建涵洞235座，4 629米，拆迁建筑物8 836平方米，其中房屋

57 间，迁移电杆（输电、电话、广播线杆）253 条，无偿调用土地 1 213 亩，出动机械车 275 台，投入劳动工日 27 100 多个，投入资金 601.3 万元，其中群众集资和镇、场自筹 527 万元。山区人民用自己的智慧头脑和勤劳双手为子孙后代写下了光辉的一页。

改建山区公路竣工后，时任江门市委书记古日新和抓交通建设的副市长司徒捷同志到来检查，肯定了建设山区公路的经验。古日新高兴地说，鹤山改建山区公路的经验，是群策群力，艰苦奋斗建设交通的榜样。只要发挥这种精神，江门市 3 年实现公路达标大有希望。南方日报社记者何少英闻讯也来采访，写了文章在《南方日报》上发表，使山区人民受到很大鼓舞。原来有些人对在这么困难情况下能否搞好山区公路抱怀疑态度，在事实面前也不得不佩服地说："想不到山区人民修路有这么大的热情，进度这么快，质量这么好。"

山区公路第一期工程是完成土坯工程，还有铺砌水泥路面的第二期工程。1993 年，鹤山撤县设市，市委、市政府领导心里常系山区人民，翌年响应江门市委、市政府提出公路达标的号召，千方百计筹集 1 亿元资金，按二级公路标准铺砌了水泥路面，这条康庄坦途成为山区人民奔康致富的金光大道，有效地促进了山区经济的发展，陆续有海外商界人士前来洽谈建厂办实业，公路两旁开垦了不少果场、农场、养殖场，"三高农业"的发展出现了新的气象，人民生活水平正在逐步提高。

### 七、鹤山成为绿化达标县

1985 年，林若担任省委"一把手"之后不久，先后到 10 个山区县做调查研究。他东到博罗、汕头，西到江门、湛江，举目四望都是荒山秃岭。人们用这样的字眼描述："晴天张牙舞爪，雨天头破血流"。他回到广州，不久便做出了"五年消灭荒山，十年绿化广东大地"的重大决策。为表明决心，林若在一次部署领导办绿化点的电话会议上强调指出："十年绿化广东，省委是有决心的，我也是有决心的。不把广东绿化起来，死不瞑目。"话说得很重，与会人员都十分震动。后来，很多广东人亲切地称他为"造林书记"。

鹤山有宜林山地5.7万公顷，多是海拔500米以下的丘陵山地。历史上的林木主要是自然飞生的松、杉、荷木及其他灌木杂树；森林分布不均匀，多数分布在偏远的革命老区的山地和居民点附近的"风水林"。1949年，全县森林覆盖率只有6.42%。中华人民共和国成立后，政府重视造林绿化，每年春季，都组织全县人民义务植树造林，到1957年全县累计造林面积达17.36万亩。1958年的"大跃进"时期，由于大炼钢铁、大办饭堂等原因，树木被大量砍伐，森林资源遭到严重破坏。后来虽几经纠正乱砍滥伐，但仍无法恢复往日青山绿水景色。

"十年绿化广东大地"，经过多年的努力，造林绿化有了好转。1985年县委作出"奋斗五年绿化鹤山"的造林绿化规划，各地建立林业专业队，实行"封、管、造、节"一齐抓，使有林面积与造林面积同步增长。同时，为加快造林进度，林业部门先后多次用飞机播种造林（时称飞播），分别在皂幕山、云宿山、茶山等8个飞播区造林18万多亩。在造林技术上，则全面推广营养器育苗，针叶树、阔叶树混交种植，及封山育林等措施，大大提高成活率。仅1985到1990年的6年间，县财政投入造林绿化资金达360多万元，全县造林面积达25万多亩，林业生产进入稳定发展时期。1991年，全县林业用地绿化栽植率达96.83%，绿化率为80.93%，森林覆盖率达44.1%，达到了省委、省政府规定的绿化达标指标。

1991年12月3日，县委、县政府召开绿化达标验收总结大会。会议宣布，经广东省绿化达标验收组检查验收，同意鹤山向省委、省政府申报为绿化达标县。

1992 年 7 月 24 日，广东省绿化达标复查组一行 15 人，在组长、时任省委副秘书长陈开枝的带领下，由时任县长邹启鸿、县委副书记邓启明、副县长欧阳英显等陪同，前往大雁山、马山、共和、鹤城等地视察绿化情况。检查组对鹤山实现绿化达标不松劲、造林绿化再上新台阶给予高度的评价。组长陈开枝还提议大雁山游览风景区可充分利用山坡分层种植多种热带植物，从而形成自然的森林景观。

1998 年，全市的绿化质量得到进一步提高，全市绿化率达 90.9%，森林覆盖率达 48.4%。现在森林树种主要有湿地松、马尾松、加勒杉等。鹤山从 1997 年开始全面规划和实施营造生物防火林带工程，将全市林区根据地形划分成 80—100 公顷面积的小区，沿小区边线开设 12 米宽的防火线，线内混种之耐火树种相思、荷木等，这些树长成后就形成纵横交错的连绵的绿色长城，起到阻隔森林火灾的作用。到 1998 年，全市已营造防火林带 395.7 千米，是省内较快实施完成这一工程的县级市之一。

### 八、双和公路建成，带动鹤山老区经济发展

连接鹤山市西部欠发达地区、全长 44.86 千米的双和公路，于 2007 年 6 月 28 日正式通车。这条公路拥有当时全省最长公路隧道——彩虹岭隧道，成为山区大动脉，使鹤山几个区域辽阔、劳力众多的革命老区镇迎来前所未有的发展机遇，为该地区早日致富奔康、拉近与发达地区的距离打下坚实基础。

#### （一）十年规划，四载完成

自古以来，横亘在皂幕山系、高 660 米的彩虹岭，是阻隔鹤山西部通往珠三角发达地区的一道天堑。从城区沙坪驱车到宅梧、

双合镇，历来都是要绕道开平市和佛山的高明区，成为制约鹤山尤其是革命老区经济发展的瓶颈。1992年，受邓小平南方谈话的鼓舞，鹤山市委、市政府就高屋建瓴地提出穿越彩虹岭，修筑沟通西部公路的设想。1993年末，时任市委书记邓启明、市长宋毅行等市领导，带领四套班子参观台山电厂隧道，吸收经验，后着手组织了专门机构，制定修筑彩虹岭隧道、实施一小时"生活圈"的计划，并多次邀请全国的专家、学者前来考察、论证，征询他们的意见，列入发展规划。要在山间修路，开掘隧道是缩短路程最佳方案。按照当时的技术条件，彩虹岭隧道需建在半山腰，以缩短隧道的长度，降低施工难度，减少养护、营运费用，但如按这个设计方案，车辆进洞前必须爬坡至半山，桥梁和隧道相互交错，线形不理想，坡度太大，工程量大，施工难度高，不适合现代交通的需要。较多人建议把路的坡度降低，加大隧道的长度。经过专家的测算，如果坡度降低100米，公路隧道的长度至少增加近一倍，也就是5 000米左右，这样长的公路隧道在当时全国还没有先例。

2001年，广东省交通厅在鹤山召开了双和公路鹤城至宅梧彩虹岭隧道设计方案审查会议，专家组经过反复论证，最终决定采用加长隧道方案，按目前国内最先进的技术设计、施工，解决防灾、通风及营运管理问题。经过多方努力，最后确定由鹤山市交通发展有限公司与广东华瑞经济发展有限公司，组成"鹤山市瑞通公路建设有限公司"投资建设经营，通过收费偿还投资。首期工程总投资6.6亿元。

2003年年初工程正式施工，2006年12月底完成建设任务，历时4年。建成后的双和公路全长44.86千米，双向4车道，路宽23米，设计时速80千米，隧道设计时速60千米，为省一级公路。起于鹤山共和，穿越彩虹岭，经鹤城、宅梧、双合镇，向西横过新兴县水台镇至开平市龙胜镇的人和村，终点与省道稳广线连接。

### （二）彩虹飞越，百年梦园

"古有彩虹古道，今有双和公路。"早在清雍正十年（1732年）至清乾隆六年（1741年）间，鹤山首任县令黄大鹏便倡议凿山筑路，修建一条全长15千米，被后人称为"彩虹古道"的山间小道。以前一岭之隔的鹤城、宅梧两地村民来往，都要花两个多小时，翻山越岭爬过彩虹古道。如今贯穿彩虹岭，修筑一条便捷通道，免去爬山之苦是鹤山人民数百年的一个梦。

按照工程设计，该隧道总长为5 068米，洞内净高6.9米，净宽10.05米，为当时广东省内最长的公路隧道。作为双和公路项目最重要的控制性工程，隧道于2003年3月开工。在鹤城、宅梧两端同步掘进，整个施工过程中，技术人员采用了新的先进施工技术，使隧道贯通达到了高差为零、中心线偏差仅为4厘米的高精度标准，达到国内先进水平。隧道于2005年4月挖进贯通，年底全部完成土建任务。隧道内的排水、通风、消防安全、变电站等各种设备，均按标准安装完毕。隧道内每间距50米就安装有消防水管和消防箱，每隔200米有一部报警电话。全隧道有28个监控摄像头和40台大功率的吹风机维持隧道通车后安全运作。施工方还在隧道外设立了一座控制室，对过往车辆实行全程自动化监控。彩虹岭隧道的建成终于圆了几代人的梦。如今饱经沧桑的百年彩虹古道，已成为喜欢爬山人士寻幽探胜的好去处。

### （三）巨龙出海，后发争先

双和公路的贯通，使桂、黔、滇、川和粤西南进入珠三角和港澳地区的路程缩短逾百公里，对于打破鹤山市经济发展的瓶颈，加强东西部区域经济的联系，形成新的经济圈起着关键作用。公路通车半年多后，其"能量"已逐步释放出来，由于拉近了与发达地区的距离，缩减营运成本，故早在通车前，各地有远见的投资者已纷纷前去"踩点"，期待喝"头啖汤"，激活那里的工业园区及农业产业基地。通车后的一年，鹤城、宅梧、双合三镇引入的民资项目21个，合同投资达6.5亿元，香港利奥集团和东莞纸品有限公司合作创办的利联纸品有限公司，率先于2007年8月份在鹤城奠基，总投资1.1亿元，年产值5亿元。全国首家冶金和铸造项目相结合的巨腾不锈钢制品有限公司也在鹤城落户，首期投资8 500万元，年产值达10亿元，全部投产后年产值30亿元。双合镇拥有丰富的林木资源，过去由于交通不便，商人不感兴趣，如今被视为投资宝地，该镇2007年引入木制品企业2家，随后全镇共有较大型木制品企业7家，投资总额达到3亿元，年产值4.5亿元。双合已逐步形成木制品专业镇。

双和公路的开通，也激活该地区的农业、禽、畜业的发展。比如著名的温氏食品集团就不断增资扩产，除了扩大在山区的十万头生猪、百万头活鸡的养殖外，2007年又在宅梧、双合建立了1 100多亩绿色蔬菜种植基地，产品源源不断上市，每亩纯利可达2 000元，由于农民得到实惠，参加农户由开始的30多户增加到100多户。广东省最大的生猪出口基地——绿湖农庄集团有限公司也落户宅梧镇。鹤山的山区适宜种植药材，交通方便给发展带来契机，广东省食品和医药协会也在宅梧、双合、龙口等几个山区镇建立凉茶和其他专用药材生产基地，发展前景广阔。

路通财通，公路修好的次年，鹤城、宅梧、双合3个山区镇的地区生产总值达到12亿元，同比增长15%；农村经济总收入19亿元，同比增长10%；财政收入4 560万元，增幅达两成，创历史新高；人均收入5 500多元，增长5%。社会主义新农村建设出现新面貌。

## 九、发展特色产业

### （一）养鹅造就老区首富村

靠养鹅、养鸭致富的双合镇梨潭村，从 2001 至 2010 年的 10 年，人均收入超万元。2011 年经济效益更可观，全村毛鹅年上市量 40 多万只，总值 3 000 多万元，纯利 300 多万元，户均纯收入 75 000 元，人均收入 16 000 多元，其中大户李国希，上市量 2 万多只，年纯收入 15 万多。此外有稻谷、塘鱼、蔬菜等收入未计在内。梨潭村成为鹤山市农民收入最高的老区村。

政府扶持，部门给力，是梨潭养鹅致富条件之一。该村三面环水，早年政府资助修建了一条 3 千米长的水泥路和一座木桥与外界沟通。近年，木桥成为危桥，收购活鹅的车辆不能进村，2010 年在市交通部门协助下，投入百万元建起一座 60 米长的钢筋水泥桥，消除了交通瓶颈。各养殖户参加镇农办举办的三鸟饲养培训班掌握科学养殖知识，提高鹅成活率。梨潭是鹤山较偏僻山村之一，有 50 多户 300 多人口，随着养鹅致富，家家建有新房，户户有摩托车，小车也有十多辆，成了鹤山老区首富村。

### （二）花卉产业方兴未艾

鹤山市龙口镇历来以种粮为主，老区农民收入不高。2000 年初，该镇从福建引入几个花卉专业户，首先在涩蓼村种植，取得较好效果，一花引得百花香，带动一批村民种植花卉。经过 10 多年的发展，已逐步形成规模，迄今，花卉生产遍及全镇 15 个村委会中的 14 个，种植面积 4 千多亩，种植农户达 500 户，品种由初期的 8 个发展到 30 多个，主要有绿宝、幌伞枫等阴生观赏植物，近年还发展九里香、罗汉松、金钻等盆景及稀有品种，产品销往全国各地，且呈产销两旺态势。

花卉产业化促进当地经济发展和农民收入增加，仅土地租金年收入 300 多万元，当地农户种植的花卉，除去成本每亩收益 3 000 元左右，另外吸纳 300 多个闲散劳动力（主要是家庭妇女）从事花卉生产，收入可观，成为这些农户的致富来源之一。

近年，龙口镇花木盆景协会成立，配合镇政府主管部门，开展行业调研、人才培训、信息交流、技术推广等活动，引导花卉产业健康、快速发展。

### （三）"甜蜜的事业"，使村民生活甜甜蜜蜜

龙口镇四堡村，群山环抱，林木茂盛，山花烂漫。这里的村民除在有限的耕地种植水稻、蔬菜外，还懂得靠山食山，利用独特的自然环境养蜂采蜜。近年，随着国家医保的普及，医药、保健行业的兴旺，市场对蜂蜜需求量越来越大，村民养蜂劲头很足，甜蜜的事业已成了四堡村民致富收入来源之一。

20 世纪 60 年代中期，村民缪秋和 12 岁开始养蜂，一干就是 48 年。几十年来他利用屋后的山林地养蜂，从几群（箱）起步，发展到 110 群，每群年产蜜糖 40 多斤，总产有 4 000 多斤，每斤售价约 20 元，如果是鸭脚木冬蜜可卖到 25 元，年产值达 9 万元，除成本每年可获纯利 3 万多元。他说，过去单靠种几亩水稻，收入很微薄，生活过得紧巴巴的，孩子上学也有困难，今天有余钱剩米，前几年还盖了一座三层新楼。近年，他还动员妻子和 80 高龄的母亲来帮手养蜜，成了村中有名的养蜂专业户。

有的蜂农不仅产蜜糖，还制巢纸（工蜂产蜜的巢穴）出售。村民王光明，除养 100 多群蜂外，还将用过的空蜂巢溶化后制成巢纸，每块售 3 元，来料加工每块 4 角，月产量 1 万多块，收入十分可观。还有的蜂农用活蜂针替人治风湿关节病。

镇政府鼓励有条件的农户养蜂致富，提供市场信息，还为农户设计产品包装盒。目前四堡百群以上的养蜂户有 30 多户，约占全村总户数的两成，常年固养 3 300 多群（箱）蜂，年产蜂蜜达

60多吨，产值240多万元，除成本后可获纯利10万元，户均3万多元。一些在外放养的蜂户，产量、效益更是翻番，难怪家家都建起漂亮的"蜂蜜楼"。蜂蜜多销住珠三角各地，有的远销港澳地区，呈供不应求态势。

## 十、云乡巨变

坐落在鹤山最高山脉皂幕山脚的云乡镇，是抗战时期的革命老区。山清水秀，云霞缥渺，素有云雾之乡的美誉。然而过去的云乡，是个长期靠财政补贴过日子的穷镇。1998年，全镇财政收入只有98.8万元，人均地区生产总值只有1 600多万元，农民年人均收入2 000多元。面对困境，云乡人艰苦奋斗、自强不息，经过10年砥砺，云乡人创造出奇迹，从2003年起，工业总产值、财政收入、工业用电量连续6年以两位数增长，2009年，全镇财政收入达到1 668万，生产总值达4.2亿，农村人均收入6 900多元。这个从未超过5 000人的小镇，创造的生产总值和财政收入的人均占有量，已从10年前全市倒数第一，至2009年居全市之冠；从一个吃补贴饭的穷镇一跃成为自给镇、贡献镇。

云乡的巨变是怎样得来的呢？主要是完善以道路建设为主的基础设施、优化投资环境、实施工业强镇措施的结果。

20世纪末，新一届镇委、镇政府在学习、贯彻市委关于"强镇富民、后发争先"方针过程中，认真分析云乡经济之所以落后，其根本原因一是交通闭塞，投资商望而却步；二是班子观念落后，本来325国道、佛开高速距此不远，却迟迟不去捅这个"瓶颈"。领导班子经过求真务实的分析，自觉批判等、靠、要思想，迎难而上，决心打个翻身仗。他们以优化投资环境为前导，不断改造和完善水、电、路、通信和交通设施。在市委、市政府对老区的厚爱和各相关部门的大力扶持下，克服财政等诸多困难，多渠道筹集资金1 000多万元,先后建成8千米富云硬底化公路和3千米工业走廊,使云乡与325国道连接起来。接着又投入600多万元,修建跨过325国道,连接共和新民与佛开高速对接的大圣线云乡段,并纳入佛开、江鹤高速路网,使富云工业区距325国道只有1.7千米,距佛开高速和台山公益港口仅10多分钟车程。同期,云中、云东、云新三个村委会,通过交通部门出一点、镇政府给一点、村民集一点以及发动在外工作的云乡乡亲捐一点的办法筹措修路资金,使几十千米村道也先后实现硬底化,全镇道路四通八达。

交通瓶颈的打通,完善的投资环境,起到"招蜂引蝶"作用。在台资企业——巨龙公司的引入和带动下,引发了"投资洼地"效应,各地客商纷至沓来。至2008年,40多家外资及港澳台资、民资企业,30多个工业项目落户云乡,初步形成金属制品、办公设备、厨具、塑料、纺织家具等10多个行业。2009年,规模以上工业总产值达到15.27亿元,比10年前增长近百倍。初步实现了工业强镇、后发争先目标。

为适应发展需要,2012年云乡并入址山公社,镇政府利用山清水秀的地理优势,将其打造成省级森林公园,着力发展生态旅游和植茶等特色产业,云乡踏上新的发展时期。

### 十一、撤县设市,增强活力

历史上,鹤山是个穷县、小县,经济比较落后。1983年,全县工业总产值只有1.68亿元,财政收入1 870万元,在珠三角地区属"拉尾"县之一。县委领导承认落后,但不甘落后,党的十一届三中全会后,以县委书记古日新、县长冯松庆为首的县委领导班子,乘改革开放东风,提出"工业兴县、提前翻两番,建设新鹤山"目标,带领全县人民奋发图强,十年砥砺。到1992年,经济和社会各项事业走上快车道，当年工业总产值达到 31.6 亿元，财政收入 8 615 万元，比 1983 年分别增长 30 倍和 4 倍，实现翻两番目标。特别是中国第一条拉舍尔在鹤山面世，粤美雅在江门五邑率先上市，使人刮目相看。加之人民生活显著改善，城镇化进程加快，城区人口从 5 万多人发展到 10 万以上，各项指标符合设市要求。

1993 年 5 月 15—17 日，时任国务院民政部社会福利与社会进步研究所所长陈良瑾教授一行对鹤山进行撤县建市的考察论证。陈良瑾教授一行对县的工业布局、工业规模、城市建设、社会发展留下很深的印象，评价很高，并进一步论证鹤山撤县建市的条件，为建市提供确凿的论证报告。

9 月 20 日，时任民政部行政区划和地名管理司司长张文范一行 5 人到鹤山，在时任县委书记邓启明、县长宋毅行等陪同下，张文范一行参观大雁山风景游览区、雁山酒店、鹤山港、鹤华中学、县职业技术高级中学、美雅股份有限公司、鹤山体育中心，高度评价鹤山在改革开放以来取得的成绩，特别是鹤山工业发展迅速，既有速度，又有效益。

11 月 8 日，国家民政部发出《关于广东省撤销鹤山县设立鹤山市的批复》。经国务院批准，同意撤鹤山县，设立鹤山市（县级）。

11 月 22—23 日，县十届人大二次会议召开。会议听取、审议和通过了县长宋毅行所作的县人民政府关于鹤山撤县建市的工作报告，以及鹤山县国家机关及其工作人员职务改称和有关事项的决定。会议决定，1993 年 11 月 8 日为鹤山设市日。会议号召全市人民在中共鹤山市委、市政府的领导下，认真学习贯彻党的十四届三中全会精神，用邓小平建设有中国特色社会主义理论武装头脑，把鹤山建成经济繁荣、社会稳定、人民富裕的现代化城市。

11 月 23 日，经江门市委批准，中共鹤山县委改名为中共鹤山市委。

12 月 18 日，鹤山市委、市政府举行撤县设市暨 36 项重点工程剪彩庆典，大会在鹤山体育场隆重举行。出席庆典的嘉宾有原中顾常委余秋里，全国人大常委会外事委员会主任朱良，民政部副部长阎明复，国家教委副主任王明达，香港特别行政区预备工作委员会副主任李福善等党政官员、海内外乡亲共 1 500 多人。庆典活动有龙狮表演、大型团体操表演、巡游。撤县设市标志着鹤山历史揭开了新的一页。

# 7

## 第七章

新的征程，新的篇章

# 第一节 老区经济步入快车道

## 一、快速发展的老区经济

党的十八大以来，以习近平同志为核心的党中央，把扶贫开发摆到治国理政的重要位置，提升到事关全面建成小康社会、实现第一个百年奋斗目标的新高度，纳入"五位一体"总体布局和"四个全面"战略布局之中进行决策部署。习总书记一再强调，全面建成小康社会，没有老区的全面小康，是不完整的。小康路上一个都不能掉队！

鹤山市委、市政府清楚看到，改革开放以来，在上级党委关心支持下，鹤山老区面貌发生深刻变化，老区人民生活显著改善。同时，由于自然、历史等多重因素影响，迄今一些老区经济相对滞后，人民生活水平不高的矛盾仍然存在。

为此，市委、市政府在制定"十二五"规划时，强调各项扶持政策向革命老区、贫困地区倾斜，加大扶持力度。主要是深入贯彻省委、省政府"两办"《关于进一步加强革命老区建设工作的实施意见》，推动十项扶持措施的落实，从而使各个老区镇、村，在奔小康路上迈出一大步。

"十一五"期间，鹤山市老区经济发展步子不快。以工业为例，到期末的1999年，全市七个老区镇（含云乡镇）实现工业产值159亿元，占全市总产值356亿的四成多一点，最高的共和镇也只有 47 亿；七个老区镇（含云乡镇）全部财政收入 2.2 亿，仅占全市财政收入总数 30% 左右，没有一个镇达 6 千万的。

在十八大精神指引下，各老区镇围绕市委、市政府"造平台、畅交通、建新城、护生态、惠民生、强作风"六大核心任务，坚持集约发展、绿色发展理念，发挥自身优势，开拓进取。短短几年间，多个老区镇打了翻身仗，经济建设走上快车道，生产总值及一些主要经济指标成倍增长（见下表），社会和各项事业形势喜人。

**老区镇主要经济指标**

单位：万元

| 镇别 | 工农业生产总值 | | 增长百分比 | 其中：工业 | | 增长百分比 | 财政收入 | | 增长百分比 |
|---|---|---|---|---|---|---|---|---|---|
| | 2016 年 | 2012 年 | — | 2016 年 | 2012 年 | — | 2016 年 | 2012 年 | — |
| 龙口 | 455 759 | 438 406 | 3.96 | 405 544 | 405 152 | 0.10 | 10 158 | 7 690 | 32.09 |
| 鹤城 | 635 864 | 345 651 | 83.96 | 590 483 | 315 254 | 87.30 | 11 522 | 6 866 | 67.81 |
| 共和 | 1 094 138 | 592 672 | 84.61 | 1 049 196 | 562 256 | 86.60 | 20 382 | 10 202 | 99.78 |
| 址山 | 765 137 | 390 886 | 95.74 | 708 411 | 352 632 | 100.89 | 12 208 | 8 076 | 51.16 |
| 宅梧 | 70 252 | 76 922 | − 8.67 | 38 225 | 55 506 | − 31.13 | 3 701 | 2 082 | 77.76 |
| 双合 | 96 069 | 83 611 | 14.90 | 48 774 | 51 153 | − 4.65 | 2 471 | 1 865 | 32.49 |
| 合计 | 3 117 219 | 1 928 148 | 61.67 | 2 840 633 | 1 741 953 | 63.07 | 60 442 | 36 781 | 64.33 |

从表中可以看到，党的十八大以来的 5 年间，鹤山老区经济呈快速发展态势。其中 2016 年工农业总产值超 311.72 亿，比 2012 年的 192.81 亿净增约 119 亿，增幅为 61.67%，年平均增长 12.2%。2016 年财政收入实现 6.04 亿，比 2012 年的 3.68 亿净增约 2.37 亿，增长 64.33%，年均增长率达 12.8%。龙口、鹤城、址山、共和四个镇的财政收入步入亿元行列，老区镇的工农业生产总值、财政收入，占全市工农业生产总值和财政收入的一半以上。

## 二、鹤山首个百亿镇——共和镇

共和镇从一个寂寂无闻、只有几万人、几十万工业产值的小镇，历 40 年奋斗跻身工业百亿强镇行列，使人刮目相看。

### （一）骄人的业绩，满意的答卷

抗日战争、解放战争时期，共和是新开鹤（新会、开平、鹤山）游击队活跃地区之一，当地人民为革命事业做出很大贡献和牺牲。中华人民共和国成立后，老区群众自力更生，艰苦奋斗，逐步恢复发展生产。但基于种种原因，共和经济仍长期滞后。至 20 世纪 80 年代初，圩镇只有几家五金、车缝、铁木农具小作坊与传统农业，全镇工农业产值加起来不足百万，人民在温饱线上挣扎。

党的十一届三中全会后，共和镇委、镇政府确立了"农业立基、工业兴镇"方针，励精图治，砥砺前进，市委、市政府对老区又给予政策倾斜。于是倾全力建设水、电、路、通信等基础设施，开发工业园区，大搞招商引资，闭塞小镇一举进入"广佛肇一小时生活圈"，成为连通粤港澳、两阳的中心镇和投资热土，外资、民资纷至沓来。1991 年，全镇工业产值达 3 634 万，10 年间翻了 30 多倍。进入 2000 年，生产快速上升，规模以上工业产值达 12.26 亿元，步入江门五邑强镇行列。党的十八大以来，尤其是与市工业园合并后，生产呈跳跃式发展。2016 年全镇规模以上工业产值达 104.92 亿元，成为鹤山首个工业百亿镇。财政收入 2 亿多，居各镇之首。2017 年后，增长势头持续不减。

工业发展了，经济上去了，镇委、镇政府继续做好"三农"工作，反哺农业。一方面，加大对农业的投入，完善农田基础设施；另一方面，提高现代农业的水平，如推广温室大棚种植达 200 多个，促进生态农业、特色农业的发展，还建立多个农产品交易市场，解决农产品出路问题。2016 年农业总产值达 4.49 亿元，比 2000 年翻了两番多。农民收入逐年上升，农业综合生产能力显著提高。粮油蔬菜生产、禽畜业、水产养殖业等比 2000 年均有不同程度增长。

**（二）规划先行，优化投资环境**

根据国家"十一五"规划的总体要求与鹤山市的国民经济具体规划，共和镇委、镇政府对镇村经济社会发展进行全面规划。全镇划分为西部工业区、中部综合功能区及东部自然生态农田保护区。实施"西拓、中优、东联"战略。在发展过程中，注重城镇建设与自然景观、历史文化的协调发展，积极建设有良好田园生态环境小城镇。镇招商办对入园企业，从立项、报建、用地到投产，提供"一门式"贴身服务，力求服务下沉，部门联动，简化服务流程，逐步实现办事不出园区，营造亲商、暖企环境。

至 2012 年底，共和镇已开发鸿江工业区、工业东区、西区和铁岗工业区，有外资及港澳台资、民营企业 130 多家。其中规模以上企业 24 家，年产值 5 亿元以上企业 11 家，初步形成以新材料、新光源、新能源为主导产业，汽配、五金、家具、服装为优势产业的格局。经济增长方式正向高增长、高效益、低投入、低耗能、低污染转变。未来发展以引进产品附加值高的高科技企业为主，全力打造电子产业基地。同时，共和镇出台创业创新扶持政策，大力扶持民营经济。2016 年，扶持优质项目落地资金达 3.77 亿元，创江门市史上最大单笔金额扶持民营企业。总投资 40 亿元的东风新能源商用车、富华装载机、广之粤清障车、德普净污车、龙驹救援车、斯帝博吊臂车等一批生产专用车的优质民营企业已落户共和镇。

**（三）加快推进产业转型升级**

近 5 年，共和镇通过改革创新，积极探索"技术提升促创新，结构转型谋发展"的思路，促进和鼓励产业转型升级，提升自主创新能力，鼓励企业创建自主品牌，仅 2016 年，全镇申报发明专利 70 多件。广明源由最初的贴牌生产到先后创立"广明源美""广明源"和"COMYAN"品牌，成为集新型电光源和高效研发与生产、照明设计及光应用为一体的高科技照明企业，又是国内少数拥有电光源核心技术的企业，成功铸造强有力的品牌。鹏程头盔提出为"民族品牌而战"的口号，在国外头盔市场打响了第一个中国头盔品牌"LSA"。银雨灯饰原主营传统的装饰灯，现加强 LED 绿色光源的研发，成为一家有全线产品的厂家，并向科研培训方向发展。另外，南光树脂总部成功落户共和镇，成为共和镇发展总部经济的突破点。

镇委、镇政府与高校结缘，引进来自华南理工大学、厦门大学、中山大学的装备制造、新能源、新材料、智能机器人、自动化控制、高分子材料等 6 个专业的博士创业创新团队进驻。分别与北京大学、清华大学、吉林大学、五邑大学建立合作关系，努力实现产学研转化，助推共和镇产业发展。

**（四）推进公共服务，建设宜居城镇**

党的十八大以来，共和镇委、镇政府大力推进农村连片生活污水整治工作，投入巨资实施工业园区污水管网、圩镇生活污水管网及 15 个农村污水处理站建设。同时，整治养殖场 189 家，整顿"小乱散污"企业 12 家，从源头上解决环境污染问题。此外，全力打造"一基地"（共和茶园养生基地）、"三公园"（共和生态公园、大凹关帝庙忠义公园、百年古樟树公园）的建设，以及河道清污、河堤绿化、星级公厕建设等惠民项目，使青山常在，绿水长流，打造宜居、宜商、宜游的城镇品质。"十五"规划以来，共和镇先后获广东省文明镇、广东省卫生镇、广东省生态示范镇等称号。

2000 年开始，镇政府和市财政先后投入 1 亿多元，新建拥有现代教学设施的共和镇中心小学和共和中学，2008 年共和步入教育强镇行列。共和镇还建成鹤山市首个镇级 24 小时自助图书馆及首个鹤山图书馆乡镇分馆，助推"创文"升级。

镇政府在 2009 年至 2011 年共投入 1 000 多万元，建设设施完善、六层高的卫生院综合大楼及充实村级卫生站，增加医护人员待遇。2016 年，镇卫生院又与市人民医院组建医联体——鹤山市人民医院共和分院，增添医疗设施，大大提升医院品位，成为鹤山老区医疗事业一大亮点。

### 三、发展实体经济，狠抓品牌农业的址山镇

始建于 300 多年前的址山镇，处于新、鹤、开、台四市（区）交界，325 国道、佛开高速、开罗高速穿镇而过，区位优势突出，是著名侨乡，也是革命老区镇。改革开放以来，历届镇委、镇政府坚持以经济建设为中心，大力推进经济与社会各项事业。近年，镇委、镇政府又围绕鹤山市的"一城三中心"部署，大力实施"产业升级、生态升值、民生升温"的"三升"战略，狠抓实体经济，使全镇经济与各项事业持续协调发展。"十二五"以来，全镇工农业总产值、装备制造业总产值均有大幅度增长。2016 年工业总产值 70.8 亿，较 2012 年的 35.3 亿增一倍多；农业总产值达 5.6 亿，增 47%。址山镇的水暖、五金、卫浴支柱产业，产值达 60 亿元，创历史新高。地方财政收入更是跨入亿元老区镇行列。址山还先后获全国文明村镇、广东省中心镇以及中国水暖卫浴五金产业基地等多项荣誉。

#### （一）搭建国际平台，促进产业升级

址山镇针对独特的区位优势，把招商引资的重点放在五金卫浴这一特色产业上。自 20 世纪 90 年代，一批卫浴企业落户址山

镇以来,经过长期发展,五金卫浴不仅成为址山镇的主导产业,而且集群效应明显。尤其是在2016年10月,首届"中国(江门)国际厨卫五金采购节"成功在址山镇的亚洲厨卫城举办,参展商户超500家,吸引了60多家省内外主流媒体聚焦报道,期间共签署订单6500多单,拉动经济效益效果明显,进一步提升了全镇厨卫五金产业的国际影响力。

迄今全镇已聚集了600多家五金卫浴企业,创造产值近60亿元人民币,出口创汇3.8亿美元,相关从业人员2.5万人,形成从原材料供应、核心部件生产、卫浴机械制造、名牌产品产销的完整产业链,是中国五金卫浴产区集聚地之一。

此外,址山镇政府以建设中欧(江门)中小企业址山园区为契机,举全镇之力,重点发展高端精密电子产业和高端装备制造业,高标准、高质量发展实体经济,争创中欧产业园示范区。

### (二)森林公园,旅游胜地

址山(含云乡)地域广阔,旅游资源丰富。比如波光潋滟的云乡水库、古色古香的回龙古村、清泉飞瀑的龙母娘潭、雄伟壮观的址山碉楼、圣旨高悬的义士牌坊、碧水流觞的将军陂等景区,无不使人流连忘返。颇具规模的址山亚洲厨卫城,是亚洲最大的水暖卫浴产业集散地和全球厨卫产品采购总部基地,也是工业旅游一大卖点。镇旅游办将生态旅游与工业旅游整合在一起,为址山旅游增色不少。

坐落在云乡云中村的张怀楼和云清楼,历史底蕴厚重。1945年3月,中区纵队挺进云乡,开辟皂幕山抗日根据地,当地军民在共产党领导下,与国民党顽军在张怀楼和云清楼四周浴血奋战,写下了可歌可泣篇章,累累弹孔和遗迹留存至今,是不可多得、不能再生的爱国主义教育基地。市、镇政府拟投资过百万,整合两楼周边环境,将之打造成红色旅游基地,建成后将极大丰富址山的旅游产业。

2016年12月20日，在全市招商会上，镇政府与亿利集团成功签约，引入总投资25亿元，占地2万多亩、涵盖云乡水库和龙母娘两大景区的森林公园，是集旅游、会议、养生、养老和生态人居为一体的高端旅游地产项目，旨在把云乡打造成高品质的乡村生态和温泉度假目的地。目前，已成功申报广东省云乡森林公园，成为江门市镇一级首个省级森林公园，使址山镇旅游产业进入新的纪元。

### （三）品牌农产品址山大米，特色食品腊味

址山米历史悠久，远近驰名。南宋末年（1278年），址山凌村陈氏兄弟勤王护国，出粟数千饷军，以及备粮于崖山，以助兵需，众人尝之香滑无比，南宋皇室鉴于其做出重要贡献，即御赐为"贡米"，址山米也从此名扬天下。

址山具有发展水稻种植的天然优势。址山镇1万多亩水田，种植的全是优质水稻。米质好、产量高、饭香滑、口感好，是址山米特点，每年各地来收购的粮贩络绎不绝。如今10亩以上种粮大户有60多户。

址山米知名度提升，加快了大米加工业发展。现有5家大型粮食加工厂，年加工大米近2万吨，其中恒香米获省无公害农产品质量认证，成为江门最畅销的大米品牌之一。鹤山华粮米业有限公司被认定为广东省重点农业龙头企业。"十一五"以来，址山先后建立无公害蔬菜，名优特稀果蔬如番荔枝、有机茶等农业示范基地，促进品牌农业的发展。

址山特色食品——腊味，历史悠久，远近驰名。原先由几家作坊式小店经营，后来经过不断的更新改造，镇政府又给予政策、资金扶持，使址山腊味得以继续发展。以"邦记"腊味制品厂为代表的址山腊味，不断增资扩产，配置先进包装设备，以传统工

艺加工，严格食品安全管理。其原味腊肠、猪肾肠、关刀肉、腊鸭等产品，畅销珠三角地区，是馈赠亲友佳品。

### （四）改善民生，幸福共享

多年来，址山镇委、镇政府加大社会事业投入，全镇水、电、路、通信等基础设施不断完善。"十一五"以来，址山镇投资6 000多万元进行基础设施建设，包括东溪、四九、禾南、昆中等村道实现硬底化，解决村民行路难问题。其中址山污水处理厂的建成投入运行，有效改善环境污染，提升宜居指数。2016年，积极推进卫生村改厕工作，全镇157条自然村全部配备保洁员，此举让址山成为市农村生活垃圾示范点。2017年，又投入661万元，完成21个村小组共计29个幸福新农村建设任务，以及建成邑家园、昆联平沙、四九凌村、廓村4个家居家养老服务中心，让众多老人安享晚年。

近年，址山加大第三产业开发力度，取得瞩目成就。2010年，投资30亿元、用地2 000亩的碧桂园项目落户址山，提供4 000多套优质居所，不仅改善居住环境，而且成为拉动址山经济的强大引擎。

### 四、十年砥砺，一朝奔康的茶山村

濒临西江的茶山，属鹤山、高明、南海3市（区）的界山，过去因盛产茶叶而得名。茶山由砂页岩构成，土壤赤红，主峰高凹顶海拔546米，东西长达10千米，西至高明区鹿美塘，东抵西江边上石岩头。茶山不仅峰峦叠翠，风光秀丽，而且有辉煌的岁月，是解放战争时期游击根据地。1948年5月，著名的茶山战斗就发生在崇山峻岭之中。经十年砥砺，鹤山市古劳镇茶山村既保持青山绿水的自然环境，经济上也上了轨道，村民过上了幸福的小康生活。

**（一）昔日贫困村，如今换新颜**

坐落在山巅的茶山村委会下辖 4 个自然村，150 多户 600 多人口。全村没有水田，有 1.5 万亩山地。由于土地贫瘠，2000 年前村民人均收入只有 2 000 多元，村委会集体收入不足 1 万元，历来是鹤山市的贫困村，20 世纪 90 年代被江门市定为江门五邑十大贫困村之一。过去镇政府曾有过将村民迁移到山下，使之永久脱贫的设想。

自 2000 年以来，鹤山市、镇两级党委、政府加大对贫困村的扶持力度，加上各有关部门的支持，勤劳的茶山人艰苦奋斗，奋发图强，经过 10 年艰辛努力，村民收入步步高，2016 年人均收入超万元，村委会集体收入翻了六倍。家家户户住上新楼房，造价不菲漂亮的别墅随处可见。由于道路畅通，全村有近百青壮年到城中务工经商，其中有 60 多户在城区置业，购买了新楼。如今，家家有一两台摩托车不在话下，各款小车也有 50 多台。所有小孩全部集中到镇中心小学就读，全部初中生都读上高中和中专，2006 年至 2016 年共培养出 28 位大专生。

今天的茶山呈现一片文明富庶新景象。过去传唱着"有女不嫁茶山人"的顺口溜，如今变成"山上男子娶妻不用愁"。以往村民创造条件搬下山，如今有人回流上山居住，不少城里人期望上山建别墅，享受大自然风光。

**（二）以人为本，纾解民困**

鹤山市委、市政府一直以来对老区人民的重视，是促使茶山变化的一个重要因素。1999 年大年初四，时任市党政领导到茶山村拜年，汽车在坑坑洼洼的山路颠簸行进，领导们深感内疚，中华人民共和国成立快 50 周年了，老区群众尚未有一条好路行走。他们下山后找时任老促会会长刘长金商量，又同古劳镇领导班子商议，帮助茶山制定脱贫致富规划，并决定从修路帮起。2000

年，8千米砂土路便修通了。2004年，换届后的市党政班子带领有关部门负责人在茶山现场办公，商讨公路硬底化问题。通过多方努力，筹集了300多万元资金，仅一年左右，一条8.6千米的水泥盘山公路一直修到山顶，圆了茶山几代人的梦。

在修路的同时，市委领导又出面召集了一些企业家，发动他们捐款捐物，帮助仍居住在破危房的村民。最终建成一个新村，2000年春节，23户人搬进新居。

1999年的旱灾使茶山村缺少饮用水。市政府动用消防车，行驶20多千米给村民送来甘露。后来水利部门为他们在山顶兴建了4个20立方米的蓄水池，从根本上解决村民饮水难题。

**（三）调整结构，茶花并重**

据《史书》记载，茶山产茶于"宋元时期已现端倪"，由于茶山有独特的自然条件，丽水石岩头一带的山地特别湿润，故产出来的茶叶甘爽、醇和，尤以古劳银针等品种驰名海内外。鼎盛时期有茶园1 000多亩，茶叶通过广州的沙面洋行销往欧、美、澳洲各地，香飘万里，名扬五洲。抗战期间，茶业衰落，茶园仅存400亩。中华人民共和国成立后，一些人造假茶叶，使茶叶生产雪上加霜，到20世纪80年代茶山茶园剩下百余亩。近年，村委会加强对茶园管理，提高茶叶质量。2016年侨居美国的乡亲到茶山开发了1 000亩茶园，引进良种，利用新的种植技术发展茶叶生产，目前茶园生势良好，有望恢复古劳银针雄风。同时，根据茶山特点，村委会组织农户，发展特色经济作物素馨花。

茶山的素馨花有50多年种植历史。它是草本植物，花开于夏，雪白芬芳，每年7到11月为收花期。将花采摘后，经蒸晒、烘干，色泽金黄，成针状，故又名素馨针。据医书记载，素馨花饮之有清肝、疏肺、排热之疗效，不少人平时将它冲水当茶喝，味甘凉。

海拔 500 多米的茶山十分适宜素馨花生长，全村百多户都有种植，近年，村委会通过改良种植技术，加强花地管理，使种植面积扩大保持 200 到 300 亩，2017 年产干花 5 000 多千克。目前每千克市价约 1 200 元，总收入 200 多万元，户均近 1 万多元，八成干花销往广州清平市场，除供应省城需要外，还批发到珠三角以至广西等地，深受顾客青睐。

### （四）"水浸鸡"浸出好生活

2000 年，曾从事过餐饮业的村民李大南（绰号肥佬），瞄准都市人口味，利用山上的五指毛桃（别名五爪金龙），办起首家"肥佬山庄"，专营山村美食"水浸鸡"，由于风味独特，食客越来越多，生意出奇的好。

李大南成功吃了第一只螃蟹，引起轰动效应，"水浸鸡"餐馆逐步增多。"水浸鸡"之所以引起食客胃口，关键是在锅里放入五指毛桃作汤底，再放在烧烤炉上用木炭熬，水沸后放进已调味的鸡肉，再配上姜葱香粉美极等佐料，边煮边食，鲜嫩无比，而且鸡肉怎么煮也烧不老。此外，取材于山上放养的走地鸡，肉质比一般的鸡更胜一筹。2004 年上茶山的水泥路开通，正所谓路通财通，带旺了这一行业，佛山、高明、南海、顺德、江门、新会等地的食客及港澳乡亲，络绎不绝地到茶山品尝"水浸鸡"，享受大自然风光。完全由村民经营的鸡餐馆从几家增加到 50 多家，安排了 100 多个村民就业，收入可观，其中"天然居"餐馆聘用 6 个村民，年进账 30 多万元。村委会加强对食肆的管理，解决环境污染问题。如今，碰到节假日，往往要订座，入夜上山公路车流如织，远远望去像条见首不见尾火龙，非常之壮观。如今"水浸鸡"不仅成了茶山人致富门路之一，也是古劳镇乡村美食一张独特名片。

### （五）班车开上鹤山最高的茶山村

公路虽已实现硬底化，但由于公路等级低，弯多路窄，存在安全隐患，不具备通班车条件。2017年8月，江门、鹤山两级有关领导上山调研，解决一笔改造村道资金，为完善交通创造条件。

为实现全市"村村通班车（公交车）"目标。2018年，时任鹤山市副市长陈文多次召集市交通运输局、交警大队、安监局、古劳镇政府和鹤山市鸿运公共汽车有限公司前往现场勘察路况，研究道路安全防护、路面会车点拓宽工程方案，商讨公交站亭选址，制定公交运行计划，经过一个多月的连续奋战，山路具备通班车条件，城区至古劳茶山村的公交线正式通车，更好地满足了群众公共出行需求。

从此，茶山结束不通公交车历史，八方游客可乘坐班车上山饱览胜景和品尝闻名遐迩的"水浸鸡"了。

# 精准扶贫，成果显现

## 一、新一轮扶贫"双到"亮点多

2013 年 6 月，鹤山市在 72 个市、镇部门抽调人员，组成 11 个帮扶小组，进驻 11 个贫困村（其中 9 个老区村），进行有效的扶贫。市委按照"一村一策、一户一法"的工作方针，制定 3 年帮扶规划。按照"规划到户，责任到人"的要求，各级领导、帮扶组长毫不怠慢，自戴"不达目的不收兵"的"紧箍咒"，迅速带领队员进村入户，展开扎扎实实的帮扶工作。3 年间，市累计投入帮扶资金 7 259 万元（包括江门市扶贫资金、市本级财政资金、各帮扶单位资金、镇村资金、社会各界捐资）。

3 年多精准扶贫，效果显现：村集体经济年收入由不足 5 万元跃升到了 2015 年的 10 万元，翻了两番多；贫困户人均年纯收入由 2 601 元增到 8 861 元，有劳动能力的贫困户脱贫率 100%；贫困户新农保、新农合参与率 100%。在发展经济、改善民生等方面亮点纷呈。

### （一）推进基础设施

突出抓好村道硬底化建设。甘棠村从村委会到市林科所，有条 4 000 米多的沙土路，坑坑洼洼，不仅村民出行难，也制约该村经济发展。帮扶小组锁定这个目标，协同村委会制订方案，筹措资金，在市交通局大力支持下，经过半年多努力，村民梦寐以求的、一条投资 200 多万元的、4.3 千米长的水泥路建成通车，使 3 个自然村、500 多名村民解除行路难之苦，尤其是方便了沿途 5 个花卉场的交通运输，经济效益不言而喻。

宅梧镇云锦村的低水桥，一遇暴雨河水便淹过桥面，村民尤其是几十名过河上学的小学生，需要提心吊胆涉水而过，险象环生。"双到"以来共筹到 30 多万元资金，经过几个月的努力，一条 30 米长、5 米宽的永久性钢筋混凝土桥建成，村民齐声叫好，学生的家长放下心头石。

这批贫困村共有 6 条、总长 3 千多米泥泞村道，进村收购农产品的商贩遇雨天就望而却步，几十个要到公路边乘校车的小学生也吃尽苦头。帮扶小组进村后，一举将这些沙土村道硬底化，村民非常高兴。

据统计，宅梧镇的上沙、下沙、漱云等村在帮扶小组协助下，共修好了 25 千米机耕路，和一批"三面光"灌溉渠、小水坝等小农水工程，加快贫困村脱贫步伐。

### （二）壮大集体经济

这 11 个贫困村年集体收入达不到 5 万元的最低指标，拖欠村委会干部工资是常事，日常办公开支也是"拆东墙补西墙"。"双到"之后，各村根据实际情况，实行"一村一策"措施，迅速扭转局面。如双合镇先庆村村委会年集体收入只有 2.6 万，在帮扶单位协助下，投入 55 万元，在圩镇建成 1 座 2 层楼高有 6 卡的商铺，占地 400 多平方米。商铺落成，全部出租，年收租可达 4 万元，从而超过 5 万元目标。

宅梧镇下沙村集体收入只有 3.6 万元。这次在各方帮扶下，村委会从实际出发，通过搭建上盖、完善排水系统等办法改造下沙市场，共有 12 个铺位出租，租金年收入 7.5 万元。在"一村一策"引领下，有的村将空置办公楼和已迁移的校产改造出租，有的参股水库水电站收取分红……扶贫快速稳当，多措并举，集体收入明显增加，2018年11个村委会均可达标"摘帽"。

### （三）发展特色农业

驻村帮扶小组实施推动农业产业化进程，拓宽农民增收渠道，变输血为造血的策略，通过兴办专业合作社，建立种养示范基地等模式，积极发动贫困户大力发展种养业。2016年，在农业龙头企业带动下，兴办了海狸鼠、草蜢等7个专业合作社，吸收了70多个贫困户入社养殖。同期，以"公司＋基地＋农户"模式，在11个贫困村中建立起蔬菜、瓜果、水产等7个能带动贫困户致富的农业生产基地，带动周边100多名农户参加，目前合作社、生产基地开局良好。宅梧镇下沙村的120亩木瓜生产基地，连片种植日升青皮、水果型木瓜，亩产5 000到6 000斤，总值可达70多万元。下沙村的优质瓜菜基地，已种下节瓜、茄瓜、辣椒150多亩，长势良好，亩产收益可达7 000元，总值100多万元。

### （四）推动智力扶贫

驻村帮扶小组落实各地贫困户子女免费入读中等职业学校政策，给予每人每年1 500元生活费资助，2013年下学期到2014年上学期，共发放各类助学金19.11万元，受惠学生188人。2017年延续此项政策，确保贫困家庭子女入学率达100%。同时，建立资助大专生不少于1 500元（年）的大学教育贫困生扶助机制，确保其完成学业。

引导企业招用贫困户劳动力，与劳动部门沟通，开展免费职业技能培训，鼓励农民自主创业，促使有关部门给创业者以各种优惠。迄今为止，在190户有劳动能力的帮扶对象中，已有63户输出了劳动力77人，分别在本市或相邻地区的工厂就业，月入普遍在2 000元以上，基本达至"就业一人，脱贫一户"之目标。

"双到"以来，各村均举办了22期农技培训班，培训了1 600

多人次。经培训的农户，普遍反映提高了农业科技知识，对发展种养业充满信心。宅梧下沙西水岗村农户王国平，掌握了瓜类种植技术，把茄瓜、节瓜种植面积扩大了 3 倍。西水岗村 50 多户，2017 年瓜菜面积增加到 150 多亩。

**（五）完善了民生工程**

解决饮水难是这次帮扶的重点。根据各村不同情况，采取财政补助一点，所在企业捐助一点，村民自筹一点办法，筹措近百万元资金。通过重新铺设老化水管；建设新的蓄水池；对供水水井维修、清洗、消毒等一系列措施，使 7 个自然村，1 000 多名村民饮上放心水。为改善各村生活环境和村民卫生习惯，帮扶小组协同各村委会，总共建造了 31 个有上盖的垃圾屋，修建了文化广场、休闲公园、老人活动中心等一批设施，整治污水渠，美化了村容村貌，村民生活环境大为改观。

龙口镇粉洞马头村的耕牛长期管理不周，造成粪便横流。有人说小事一桩，驻村帮扶小组认为"民生无小事"，经与村委会商讨，在村外修建一座 160 平方米的牛棚，将 20 多头牛集中安置，实现人畜分离，花钱不多，而有效改善环境卫生，村民拍手叫好。

## 二、新时期城乡精准扶贫

2017 年是开展新时期城乡精准扶贫精准脱贫工作的第二年，在市委、市政府的正确领导下，严格按照省、江门市扶贫办的工作要求，各项精准帮扶措施逐步推开，并取得了一定成效。

**（一）全市相对贫困户的总体情况**

2016 年初，市最终确定有意愿通过帮扶脱贫的建档立卡贫困户 825 户 2 748 人（农村贫困户 740 户，2 502 人，城镇贫困户 85 户，246 人）。经 2017 年 7 月底进行动态管理后，现有建档立卡贫困户 802 户 2 616 人（农村贫困户 717 户，2 373 人，城镇贫困户 85 户，243 人），减少帮扶 23 户 132 人。按照上级下达的三年内 2∶3∶5 的年度减贫目标任务，全市 2017 年度要实现 241 户（785 人）以上的贫困户脱贫。经市、镇两级的共同努力，2017年度家庭年人均可支配收入超过脱贫标准、经贫困户签名确认列入脱贫对象的贫困户共 281 户（924 人），超额年度减贫目标任务。

**（二）精准扶贫的主要做法及成效**

2017 年，在抓好教育扶贫、医疗扶贫等基本扶贫措施的基础上，着力推动"就业＋扶贫""产业＋扶贫""金融＋扶贫""'三变'＋扶贫""资产收益＋扶贫"等促进贫困户持续增收的帮扶措施，取得了初步成效。

**1. 按时足额落实扶贫资金，加强使用管理**

2017 年全市用于精准扶贫的资金总额达 1 561.32 万元，其中江门市级帮扶贫困户项目资金 434 万元、精准扶贫与村级公共服务均等化市级补助资金 369.32 万元，鹤山市本级帮扶贫困户项目资金 683 万元、扶持相对落后老区村建设补助资金 50 万元、精准扶贫工作经费 25 万元。用于落实各项帮扶措施的资金全部按时足额到位。市、镇两级严格按照《江门市 2016—2018 年城乡精准扶贫精准脱贫资金管理办法》和《鹤山市新时期城乡精准扶贫精准脱贫本级项目资金管理暂行办法》使用管理资金，全年未发生与扶贫资金使用管理有关的违法违规行为。

**2. 继续全面落实"三保障"基本帮扶措施**

一是大力实施教育帮扶。对有子女处于学业阶段的贫困家庭除按政策免除学杂费外还给予生活费补助，让贫困家庭子女公平接受良好教育，安心学习。民政部门 2017 年针对建档立卡重点帮扶对象共实施教育帮扶 992 人次，学费和生活费补助金额 273.17万元，其中扶贫资金补助金额 194.80 万元。二是大力实施医疗扶贫。为建档立卡贫困户家庭成员就医发生的门诊费用、住院费用医保报销后自付部分等费用给予补助，为遭遇意外或疾病住院的贫困户提供保险理赔服务，2017 年共实施医疗帮扶 4 802 人次，扶贫资金补助金额 293.89 万元，商业保险出险理赔 37.88 万元，切实减轻了贫困户家庭经济负担；财政全额资助建档立卡贫困人口购买城乡居民医保个人负担部分支出 76.35 万元，为全市建档立卡贫困人口续保中国人寿意外及重大疾病商业保险支出 77.52 万元，最大限度地确保所有建档立卡贫困人口在医疗方面得到充分的保障。三是保障贫困户住房安全。对 2017 年受强台风"天鸽"吹袭后住房出现开裂、破损、漏雨等影响居住安全的贫困户，根据其意愿和自筹能力为贫困户实施重建或修葺两种改造措施解决住房安全问题，全年实施危房改造 27 户，扶贫资金补助 70.49 万元。

### 3. 突出重点，促进贫困户稳定增收长效脱贫

2017 年，精准扶贫的工作重点由"输血式"扶贫转变到"就业＋扶贫""产业＋扶贫""资产收益＋扶贫""'三变'＋扶贫"等"造血式"扶贫上来，全力推动各项促进贫困户稳定增收的帮扶措施的落实，脱贫长效机制初步建立。

一是"就业＋扶贫"，突出"实"字。就业扶贫投入少，效果立竿见影，是长效的"造血式"扶贫。充分发挥就业扶贫在脱贫攻坚中的主导作用，实现"就业一人、脱贫一家"，重点从两方面抓就业扶贫工作：一方面，直接为贫困对象提供就业岗位。如依托鹤山市雅图仕印刷有限公司等一批就业岗位需求量大、薪酬待遇好的企业进行用工招聘，或通过开发镇、村两级公共事业公益岗位，为在家待业贫困对象提供合适的就业岗位，2017 年末全市 821 人实现正常就业或转移就业。另一方面，广泛开展就业、创业实用技能培训。针对贫困对象开设育婴师（月嫂）、护理师（护工）、中式面点师、厨师、美发师、电工、叉车、装载机（铲车）、挖掘机（勾机）等实用技能培训课程，发动在家待业的劳

动力报名免费学习，学习结束后推荐就业。目前已完成实用技能培训课程的达65人次，部分对象通过考核获得了相关资质证书，其中多人已经开始从事相关工作。

二是"产业＋扶贫"突出"准"字。各镇因地制宜、选准具有发展种、养生产能力的贫困户开展产业扶贫，并结合金融扶贫增强帮扶效果。第一，在鹤城镇初步推开以发展特种养殖为主要内容的产业帮扶，引导和帮扶5户贫困户与有关公司合作进行草龟养殖。第二，在址山镇通过扶持农民专业合作社发展水产养殖，对15户贫困户进行水产养殖技能培训并就地解决其就业难题。第三，在共和镇、址山镇、宅梧镇、双合镇等5个老区镇为正在从事种、养生产的贫困户有针对性地提供种苗、化肥、农药、饲料等生产资料，减轻生产投入负担，提高其发展生产的积极性。第四，为发展种养产业的贫困户提供金融扶持。成功为龙口镇、桃源镇、共和镇、双合镇共7户贫困户推荐办理免担保、扶贫资金贴息小额贷款共计24.5万元，减轻贫困户融资压力，其中，江门地区的第一笔精准扶贫小额贷款5万元于2017年5月10日正式发放至共和镇贫困户手中。

三是"资产收益＋扶贫"突出"稳"字。2017年，在多个镇（街）探索通过整合财政专项扶贫资金折合为贫困户的股份的方式来参与光伏发电站建设，从而让劳动能力较弱、家庭状况较差的贫困户获得稳健收益分红，进一步增加贫困人口的财产性收入。2017年6月9日，由市扶贫办牵头组织全市10个镇（街）扶贫办的工作人员现场参观光伏发电站建设项目，各镇（街）自行研究光伏发电站建设的可行性。目前，沙坪、雅瑶、鹤城、共和、宅梧、双合等镇（街）已申报资金投入光伏发电站建设，进度较快的龙口镇、共和镇、宅梧镇已建设完成并网发电。全市已建、在建光伏发电站建设项目总投资533万元，涉及入股贫困户265户，2018年初全部建成投产后资产收益约每年60万元，户均增收 2 000 多元。

四是"'三变'+扶贫"突出"新"字。参照贵州省六盘水市的经验做法，工作队在多个镇试点探索创新"三变"与本地精准扶贫的有机结合。一方面，探索"三变"与扶持村级集体经济发展试点的结合。在古劳镇、龙口镇、桃源镇、双合镇实施省级第二批扶持村级集体经济发展试点项目的过程中探索整合扶贫资金参股试点变股金为收益，其中古劳镇、桃源镇已完成扶贫资金入股手续，涉及入股贫困户 117 户，入股金额 234 万元，试点项目建成后每户每年获得入股分红约 2 000 元。另一方面，探索"三变"与农业产业项目、乡村旅游项目的结合。因地制宜，在址山镇、宅梧镇、双合镇探索整合扶贫资金入股农业产业公司（基地）项目、乡村旅游项目共 5 个，涉及入股贫困户 155 户，入股金额 310 万元，项目建成后除产生分红收益外，还将根据入股协议为贫困户提供大量工作岗位及带动更多农户发展生产。

### 4. 落实相对落后老区村的帮扶工作

一是继续推动开展"百企扶百村、百医牵百村"行动。2017年全市各参与"百企扶百村"结对帮扶的企业到结对帮扶老区村开展帮扶活动 2 次以上。开展"百医牵百村"义诊活动 12 场，派出医护人员 63 人，义诊群众 1 140 人次，送医送药 24 640 元，定期派医务人员到受援村卫生站坐诊，直接为农村群众服务。同时，对村卫生站医生进行传帮带教，共培训 13 人，加强对常见病、多发病和传染病等重点疾病的防治工作指导。二是帮扶相对落后老区村基础设施建设。根据相对落后老区村的基础设施建设情况、建设意愿及自筹能力，2017 年度确定扶持相对落后老区村建设项目 8 个，涉及古劳、龙口、鹤城、宅梧等 4 个镇，总投资 146 万元，其中扶贫资金补助 50 万元。

至 2018 年，全市建档立卡贫困户 802 户，至 2017 年底已"摘帽"477 户，到 2018 年则全部"摘帽"，较好完成帮扶任务。

## 鹤山市老区村 2016—2017 年贫困户精准脱贫情况统计表

| 序号 | 镇别 | 村别 | 脱贫户数（户） | | 贫困户人均可支配收入（元/年） | | 就业情况（人） | | 危房改造情况（间） | |
| --- | --- | --- | --- | --- | --- | --- | --- | --- | --- | --- |
| | | | 2016年 | 2017年 | 2016年 | 2017年 | 2016年 | 2017年 | 2016年 | 2017年 |
| 1 | 古劳 | 茶山村 | 0 | 1 | 7 511 | 10 505 | 5 | 5 | 0 | 0 |
| 2 | 龙口 | 菁文村 | 2 | 3 | 8 067 | 14 874 | 6 | 6 | 0 | 0 |
| 3 | | 坑尾村 | 1 | 4 | 9 378 | 13 978 | 7 | 7 | 1 | 0 |
| 4 | | 坪山村 | 0 | 0 | 0 | 0 | 0 | 0 | 0 | 0 |
| 5 | | 小官田村 | 1 | 2 | 11 067 | 17 409 | 3 | 2 | 0 | 0 |
| 6 | | 东坑村 | 2 | 2 | 10 364 | 14 089 | 6 | 8 | 0 | 0 |
| 7 | 鹤城 | 南中村 | 1 | 1 | 9 465 | 16 725 | 4 | 5 | 0 | 1 |
| 8 | | 新联村 | 1 | 1 | 10 913 | 16 121 | 2 | 3 | 0 | 0 |
| 9 | | 鹤城村 | 1 | 1 | 9 046 | 13 948 | 2 | 3 | 0 | 0 |
| 10 | | 先锋村 | 1 | 2 | 10 613 | 17 182 | 6 | 7 | 0 | 1 |
| 11 | | 新莲村 | 2 | 7 | 10 658 | 13 165 | 25 | 28 | 0 | 0 |
| 12 | 址山 | 昆华村 | 0 | 0 | 7 676 | 13 878 | 3 | 3 | 0 | 0 |
| 13 | | 昆联村 | 0 | 1 | 8 153 | 13 149 | 2 | 3 | 0 | 0 |
| 14 | | 云东村 | 3 | 1 | 11 794 | 16 596 | 10 | 10 | 0 | 0 |
| 15 | 宅梧 | 双龙村 | 14 | 4 | 9 180 | 10 562 | 14 | 19 | 0 | 0 |
| 16 | | 白水带村 | 0 | 2 | 7 532 | 9 042 | 5 | 7 | 0 | 0 |
| 合计 | | | 29 | 32 | 8 838.5625 | 13 201.4375 | 100 | 116 | 1 | 2 |

### 三、精准扶贫、精准脱贫典型

#### （一）企业帮扶，养龟致富

2017 年，鹤山市鹤城镇扶贫办与鹤山市运通龟业有限公司签约，首批贫困户养殖的第一批草龟，秋前已全部被该公司回购，平均每户增收 4 400 多元。并进入第二批养殖期。

2016 年 8 月，鹤城镇政府与鹤山市运通龟业有限公司合作，启动草龟养殖产业帮扶项目，以 5 户贫困户为试点，帮助他们在家里建设小型温室龟舍，并提供龟苗和养殖技术，5 户贫困户分别领到了 500 只草龟苗。饲养期间，龟业有限公司的工作人员定期上门，帮助贫困户解决各种养殖疑难问题。

首批签约贫困户的养龟成活率基本都在 80% 以上，扣除水电等成本，每户平均可获得约 4 400 元的纯利，虽然利润不算很高，但他们仅是利用业余时间增收，不占用务农或务工主业时间，最大限度地开拓了贫困户的收入渠道。

为节约养殖成本，提高养殖效益。鹤城镇扶贫办计划推动草龟集中规模化养殖，聘用贫困户为养殖工人，农户不仅每月能拿到工资，年底可享受分红。此外，农户还能掌握一技之长，终身受用。

#### （二）生态养殖，科技扶贫

在脱贫攻坚战中，鹤山市古劳镇立足绿色发展，引入"阿科蔓"生态养殖技术，开展科技产业扶贫，并以该项目作为乡村振兴经济的切入点，通过推广引用"阿科蔓"养殖技术，达致农民增产增收和改善水环境之目的，迄今该项目稳步推进，发展态势喜人。

2001 年初，广州学者袁伟刚把美国著名生态学家罗德博士研发的水产养殖生态基产品引入中国，并命名为"阿科蔓"。"阿科蔓"技术投资低廉、应用广泛、实施简单、见效快、标准高。通过细菌分解有机物质，吸附微生物，有效改善水质，增加养殖密度，从而减少病虫害，减少投料量，降低成本，缩短养殖周期。据试点资料显示，其综合成本减少30%以上，亩产量增长50%以上，生长速度提高20%以上，亩产效益增加一倍多。该项目已在省内外多个地区推广应用，效果理想。

地处西江边的古劳镇，河涌纵横，鱼塘密布，水产养殖是主要产业。历来以传统养殖方式为主，效益不高。为提高农户的经济效益，2016年初，镇农办组织麦水老区村的5户贫困农户，每户以8 000元（扶贫专项资金）入股镇水产专业合作社为社员，以生态养殖技术进行水产养殖。聘请技术专家袁伟刚免费提供技术指导，合作社承担材料费用。据悉，传统养殖周期要花4到5个月，采用新技术可缩短到90天左右。以往每亩收益3 000元左右的四大家鱼，采用"阿科蔓"生态养殖技术，收益可达每亩5 000元。

### （三）月入3 500的面点师

为实现"就业一人，脱贫一户"之目标，近年，鹤山市大力推进技能培训，使贫困家庭的成员掌握一技之长，顺利融入社会。仅2016年至今，全市已有110多人找到心仪的工作，人均月收入3 000多元。对一些年龄偏大、文化偏低的贫困人员而言，无疑是雪中送炭，帮助他们向脱贫致富路子迈出一大步。

技能培训中包括学习驾驶叉车、五金电器、点心制作、理发美容、电脑操作以及家政服务等热门专业。学期有长有短，时间灵活，白天晚上均可培训。宅梧镇村民梁有成，一家几口生活拮据，自参加树人职校短期的糕点制作培训后，掌握一门中式点心制作技能，经学校推荐到市区一家面包店当上了一名中式面点师，初期月入3 500元，年终还有奖励，连同家中的种养收入，日子过得很滋润。同是宅梧镇的中年妇女张桂珍，经过家政培训，到广州红海人力资源集团股份有限公司江门分公司当了一名育婴员，月工资 3 000 元，有了这笔刚性收入，全家生活大为改善。

目前，鹤山市有树人、生力华、新民等几家正规的民办职业技能培训学校，经推荐入学的学员，其学杂费全免，由市财政统筹解决，使贫困学生安心学习，掌握专业技能，迅速融入社会。

**（四）光伏发电照亮扶贫路**

在鹤山宅梧镇堂马老区村的宅梧小学屋顶上，覆盖着一排排多晶硅面板，在阳光的映衬下，犹如一个个波光粼粼的湖面，形成一幅美丽的新农村画卷。2017 年，在宅梧镇光伏电站，伴随着一声清脆的合闸声，时任宅梧镇镇长黄明广合上了全镇第一个光伏电站的开关。源源不断的绿色电能经过高压箱升高到 50 千伏，再通过 50 千伏线路输送到电网上。至 2019 年，宅梧镇 4 个光伏扶贫电站全部实现并网发电。

贫困农户入股光伏扶贫电站项目，可借助国企之力，规避市场风险，一次投入，长期受益。在市供电部门的帮扶下，宅梧镇党委、政府在项目选址、贫困户动员、基础处理、安全防护、纠纷处理等方面提供一条龙周到服务，2016 年项目如期动工，年底投入营运。

实践证明，光伏扶贫电站属于一次投入，多年受益的项目，每年的收益回报率相当可观，贫困户将扶贫款投入到这个项目（每户入股 2 万元），能够取得长期收益。"光伏扶贫"作为一种新的绿色能源扶贫模式，可以说是为贫困户量身定制的扶贫开发模式，它是促进贫困户增产增收，实现精准脱贫的重要途径之一，它能有效促进扶贫开发由"输血式"向"造血式"的转变。

据了解，根据脱贫攻坚工作安排，宅梧镇光伏电站设计总装机容量为 200 千瓦。项目计划总投资 190 万元，预计年发电量为

240 000 千瓦时。每年根据发电净收益，确定分红给入股的贫困户，确保带动劳动能力弱、无稳定收入来源贫困户每户每年实现增收2 000元以上，至2017年，入股受惠贫困农户达95户，还可连续受益10年以上。

### （五）一个带动农民致富的合作社

走进鹤山市鹤城镇三堡片一带的老区村落，新颖别致、人称"腐竹楼"的民居向四处延伸，小车、摩托车在硬底化的村道奔驰。大步奔康的村民，交口称赞合作社带动农民致富。

鹤城腐竹生产有几十年历史，过去分散经营，质量无保证，效益差。2008年，为了帮助老区人民早日脱贫，土生土长的鹤山市华鸿食品厂总经理黄天华，在老家鹤城镇发起成立"富农腐竹合作社"，主营腐竹加工与销售，注册资金36万元，下设3个专业合作社，拥有单位会员41人。会员大多分布在鹤城镇三堡片的坪山、万和、五星、新联等贫困老区村。

十年砥砺一番新。合作社通过资源整合，发挥互助互利、互为补充优势，有效提高腐竹产品的产量和质量。迄今，3个专业合作社日耗黄豆约50吨，日产腐竹28吨，全年产量达8 500吨，占广东省腐竹产量的一半以上，鹤城称得上是"腐竹之乡"。可喜的是，共带动农户650户，年销售收入达1.396亿元，户年均纯收入约5万元，其他收入还未算在内。

鹤城镇政府每年对每个合作社给予专项资金扶持，市一家金融机构对合作社授信2 000万元信贷额度，支持会员经营周转以及扩大再生产。市食品等有关部门为所有腐竹生产经营户提供信息和技术指导，提高腐竹的质量和附加值，为产品的升级换代出谋划策，推动企业提升环保和卫生水平。针对客户提出的新颖、创意的订单需求，近年，合作社开发了元朗扁竹、天香卷、斋鸡、鲜腐竹、湿腐皮、火腿等20多种新产品。为解决腐竹及其他食品的保鲜、储存问题，合作社投资 50 多万元购买了冷冻设备，精密控制空间温度和湿度，使生产工艺、卫生环境和各项配套设施符合出口标准，产品顺利出口到欧美各国和港澳台地区。

## 四、实施乡村振兴

党的十八大以来，鹤山各级党委、政府牢记习总书记"绿水青山就是金山银山"的重要指示，因地制宜、精准施策、改善环境，让广大农民在乡村振兴中有更多获得感、幸福感。

### （一）铁腕整治环境

按照市委"护生态"的部署，政府出台了《鹤山市畜禽养殖污染防治管理办法》，制定实施畜禽养殖"三区"（禁养区、限养区和适养区）管理办法，全市上下大张旗鼓展开宣传教育，获取村民理解、谅解，并以"铁腕断臂"决心，重点解决违规无序养猪污染环境问题。古劳镇政府顶住各方压力，铁腕整治生态环境，全水镇拆除畜禽栏舍达 596 户，共计 12 万平方米，使水乡更加靓丽，游人纷至沓来。健全城乡垃圾收运处理，完成垃圾转运"一镇一站"建设，实施城乡垃圾治理"以奖代补"政策，使全市生活垃圾无害化处理率达 98.8%。推进大气污染防治，淘汰黄标车 3 992 辆，整治高污染锅炉 46 台，查处违法企业 129 家。启运新一轮绿化大行动，升级改造生态景观林带，完成 39 项绿化提升工程，建成 24 个乡村绿化美化示范村，同时，启动沙坪河水系综合治理工程，建设"堤固、水清、岸绿、景美"的生态景观长廊。全面开展重点支流河涌整治，落实河长责任制，强化水质监控体系，在西江和潭江流域设立 15 个监测点，使偷排、违规排污者无所遁形。

通过一系列环境整治，使鹤山城乡水更清、景更美。为鹤山获"广东省园林城市"和"广东省文明城市"称号打下坚实基础。

**（二）鹤山旅游下了一盘好棋**

环境整治，为乡村振兴创造条件，尤其推动乡村旅游兴起。据鹤山市旅游局相关负责人反映，"十二五"期间，鹤山市邀请暨南大学编制了《鹤山市旅游发展总体规划》，通过对现阶段鹤山市旅游发展环境的研究分析，明确鹤山市旅游业发展思路，提出鹤山旅游业重点，即围绕"一个平台"（梁赞咏春文化平台）、"三条走廊"（大雁山—古劳水乡—茶山旅游走廊、七瓮井—马耳山—昆仑山旅游走廊、鹿湖山—彩虹岭—云宿山旅游走廊）、"一个中心"（双合乡村生态旅游集散中心），推动鹤山全域旅游发展，主要开发项目包括鹤山北部生态旅游文化带、色色环球影城婚庆文化产业园、鹤山西部客家文化开发、云乡旅游小镇等。

鹤山市各镇街也编制了各自的旅游发展规划。2016年初，址山镇率先邀请暨南大学编制了《址山镇旅游总体规划》，规划顺利通过专家评审，鹤山市首个镇级旅游总体规划诞生。此后不久，双合镇邀请广东中建旅游规划设计公司，编制《双合镇珠西乡村生态旅游中心规划》，开发山区旅游资源，推动鹤山市全域旅游的发展。随着《鹤山市旅游发展总体规划》以及鹤山各镇街旅游发展规划的相继出炉，初步实现鹤山市旅游发展的全域化。

鹤山市对10个镇街提出了"三大片区""九大重点"的发展战略。"三大片区"即北部"山水文化＋物流商贸休闲区"，包括沙坪街道、古劳镇、雅瑶镇、龙口镇、桃源镇；南部"休闲农业＋客家乡村旅游区"，包括共和镇、鹤城镇、址山镇；西部"生态农业＋山地生态游憩区"，包括宅梧镇、双合镇。"九大重点"即大雁山风景区、古劳水乡、茶山风景区、桃源婚庆文创旅游产业园、昆仑山＋马耳山生态旅游区、共和高尔夫乡村旅游区、宅梧龙潭山＋彩虹岭生态旅游区、云宿山生态休闲度假区、鹤城

田心古村 + 云乡旅游区。

2016 年，从鹤山北部古劳的乡村生态文化游，到南部共和、鹤城的客乡田园风情，再到西部宅梧、双合的生态农业乡村游，"三大片区""九大重点"均已有突起之势。

以"双合油菜花·欢乐嘉年华"活动为例，活动当天，前来参加活动的游客达 2.6 万多人次，人数比 2015 年翻了一番，刷新了双合镇单日接待游客人数纪录，为当地带来 260 多万元的旅游收入。而宅梧、古劳在"五一""十一"黄金周同样凭借特色旅游项目揽客近 10 万人次，比 2015 年有大幅增长。2016 年，鹤山市旅游事业的发展紧密围绕"一城三中心"（珠西门户城市，珠西制造中心、珠西物流中心、珠三角乡村生态旅游中心）战略，在"全域旅游"理念的指导下，整合本土山、水、文化资源，不论是在打造"珠三角乡村生态旅游目的地"，发展乡村生态休闲度假旅游方面，还是在推动鹤山旅游产业转型升级，发展文化旅游方面，都留下了浓墨重彩的一笔。

鹤山市 2016 年旅游收入已达 41 亿元，同比增长 20.5%；旅游接待人数 518 万人次，同比增长 18.9%，鹤山市旅游经济指标实现持续较快增长。古劳镇、双合镇、宅梧镇是 2016 年鹤山在旅游发展方面曝光率颇高的几个镇，其旅游主打项目均与乡村生态游紧密相关。古劳水乡的"珠三角乡村生态旅游目的地"，双合的油菜花，还有宅梧的生态农业，均已成为鹤山市发展全域旅游的杰出代表。

2016 年 9 月 27 日，"珠三角乡村生态旅游目的地"揭幕仪式在鹤山市古劳镇水乡游客服务中心举行。各镇（街）以建设"珠三角乡村生态旅游中心"为目标，以打造"珠三角乡村生态旅游目的地"为动力，积极发掘本土乡村生态旅游资源，以景点为平台、以活动为契机，开发具有鹤山特色的乡村旅游项目，推动鹤山乡村生态旅游业的发展。

另外，为更好宣传推广鹤山的乡村生态旅游，大雁山风景区、古劳水乡等还参加了由广东省旅游局组织的"2016 台北两岸观光博览会"和"第 30 届香港国际旅游展"。其后，鹤山市旅游局还与中国康辉旅游集团签订"万人游鹤山"的合作协议，经江门康辉国际旅行社大力推介，2017 年 6 月上旬，已有上千名游客到大雁山风景区、古劳水乡参观游览。而在国庆黄金周期间，更是有超过 10 万人涌入古劳水乡，2 万多人登上大雁山。

2016 年 11 月 26 日，"岭南鹤武"项目启动仪式在鹤山古劳镇的梁赞文化公园内举行，当天同时进行的还有第四届中国侨都健走马拉松大赛鹤山赛场活动。鹤山市相关负责人表示，借助健走马拉松活动，可以整体包装宣传"世界咏春""鹤山梁赞""中国最美功夫水乡"的特色文化，打响"岭南鹤武"特色文化品牌。

近年，来自广州、佛山、香港乃至世界各地的咏春爱好者都来到鹤山的武馆交流咏春文化。"岭南鹤武"的战略思路提出后，鹤山市人民政府与中山大学旅游规划设计院多方论证，最终形成了详尽的"岭南鹤武"项目发展规划。"岭南鹤武"项目既是江门"五邑天地"的重要组成部分，也是鹤山进一步推广"鹤山梁赞、世界咏春""中国最美功夫水乡"文化旅游品牌的具体体现，有助江门完成"东部一体"生态文化城的城市构建目标。

2016 年，鹤山还举办了狮艺大赛和各类龙舟大赛，一年一度的陈山香火龙盛会圆满落幕，龙口镇宵南鲜卑后裔古村落及祠堂文化旅游也得到发展。

**（三）乡村振兴领路人——上升村党支书吕传卿**

近年，地处有"东方威尼斯"美誉的鹤山市古劳镇核心地带的上升老区村，河道纵横，小桥流水，茂林修竹，石路延绵，原生态胜景吸引络绎不绝的四方游客。面对富庶繁荣景象，村民无不怀念奔康带头人吕传卿。

吕传卿，原鹤山市古劳镇上升村党总支书记、村委会主任，连续三届高票当选。她肩负起带领村民奔康致富，建设社会主义新农村的重任，赢得了上级领导、村民群众以及海内外乡亲的赞许。使得上升村先后获得"全国妇联基层组织建设示范村""广东省卫生村""广东省古村落""江门市生态文明村""江门市基层组织建设'五好'示范点重点创建单位"等荣誉称号。

然而，无情的病魔给她带来了痛楚和折磨。吕传卿自 2012 年被确诊为肺癌后，强忍病痛，忘我工作了近 3 年时间。2016 年 6 月 2 日，因医治无效不幸去世，时年 49 岁。

她短暂的一生，充分展示了一位基层共产党员求真务实、勇于担当、一心为民的崇高情怀。

### 1. 外来媳妇干实事，连任三届显民心

背靠西江的上升村，1940 年已建立地下党支部，在抗日战争、解放战争时期，老区人民为革命事业做出贡献。现辖下自然村 33 个，3 700 多人。2008 年，吕传卿这个从雅瑶嫁进水乡的外来媳妇，被选为上升村"一把手"，她上任伊始，就充分听取各方意见，了解到历史上，上升村一带堤围数度崩塌，导致村民损失惨重，做好水利防汛是历代水乡人、历届村"两委"班子的心愿。她果断作出抓好上升村的防汛基建工程的决策，其中防汛大道全长 2.5 千米，需要 60 多万元资金。对于当时年集体收入仅 20 多万元的上升村委会来说，显然是金额巨大。

为了筹集资金，吕传卿利用香港东亚银行的李氏家族、香港著名导演黄百鸣家族等杰出乡亲回乡省亲的机会，带着图纸上门，将这项功在当代、利在千秋的工程与"游子"命运联系在一起，说服他们出钱出力。她还多次到香港登门拜访乡贤，促使李福善

捐资 60 万港元、李国麟捐资 30 万港元、黄百鸣捐资 10 万港元支持该工程建设。她还在晚上挨家挨户做工程沿线村民的思想工作，说服他们配合做好建设。还带领村干部筹集了 380 多万元，建设 5 条长 6 000 多米村道。2014 年，又实现了 3 000 米道路硬底化，并安装了 40 多盏路灯，极大地改善了村民生产和防汛运输条件。

水利设施投入使用以来，经受了多次汛期的考验。村道水泥硬底化后，不用忍受晴天尘土飞扬、雨天泥泞坑洼了；路灯亮化后，夜间不用摸黑通行了。这些一件件的实事好事，使得这个外来媳妇逐渐赢得了村民的支持与尊重，在 2008 年以来村"两委"换届选举中，吕传卿连续三届高票当选。

2. 水域治理促旅游，优化生态增效益

河涌清淤，是推动水乡旅游、改善村民生活环境、促进水产养殖业持续发展的重头戏。2014 年，村委会向古劳镇政府提出了河涌清淤的申请，吕传卿召集各村组长开会，听取意见。由于准备工作充分，资金筹集到位，上升村迅速掀起了一场整治河涌攻坚战。通过近一年的时间，对全村内河涌进行了全面清淤，河水逐渐恢复了往昔的清澈，2014 年底，上升村获得了江门市"宜居村庄"的荣誉称号。

上升村河道纵横，鱼塘密布，原生态"水乡旅游"资源丰富。但鱼塘存在水量少、换水慢、水质差等问题，限制了水产养殖业的发展。2014 年，吕传卿启动了鱼塘低产改造工作。她多方奔走筹集改造资金，又不辞劳苦地日夜做村民的思想工作。有位老村民不愿意拆除多年的猪舍，对她当面辱骂。能屈能伸的吕传卿晚上再登门找老人聊天，说清楚鱼塘低产改造带来的好处，最终感化了这位"顽固"的老农。现在，老人也尝到了甜头，他儿子承包的鱼塘，原亩产 700 至 800 斤，低改后至少可以亩产 3 000 斤，他家的年收入大幅提高。目前，全村鱼塘低产改造面积达到

1 200 亩。改造后，本地鱼塘能够养殖桂花鱼、笋壳鱼等优质品种，实现鱼塘亩产和发包金额亩产翻番，养殖户荷包鼓了起来。

3. 整合资源谋发展，殚精竭虑为民生

村委会办公场所狭小破旧，群众办事诸多不便。2013 年，吕传卿接受完第一次化疗后，旋即着手综合服务楼的筹建工作。她了解到旧办公楼附近有一块空置土地，适合修建综合服务楼，其产权属于村内某企业主。她找到该企业主协商，希望对方优惠出让或者出租该块土地。该企业主二话没说，承诺无偿提供土地给村委会，并说："您病还没好就忙着筹建村的综合服务楼。我就出了这么一块地，跟您相比又算得了什么呢？"用地落实后，吕传卿又马不停蹄地带领"两委"成员到市、镇有关部门筹集资金，并多次到北京、港澳等地拜访知名乡贤。最后，通过市镇扶持和海内外乡贤筹资等方式，新楼不到一年就建成并投入使用。如今的综合服务楼各类功能场所设置完善，还设立了鹤山市首个村级残疾人服务站，为上升村的残疾人士、留守妇女提供劳务外包手工活，让他们在家门口就能实现就业。又将旧办公楼改建为居家养老服务站，内设日间照料室、棋牌室、图书室、健身室和休息室等活动场所。每天前来活动的老人络绎不绝。

4. 勇斗病魔舍小家，矢志不渝为大家

2013 年，吕传卿被查出肺癌。历经多次化疗，甚至掉光一头青丝。大病初愈的她带上假发，着手开展各项工作。几年来，相继推动古劳"水乡旅游"和"咏春文化"品牌建设、鱼塘低改、河涌清淤、村道硬底化、村容村貌整治、居家养老服务、"两权三化"等多项工作。长时间的劳累，使吕传卿的癌细胞又一次转移。然而，她身在医院仍心系村里的大小事务。每每有同事去探望，她都仔细询问各项工作进度，并一一嘱咐每项工作应注意的事项。丈夫见她工作忙碌，身体状况一日不如一日，劝她放下工作，吕传卿认为"自己的事业必须坚持"。女儿正在上初中，在校寄宿。出于对女儿的愧疚，吕传卿都坚持接送，尽量抽时间陪陪女儿。懂事的女儿也支持妈妈的工作。

吕传卿去世后，古劳、鹤山乃至江门市的干部、群众不胜感伤，不少上升村民、海外侨胞自发前往吊唁，江门、鹤山多个政府部门赠送花圈。江门市委常委、组织部部长李长峰致悼词："此处青山留忠骨，水乡那更有知音；千村致富奔康后，再向吕君抚舜琴！"鹤山市委追授吕传卿"鹤山市优秀共产党员"称号。

### （四）新型电商农民——何娜

在鹤山共和镇一个农场的农田里，长满了罕见新奇的农产品，有来自台湾的新品种白色苹果苦瓜、红色金南瓜，有可爱小巧的手指胡萝卜，还有紫色的西红柿……农场的主人何娜正顶着太阳给这些农产品拍"写真"。何娜是一位"电商达人"，有10多年的电商实战经验，在广州拥有自己的电商公司。除此之外，她还是中国国际电子商务中心农村电商讲师、淘宝大学讲师和众多电商学院的特聘老师。2015年，她回到父母在鹤山经营的农场帮忙，希望用自己多年的电商经验走出一条农村电商之路。既为农业发展、农村振兴尽点力，也有更多的时间陪伴父母，尽点孝。

何娜，1982年出生，祖籍河南，郑州广播电视大学毕业。2000年，她与父母举家来广东创业，父母经朋友介绍，承包了鹤山市共和镇大凹村占地400多亩的一片山地用来做农场，饲养三鸟种蔬菜。何娜到广州一家电脑店里打工，销售电脑零配件、耗材等产品。广州是一座时髦的城市，在那里，何娜接收到最前沿的资讯。2004年，电商开始兴起，看中了商机的何娜，为抢占先机，不顾家里人反对，毅然做起了电商。刚开始，何娜就在家里的一个小书房里做电商，条件十分简陋，她在那里上架商品、更新产品图片、做客服，有时候一待就是一整天。客厅也成为了储存货物的小仓库，相机也是从朋友那里借来的。在电商的迅速发展期，何娜的店铺发展得很快，订单也越来越多。不久，她便招了员工帮忙发货。2006年，她在广州番禺的一间写字楼租了20多平方米的房子当办公室。后来，她的办公室从一间小房间变成了一层楼，并注册成立了自己的贸易公司，主要在阿里巴巴上批发首饰商品，每月能接到近万笔订单，生意做得风生水起，朋友都亲切地称她为"电商达人"。

2015年，广东部分地区发现禽流感疫情，何娜的父母在农场饲养的近9 000只鸡销不出去，眼看就要血本无归。做电商已逾10年的何娜，试着用自己的电商模式和思维推销鸡。她将鸡取名为"时光鸡"，打着"有爱就有健康"的暖心广告语，在电商平台成功把鸡销售了出去，这是她做的第一个农村电商项目。

2016年，随着广州公司的运营逐渐稳定，想到父母日渐年迈，何娜毅然回到了父母身边一起经营农场，并在农村电商施展拳脚。之后又在家附近承包了一块约30亩的土地。对农产品素有研究的她，开始种植稀有的品种，包括手指胡萝卜、紫色西红柿、白色台湾苹果苦瓜、红色金南瓜等。这些新颖的农产品受到了不少消费者的欢迎。何娜说，每次新品种试种成功，她都会十分激动，一发到微信朋友圈里，就会有很多朋友点赞、咨询和订货。她认为，没有想过要赚多少钱，开发产品的初衷就是希望给客户提供最健康的食品，成为一家真正健康的食品店铺。她的成就感来源于产品能获得客户的信任。

何娜并不是简单地种植、销售蔬菜和瓜果，她还在农场开办了一间农产品加工厂，以自家菜地里的甜菜、胡萝卜、南瓜、凉瓜等为原材料，专门生产各种健康的婴儿面食，产品品牌名为"一蔬一面"，并可根据客户的需求定制产品。这些产品都放在何娜自建的农村电商平台"时光公社"上进行销售。何娜介绍，她此前在广州经营电商批发，已经积累了一批固定的分销商群体，将为自建的农村电商平台带来可观的流量，同时这个由她自主研发的电商平台有免费开店、分仓发货、秒杀、拼团等功能，还能列明分销商的佣金，方便分销渠道的拓展与管理。此外，该平台也物色更多江门五邑地区优质农产品进行售卖，帮助农户解决销路问题。

　　未来，何娜希望将农场打造为观光旅游和农业种植相结合的亲子乐园，主推家庭农家乐，拓展美好的明天。

**教育事业的发展**

## 一、增加投入，扩大规模

党的十一届三中全会后，为纠正"文化大革命"给教育制造的混乱局面，遵照国家调整国民经济的"八字方针"，鹤山县委果断地对全县中小学结构和布局作出调整。一是将从小学到高中阶段的九年学制（小学五年、初中二年、高中二年），恢复为十二年学制（小学六年、初中三年、高中三年）；二是摘掉小学戴初中帽子，初中集中到公社开办，调整高中布局，全县把 10 多间高中调整为 5 间（一中、二中、三中、宅中、龙中），使有限的人力、物力、财力相对集中，办好调整后的 5 间高中。增加教育投入，逐步扩大办学规模。

为适应教育事业发展，县委常委于 1980 年曾两次召开会议研究解决教育经费问题，逐年清还以往对教育的欠账，决定在地方自筹款中每年拿出 20% 资金以支持教育，各公社在各自收入中拿出 20% 至 30% 资金，用于当地教育事业建设。1980 年和 1981 年，县里就拿出 77 万元兴建沙坪镇中和县教师进修学校，并发动港澳同胞捐资建校。1980 年，华侨、港澳同胞资助建校款达 96.5 万元人民币，建校面积 8 040 平方米，1981 年又捐资 60 多万元人民币，兴建古劳龙溪学校和龙口中七学校。改革开放以来，鹤山所有新建的学校华侨、港澳同胞都参与捐赠，至 2002 年止，捐建学校 167 间，金额达 1.7 亿多元人民币，增添了教学设施，有效改善了教学环境。

坚持以教学为中心，"德、智、体"一起抓，提高教育质量。时任县委书记谭星越、县革委副主任李林泉多次深入县教育局教研室及鹤山简易师范学校、鹤山第一中学调研，广泛听取资深老师对提高教学质量的意见。县委提拔了 5 名思想作风好、工作能力强、业务水平高的教师担任中学领导，教育局 3 位领导定期到学校听课，检查课堂教学。一中 7 位领导中，有 6 人担任主要学科教学。坚持以点带面，县抓好鹤山第一中学、沙坪镇小学和雅瑶陈山小学共 3 间重点学校，各公社也分别抓好 1 间重点小学，及时总结推广教学经验。

## 二、调整布局，教育强市

为着力提高师资水平，县委决定县教师进修学校与华南师范大学、佛山师专合办教师函授班，使教师通过函授教育，实现自我增值，提高教学水平。并以人性化理念关心广大教师生活，据统计，1978 年年底全县中小学教师共 2 578 人，其中民办教师 1 225 人，县委决定从 1979 年起，有计划逐步把民办教师转为公办。

县委为振兴教育所实施的一系列措施，1981 年初见成效。这年，全县小学普及率达 95.26%，高于佛山地区 3 个百分点，是年大专院校和中专入学考试，全县有 238 名考生被录取，其中大专生比上 1980 年增加 26 人，中专生增加 34 人，佛山地区的理科、文科、英语科、体育科"状元"均为鹤山所获。

进入 21 世纪，鹤山市委深化教育改革，加快学校布局调整，仅 2005 年投入 3 500 多万元，撤并学校 11 所。进一步巩固"普九"成果，提高"普九"水平，高考成绩继续在江门五邑保持领先。2009 年 12 月 24 日，一举通过教育强市验收。

党的十八大以来，市委、市政府实施教育优先工程，围绕"抓重点、破难题、争一流、创特色"的工作思路，加快教育现代化步伐，大力发展学前教育，做优职业教育，促进教育优质、公平、均衡化发展，全市教育事业取得新的突破，义务教育规范化学校达 100%。2016 年，全市幼儿园 73 所，在园幼儿 2 万人，学前 3 年入园率达 98%；小学 42 所，学生 3.4 万人，小学辍学率为 0；初中 10 所，学生 1.39 万人，初中升学率为 98.75%；高中 4 所，学生 7 706 人，高中毛入学率达 100%；职校 2 所，学生 4 747 人；电大 1 所，学生 1 700 人。

市委、市政府在教育事业对老区也给予政策倾斜。近几年，老区镇相继建成共和新中学、鹤城昆仑中学、宅梧新小学等一批中小学校。并积极实施"扩容促优"，包括宅梧三中的文化广场、游泳池扩建；共和中心小学运动场改造；址山小学、宅梧小学教学楼的扩建等。同时，加强教育队伍建设，提高教职工待遇，城乡中小学教师工资收入相当于公务员收入水平，较好地解决了山区和老区的教师流失问题，使之安心从事教育事业。

## 全市建设发展

### 一、发展概况

改革开放以来，鹤山由一个传统的农业小县发展成为一个新兴的工商城市。全市形成了电子信息、印刷、制鞋、五金等支柱产业，鹤山是国家火炬计划新材料产业基地、中国印刷产业基地、中国男鞋生产基地、中国水暖卫浴五金产业基地、中国凉茶之乡。其中桃源镇是中国制伞名镇、中国伞篷出口基地，共和镇是全国重点镇和广东省岭南名镇。鹤山工业城被纳入广东省产业集聚园区，与共和、鹤城、址山"一城三镇"融合发展，成为中欧（江门）中小企业国际合作区的核心区，重点发展高技术专用车、新能源汽车、物流机械、节能环保、智能电子设备制造等先进装备制造业。

"十二五"期间，鹤山全域的经济实力稳步提升。2015年地区生产总值达245亿元，年均增长9%，人均地区生产总值4.9万元，年均增长8.1%；财政一般预算收入翻一番。从而使经济结构持续优化，"三产"比重由2010年的7.9∶55.9∶36.2，调整为2015年的7∶54.2∶38.8。

2016年，全市实现生产总值287.04亿元，增长8.2%；地方公共财政预算收入24.97亿元，增长6.1%；规模以上工业增加值为137.99亿元，增长8.1%；固定资产投资182.15亿元，增长

18.4%；社会消费品零售总额 161.77 亿元，增长 10.8%。2017年 1—6 月份地区生产总值（GDP）实现 151.27 亿元，同比增长8.8%；规模以上工业增加值实现 67.47 亿元，同比增长 8.2%；固定资产投资 90.33 亿元，同比增长 21.1%；社会消费品零售总额 76.96 亿元，同比增长 10%；地方公共财政预算收入 14.87 亿元，同比增长 7.1%。

## 二、"一城三中心"建设

"十二五"时期尤其是市委十一届全会以来，全市上下凝聚共识，围绕江门市委、市政府"东提西进、同城共融"战略以及赋予鹤山"东部一体北门户、珠西制造生力军"的新定位，全力推进"一城三中心"建设。"一城"，即至"十三五"期末，把鹤山初步建成宜居、宜业、宜游的珠西门户城市。"三中心"，即建设珠西制造中心、珠西物流中心和珠三角乡村生态旅游中心。

### （一）珠西制造中心

#### 1. 广东省产业集聚发展区

珠西制造中心位于鹤山市中部，是鹤山市的重点开发区域，由"一城三镇"（工业城、共和镇、鹤城镇、址山镇）组成，总面积 347.11 平方千米，核心区（工业城、共和镇）总面积 105.8平方千米，土地资源丰富，是珠三角开发强度小、具有较大的开发空间和发展潜力的工业发展大载体。2015 年，鹤山市紧抓鹤山工业城列入广东省产业集聚发展区的机遇，启动园区管理体制改革，成立工业城管委会与共和镇合署办公，实行"一个机构、两块牌子"，统筹开发珠西制造中心。2016 年，江门市委、市政府明确将中欧（江门）中小企业国际合作区核心区落户鹤山工业城，成为江门市贯彻落实"珠西战略"的重大平台、推进"产、城、人"融合发展的示范区。

珠西制造中心区位交通优势明显，佛开高速、江鹤高速、深罗高速、325 国道等主要交通道路交汇其中，与广佛肇、珠中江等城市形成一小时生活圈，是珠三角联通东西部的咽喉。园区"七通一平"，建有污水处理厂、鸿江变电站、中欧创新中心、专用车基地等配套设施。生活设施完善，建有省级优质中小学校、碧桂园等高档住宅、生态公园、体育运动公园、18 洞标准高尔夫球场、星级酒店等。

珠西制造中心围绕中欧（江门）中小企业国际合作区为建设主线，以先进装备制造、电子信息、新材料、新能源为主导产业定位，加强与欧洲在机械装备、电力设备、新能源汽车等产业上的对接合作，重点打造专用车产业基地、新能源汽车产业基地、装备制造产业园、电子信息产业基地，努力建设集科研、生产于一体的珠江西岸先进装备制造产业示范区。目前，园区已初步形成了产业聚集格局，现有企业 900 多家，重点企业有清华同方、世运电路、牛力机械、宇红纳米、朗达电池等，同时，还引进了富华机械、得润电子、东鹏智能洁具、隆鑫机车等超 10 亿元项目。2016 年，珠西制造中心实现规模以上工业产值 223.5 亿元，实现税收超 10 亿元。

## 2. 工业园区建设

至 2012 年底，鹤山工业城已开发鸿江工业区、工业东区、西区和铁岗工业区，有外资及港澳台资、民营企业 130 多家。其中规模以上企业 24 家，年产值亿元以上企业 12 家。真明丽集团于 2006 年在香港上市后，2009 年又在台湾上市；世逸电子科技有限公司（世逸科技）于 2010 年在香港上市，2016 年在上海证交所上市。工业初步形成以新材料、新光源、新能源为主导产业，汽配、五金、家具、服装为优势产业格局。经济增长方式正向高增长、高效益、低投入、低耗能、低污染转变。未来发展以引进产品附加值高的高科技企业为主，全力打造电子产业基地。

近年，招商引资步伐加快。2017 年，全年新签约项目共 24 个，计划总投资达 170 亿元，超额完成年初订立的招商目标任务。其中新引进工业项目 19 个，属于国家高新技术企业 13 家；超 5 亿元的项目 7 个，超 10 亿元项目 4 个。华南专用车基地加快建设。总投资 40 亿元的东风新能源商用车项目成功落地，全力打造国内新能源商用车第一品牌。富华装载机、广之粤清障车、德普净污车、龙驹救援车、斯帝博吊臂车等专用车企业已经落户进驻。加强与东风汽车研究院、汉阳专用车汽车研究所、吉林大学等机构合作。专用车、新能源汽车上下游产业链逐步形成。加大鹤山工业城的形象宣传力度，作为主要协办单位配合市做好香港、澳门、深圳、佛山四场大型的鹤山投资环境推介会，擦亮园区品牌，社会反响热烈，园区的投资环境和资源优势得到投资者的广泛认可，园区形象不断提升。目前在谈项目 22 个，涉及投资额近 61.25 亿元。

新材料产业基地共和园区，占地约 3.67 平方千米，已"三通一平"，致力打造新材料、新能源、新能源基地。至 2012 年底，已进园区 35 个项目，计划投资 57 亿元，计划产值约 110 亿元。投产项目 9 个，实际投资 8.5 亿元。园区以电子、家具、金属制品等为主导产业，如鹤山市世逸电子科技有限公司、豪山厨房器具（中国）有限公司、江门市志豪家具有限公司等，可提供 1 万多人就业。2011—2012 年，新入园企业有广东联塑领尚橱柜有限公司、广东志美尼电器有限公司。

共和镇工业西区，占地约 1.79 平方千米，已进园区 26 个项目，计划投资 21 亿元，计划产值 54 亿元。已投产项目有 21 个，实际投资 17 亿元。工业区以生产金属制品、电器、灯饰的企业等为主，如鹤山市万顺电器制造有限公司、鹤山市广明源照明电器有限公司、鹤山市华美制罐钢管有限公司等，整个园区可提供6 000多人就业。2011—2012年，新入园区企业有鹤山市舒柏雅实业有限公司、鹤山市恒新五金电器制品有限公司等。

共和镇工业东区，占地约1.05平方千米，已进园区10个项目，计划投资15亿元，计划产值30亿元。以生产头盔、汽车配件、灯饰、电缆等为主，如江门市鹏程头盔有限公司、鹤山市捷仕克汽车配件有限公司、鹤山丽得电子实业有限公司、鹤山市新中南电线电缆有限公司等，可提供2万多人就业。2011—2012年，新入园区企业主要有广东江粉磁材股份有限公司和鹤山市烨信塑料科技有限公司等。

铁岗工业区，包括铁岗一期和二期，规划2.4平方千米，已开发1平方千米，进园区项目24个，计划投资40亿元，计划产值72亿元。主要以生产线路板、家电、机车配件、家具、塑钢、电子为主，如鹤山市世运电路科技有限公司、鹤山丽得电子实业有限公司（LED项目）等，可提供8 000多人就业。2011—2012年，新入园区企业有鹤山市威多福电器有限公司等。管委会完善园区设施建设，根据园区功能及产业定位，以匹配互动为导向，加快园区水、电、路、通信等基础配套设施建设，促进产业与城市功能融合、空间整合，形成"以产促城、以城兴产、产城融合"的发展局面。全力推动园区主干道路建设，构建"南连北接、东通西达、外联内畅"的交通局面。在搞好硬件建设的同时，管委会不断完善各项服务措施，简化审批手续，跟踪贴身服务，营造暖商、亲商环境，让驻园业主放手经营、放心投资、放胆赚钱，做强做大企业。

**（二）珠西物流中心**

珠西物流中心地处鹤山市沙坪街道、桃源镇、龙口镇三镇（街）交界处，位于"一带一路"、粤港澳大湾区和粤西与珠三角重要通道的节点上，区位优势明显。并且，广珠铁路、南沙港疏港铁路在此交汇，佛开高速、江肇高速、325 国道贯穿全境。规划土地面积 3.31 平方千米。其功能定位主要是无水港、"一带一路"物联网中心园区、粤港澳生活物资仓储配送中心，物流加工平台。其中普洛斯物流园占地约 22.5 万平方米，投资 1 亿美元，一期约 11.7 万平方米已建成投入使用 6.6 万平方米的仓库；北领菜鸟和品勤已于 2017 年 10 月进驻，承接天猫超市服务珠西至粤西区域配送。二期约 10.8 万平方米拟建 5.9 万平方米的仓库，并已于 2017 年 6 月动工。占地约 18.8 万平方米、投资 9 亿元人民币的维龙项目正办理动工前期工作。广珠铁路江门北站货运扩建工程（一期）建设正如火如荼进行，2018 年底建成后年货运量可达 200 万吨。目前，鹤山市按照省和江门市的工作要求，依托"五港一心"即铁路港、公路港、海港、空港、信息港和珠西物流中心，努力把珠西物流中心打造成为服务珠西、服务粤港澳大湾区，国内一流水平的区域性核心物流基地。

## （三）珠三角乡村生态旅游中心

山清水秀的鹤山，具有丰富旅游资源。主要是围绕岭南水乡、侨乡文化、广府文化、客家文化、鲜卑文化、红色文化等特色旅游资源，依托便利的交通区位优势，通过开发建设、整合资源、品牌培育、宣传推介、"互联网＋乡村旅游"等手段，做强文化旅游产业，推动旅游经济发展。积极拓展、挖掘鹤山文化底蕴，整合提升鹤山狮艺、宗祠、侨乡、三夹腾龙、陈山火龙、明清民居、铁夫画阁、客家风情、鲜卑村落、红色旅游等鹤山特色旅游文化，推动"岭南鹤武"文化品牌建设，着力打造具有鲜明鹤山特色的知名品牌。整合、打造"一镇一特色"和精品旅游线路，其中：北部"山水文化＋物流商贸"休闲区，重点以梁赞咏春文化为平台，打造"两山一水（大雁山、茶山、古劳水乡）"旅游走廊；南部"休闲农业＋客家乡村"旅游区，重点打造"七瓮井—马耳山—昆仑山"旅游走廊；西部"生态农业＋山地生态"游览区，重点以双合乡村生态游客集散中心为平台，以"吃农家饭、干农家活、购农家物、享农家乐"为主题，打造"鹿湖山—彩虹岭—云宿山"旅游走廊。各个旅游片区因地制宜发展观光、休闲、餐饮、度假等体验式旅游，延长旅游产业链。

加强旅游基础设施建设。重点抓好改造提升雁山西门和建设雁山南门工程，加快推进落实大雁山创建国家 4A 级旅游景区的各项工作，启动古劳水乡湿地公园、创建国家 3A 级旅游景区。切实改善景区的道路、旅游标志、步行道、停车场、公共厕所、垃圾收集点、污水处理设施、供水供电、应急救援等公共服务配套设施，推进住宿、餐饮、游乐等旅游硬件设施建设。

加强旅游资源的整体包装和宣传推广，加大旅游专项招商引资力度，金融支持，完善旅游发展机制。实施全域旅游发展，探索建立跨区域的旅游联结机制，积极参与江门市全域旅游线路和利用"江佛一家"文旅同融机制，做好与佛山旅游线路的对接，协调各方利益，保护投资者的积极性和农民的合法权益，妥善处理旅游开发与保护、环境整治、生态环境、耕地保护等的关系，确保经济效益、社会效益和生态效益相统一。同时，加强旅游从业人才队伍建设，规范旅游服务标准，提升经营管理人员和服务人员的综合素质，提高旅游服务质量和水平。积极打造智慧旅游体系，开展古劳水乡、大雁山风景区等智慧旅游开发，为自助游客提供便利快捷的智能化服务。

附　录

附
录
一

# 大革命和土地革命战争时期的先烈

## 一、右江起义领导人——余少杰（1907—1928）

余少杰，宅梧靖村人。少时进广州西关学堂读书。1925 年 1 月考入黄埔军校，同年加入中国共产党；1926 年 1 月毕业后，奉派到国民党广东省党部组织部任秘书。5 月调到国民党革命军第十六军做政治工作。两次参加东征。同时据中共南宁地委指示，以军职掩护，在右江地区秘密建立和发展共产党组织，任中共恩（隆）奉（议）特支书记，领导农民运动，开办农民运动讲习所，组织农协会、农民自卫军。1927 年蒋介石在上海发动四一二反革命政变后，余少杰策动十六军兵变反蒋，领导当地农军 3 千余人武装起义，历任右江农军第三路军总指挥、广西临时军政委员会常委、中共广西地委委员等职。1928 年，余少杰任中共广西特委委员，同年 5 月赴香港向中共广东省委汇报；9 月，从香港回广西经南宁搭"日光号"轮船返右江，因叛徒告密，遭敌拦截，不得已跳水突围，不幸中弹被捕，于狱中受尽酷刑，坚贞不屈，10 月在南宁英勇就义，时年 21 岁。

## 二、中共六大候补中央委员——王灼（1898—1932）

王灼（原名王联灼），男，鹤山市桃源镇龙都村委会棠都人，中共六大候补中央委员。

他 20 岁到广州做学徒工人，后到香港当海员，是工会积极分子。1922 年 1 月 12 日，王灼随几万香港海员一同举行大罢工，任纠察队小队长、中队长。1926 年，加入中国共产党并以个人身份加入中国国民党。同年，到广州农民运动讲习所学习，结业后，受中共广东区委指派到北江地区开展农民运动，是农运负责人之一。

1927 年 7 月，大革命失败后，王灼在北江地区转入地下斗争，后到广州开展工人运动，兼任广州手车工会领导人。11 月，王灼按照中共中央、中共广东省委指示，积极准备发动广州起义，协助中共广州市委工委书记周文雍将"剑仔队""工人自救队""义勇团"等群众组织统一改编为广州工人赤卫队，并发动工人武装参加广州起义。12 月 13 日，广州起义失败后撤退时，王灼与战友被敌人打散，后化装成工人转移到香港开展工人运动。3 月中旬，王灼被捕，经营救出狱。4 月 13 日，王灼在香港出席中共广东省委扩大会议，复被选为中共广东省委委员，当选为中共六大代表。6 月 18 日至 7 月 11 日，王灼在莫斯科出席中国共产党第六次全国代表大会，被推选为六大主席团委员。7 月 10 日，王灼被选为中共六大候补中央委员，出席在莫斯科召开的中共六届一中全会。1928 年冬，他回到广州与中共广东省委常委陈郁一起，从事地下斗争。

1929 年 1 月，中共中央决定派王灼任中共顺直省委常委，协助中共顺直省委主要领导人，进一步加强与发展党的工作。顺直省委领导的地区很广，含北京、天津、察哈尔、绥远、热河等省区。11 月，王灼任中共中央巡视员兼中华全国总工会巡视员（特派员）到中共广东省委所在地香港，与中共广东省委常委聂荣臻、贺昌一起发动、指导和开展香港、广州工人运动。随后，王灼在广州从事赤色职工运动中被反动当局逮捕，脱离了共产党组织。1932 年，出狱后，他一边在广州做海员一边找组织。同年冬，由于被叛徒出卖，供出王灼是共产党干部，他再次被反动派逮捕入狱，受尽酷刑而牺牲，年仅 34 岁。

### 三、工运先锋——冯剑光（1892—1928）

冯剑光，生于 1892 年，鹤山县越塘望楼坊人。他家世代为农，14 岁出到广州，以乞讨、拾破烂为生，曾经当苦力、香烟推销员、烟草公司杂工。后来参加工人运动。

1925 年 6 月 19 日，由中国共产党组织发动的省港大罢工爆发，香港工人陆续回到广州。21 日，沙面的洋务工人也加入了罢工行列。作为工人队伍中坚分子的冯剑光，任省港罢工委员会军法处主任、纠察总队第二大队长等要职。同月 23 日，中共组织全市工农商学兵各界共同参与举行的声势浩大的示威游行，当队伍经过沙基时，帝国主义者向手无寸铁的游行队伍射出了罪恶的子弹，当场死亡和重伤不治达 100 多人，轻伤不计其数。冯剑光在队伍的前面，穿街过巷抢救受伤群众。目睹同胞鲜血染红的沙基，他清楚地看透了帝国主义的狰狞面目。

省港罢工后，沙面的洋务工人成立了罢工最高议事决策机构——省港罢工工人代表大会。冯剑光是代表之一。同时，为孤立帝国主义，决定成立纠察总队，冯剑光被选为纠察第二大队队长，亲率五、六、七、八 4 个支队到中山县拱北、前山、湾仔一带，执行缉私和保卫海防任务。

武汉八七会议后，中央派张太雷任广东省委书记。不久，党组织命令在全省范围内组织武装暴动，冯剑光被派遣回家乡鹤山县组织农会发展农民自卫军，以配合和迎接广州起义。

1927 年 8 月底，冯剑光返抵越塘望楼坊，发动农民，组织农会，成立工农自卫军，没收公偿、枪支，还将公偿接济周围地区贫苦农民，在望楼坊冯家祠成立鹤山县农民协会。他在越塘乡四坊村后山进行军事训练，把在省港大罢工中学到的军事知识教给自卫军。自卫军提出"闹革命，推翻反动政权，实行罢市、罢工、罢税、罢捐和解放家权"等口号。

1927年11月28日，省委发出推翻广东国民党反动政权，号召暴动的宣言，冯剑光加紧准备。12月9日，他到香港向省委汇报工作，得到省委领导的肯定，随即被派往广州起义工人自卫队任联络员，参加广州起义。

鹤山农民自卫军本约定12月13日响应暴动到达广州的，但起义提前，队伍来不及出发。13日，广州起义失败，冯剑光回到鹤山，拟攻打县城沙坪，不料敌已有备，力量悬殊，队伍被打散，冯剑光在群众掩护下，离开家乡到香港隐蔽待命。1928年2月，冯剑光接受回广州重组中共广州市委任务。途中，不幸被叛徒出卖而被捕。2月11日，敌人以莫须有的罪名判处冯剑光死刑，终年36岁。

## 四、农运中坚——杨亮一（？—1926）

杨亮一，又名杨燮明，是鹤山龙口南安村人。雇农家庭出身，生活贫苦。10余岁便到广州当店员工人。1925年秋后回乡时，鹤山地区农民运动蓬勃发展。杨亮一从中逐渐认识到必须打倒封建势力，穷人才能摆脱压迫和贫困。1926年春，他在原籍南安村发动农民组织农民协会，被选为执行委员。这时，鹤山地区筹备成立全县性的农民协会领导机构。杨亮一参与筹备工作，被选为鹤山县农民协会联合办事处执行委员，成为全县农民运动主要领导人之一。他向封建势力作斗争的意志非常坚决，在南安村清算地主恶霸管公偿的账目，迫使恶霸清还公款，并狠狠地打击了一向欺压南安村农民的大塘村地主恶霸。在县农协联合办事处任职期间，坚决执行党的指示，发展农会及农军自卫军，并通过代表县农民协会参与地方政事的机会，依法打击贪官污吏和土豪劣绅。因此，引起了国民党反动派、豪绅的畏惧和仇恨。

1926 年 10 月，土匪劫掠沙坪冯家祠，掳去杨亮一及县立中学师生 68 人。杨亮一被匪掳去后，于 11 月间在罗江围榕树仔被杀害。

杨亮一积极参加中国共产党领导的反帝反封建的革命斗争，在鹤山农民运动中发挥了积极的作用，最后因敌人被谋害而献出自己的生命。中华人民共和国成立后，人民政府追认杨亮一为革命烈士。

附录二

# 抗日战争时期的革命先烈（部分）

## 一、延安抗大烈士——方奕智（1920—1945）

生于乱世的方奕智，又名若愚，古劳（现为沙坪街道）坡山村人，小学毕业后，得亲友的资助进鹤山中学读书，他勤奋好学，经常阅读进步书籍和抗日救亡刊物，鲁迅的《呐喊》对他影响甚大，常以"横眉冷对千夫指，俯首甘为孺子牛"的诗句来鞭策自己。1937 年，官吏劳穗生勾结鹤山县长谢鹤年，实行所谓"党化教育"，胁迫鹤山一中校长李照衡辞职，窃取校长职务。方奕智对劳穗生这种卑鄙行为非常愤慨，于是团结一部分同学进行"倒劳"活动，发表文告，揭发县长谢鹤年的罪状，呼吁本县社会人士及省港同乡支持李照衡复任校长职务。1938 年 1 月，他在鹤山一中毕业。

在共产党地下党的教育影响下，1938 年 2 月，他奔赴革命圣地延安，在抗日军政大学学习，参加了中国共产党。同年秋，他回到鹤山，先后在洞田、昆东高小、朱六合及新会良溪等地小学任教，一面教学，一面从事革命活动。

1944 年秋，中国人民解放军新鹤大队成立。方奕智转到部队工作，后任广东人民抗日解放军政治部民运工作队队长。

1945 年春，国民党反动派疯狂地"围剿"共产党址山、水井、云乡、宅梧、白水带等抗日根据地。农历正月二十三日，方奕智由云乡出发到宅梧，途中被国民党军队逮捕，当天下午被押解到宅梧。敌人多方引诱，企图威逼他供出部队情况，他毫不动摇，严词痛斥。敌人在方奕智口中得不到任何东西，气急败坏，对他进行严刑拷打，并在方奕智的左腿打了一枪，剥去衣服，在夜里把他绑在室外的石柱上受冻。敌人以为用拷打、枪伤、寒冷来折磨，可以使方奕智屈服，但方奕智丝毫不动摇，敌人不得不在深夜12时把他押回室内，那时方奕智已十分疲惫，但坚定的共产主义信念，坚强的革命意志，支撑他忍着疼痛。他的义举激励了和他一起被捕的战友，使其坚强起来决不暴露自己的身份。

第二天清晨，国民党反动派见得不到方奕智的任何口供，便把他杀害，牺牲时才25岁。

### 二、死抱树干就义——邓少珍（1920—1945）

邓少珍，小名邓玲宽，1920年出生于古劳维墩旧村的一个贫苦工人的家庭，父亲早逝，靠两个哥哥出外打工维持一家生活。

1938年，邓少珍小学毕业后考上初中，读了一个学期便辍学。1940年，中共党员廖健到维墩工作，建立地下党组织。维墩党支部广泛动员、宣传发动群众投入抗日救亡运动，决定组织"青年业余读书会"。年方19岁的邓少珍毅然和她的挚友冯芹香、吕锡华等参加了读书活动，经过汉字班的宣传、读书会的学习，在党的教育下，邓少珍逐步明白了必须在共产党领导下，团结起来，打倒日本帝国主义，才能取得民族解放和妇女解放，个人也才有出路。在各种活动中，她表现得积极、活跃，经常下乡宣传，唱革命歌曲、演讲、演戏等等。在表演《在松花江上》这出戏时，她和冯芹香扮演东北沦陷后入关流浪的老百姓，演得感情真挚，观众无不感动。从此，抗日救亡的歌声和口号声响遍了整个维墩。

1944 年 10 月，邓少珍光荣地参加了中国共产党，在青年读书会结业后被派往高明县大简村交通站工作。

1945 年 1 月，她请假回乡结婚，在新婚第二天晚上，突然接到通知要她立即返回工作单位，她内心展开了激烈的斗争，丈夫吕锡华鼓励她说："立即回去吧，国家兴亡，匹夫有责！"邓少珍思想豁然开朗，毅然于晚上 12 点，告别了心爱的丈夫，赶回大简交通站工作。邓少珍在主持交通站工作中，夜以继日，不辞劳苦地连续工作，每次递送文件、情报，侦察敌情，都能出色地完成任务。

在 1945 年 5 月 13 日的龙潭山战斗中，广东人民抗日解放军三团被反动军队偷袭，损失较大。邓少珍奉命收容失散的战士，负责护理伤病员等工作，日夜奔忙，把战士和伤病员安排得妥妥当当。当时部队的给养十分困难，二团某连长谭秉国，于 16 日带了几位战士和农民往歌乐村运军粮，不料有个叛徒被敌人抓住，经不起严刑拷打，供出了大简的情况。

5 月 19 日，高明县大幕自卫队长何志仁，率队偷袭大简村，群众即去告诉邓少珍，她从容镇定，安排伤病员撤退隐蔽，亲自处理了一些重要文件。她不顾个人危险，留在交通站，并命令交通员邓沃安立即离开。敌兵一番搜索，将邓少珍从阁楼拉下来，扯下她的假髻，押出村口的地坪上，当众审问，却问不出名堂，敌人气急败坏，把邓少珍推上大路口继续拷问。这时，邓少珍扑向路边的一棵树下，死死抱紧树干，任凭敌人怎样打骂、她就是坚决不走，残暴的敌人连响 4 枪，年仅 24 岁的邓少珍壮烈牺牲，她为了中国人民的解放，献出了自己年轻的生命，大简村的群众无不为之落泪。

### 三、击毁两架敌机的飞行员——林耀（1911—1944）

林耀，1911 年出生于澳门，鹤山县址山昆华乡人，幼年，在当地读小学，稍长转学香港华人书院。时值日寇"一·二八"侵沪，十九路军起而拒敌。广东空军飞机队亦北飞支援，抗日救亡的吼声响彻云霄。林耀益感"国家兴亡，匹夫有责"，毅然放弃出洋留学的机会，于1935年春回抵广州，考入广东航空学校第七期乙班肄业，悉心学习杀敌本领。经过在燕塘陆军军官学校入伍训练后，于是年冬返校接受空军正规化教育。次年，随着广东空军北飞，统归中央航空学校，第七期继续受训，至1938年3月完成学业，分配在空军驱逐机部队服役。

1939年5月3日，日寇35架九六式轰炸机由岳阳洞庭湖起飞。一路上，机头向着重庆进犯。下午1时许，抗日空军驱逐机队升空迎战，当机队爬高到5 000米的高度时，发现了敌机群在6 000米的远处，像一道道闪光在阳光里摇晃不定。中方逐渐看清敌机的队形是分为两层，上层8架，下层27架。当时机队所处的空间位置稍高于敌，于是采取对头攻击，轮番冲杀，打得敌机措手不及，进行了有效的堵截。当场一架架敌机冒烟倒栽下去，受创的落荒而逃，却也逃不了厄运，坠毁于郊野，共计毁坏10架之多。林耀初显雄威，一举击毁了2架敌机，越战越勇，且战且追。他驾苏联伊尔式驱逐机左冲右突，座机被敌机群密集的火力击中数十弹。他左手臂受伤，血流如注，刹那间顿觉昏昏沉沉，也不能如常操纵飞机。他最终跳伞，坠于重庆铜锣峡亚细亚油站旁的山峰上再滚下来，被抢救后送往重庆、成都两地医院，幸生还。伤愈后，空军医官检查后认为他不宜继续担负空战任务，调到航校当飞行教官。

抗日战争的相持阶段，日本空军不断地对内陆的重要城市进行灭绝人性的狂轰滥炸。1941年6月15日，重庆发生防空隧道惨案，进内避空袭的市民逾万人死亡。林耀义愤填膺，誓与日寇不共戴天，坚决要归队杀敌，几经申请，遂获准重上蓝天，任第二十六中队副队长。不久，随同部队到印度接收美制 P40 驱逐机，再加强战斗训练。

1944 年春，日本调集大军从汉口南下谋求打通大陆交通线。林耀奉命调往湖南地区配合地面部队作战，迭次出色地完成任务，又在长沙上空击落敌机一架，旋升任第十七中队中队长。6 月 26 日，日军一连队乘船由洞庭湖上溯湘江，准备截断国民党前线守军的退路。林耀率队执行歼击敌军船队任务，击伤击毁敌船多艘。他在这次执勤中，被敌护航火力打中了座机尾部，被迫返回基地。不料途中忽遇暴雨，气候恶化，视野朦胧，加上座机尾部受伤，操纵不灵，眼前突如其来的山峰无法躲避，撞了上去。林耀忠心耿耿，成仁取义，以身殉国，年仅 33 岁。

## 四、痛击日寇的英烈——刘永昌（？—1945）

刘永昌，雅瑶赤坎村人（现为沙坪街道），出生于贫苦农民家庭，十余岁起便替地主当长工。他为人正直，刚强勇敢，有舍己为人的精神。

1945 年 5 月间，日寇侵犯鹤山地区，驻扎沙坪汇源乡，派出敌兵到附近村落抢掠粮食牲畜等，赤坎村群众财物受到很大损失。当时国民党反动派军队早已闻风逃遁，使日寇如入无人之境。赤坎农民为了保卫家乡，保卫自己的生命财产，自动组织起来抗日，把原有的更夫枪械集中使用，准备敌人如再来犯，迎头痛击。刘永昌在村中积极参加抗日武装队伍。第二天，一股日寇 30 多人又从谷埠方面进犯赤坎村，抢掠财物。当时全村的抗日武装力量只有 7 人，他们凭着地势险要及熟悉地形的有利条件，英勇地反击日寇，使敌兵狼狈不堪，慌忙把抢到的东西全部丢弃在路旁，舍命奔逃。人民的生命财产得到保护。

在战斗中，刘永昌非常勇敢，向敌猛烈射击，不幸被一颗无情的子弹击中头部而壮烈牺牲，年仅 20 多岁。刘永昌奋勇抵抗日寇、舍身为国的崇高爱国主义精神，永远值得人们敬仰。

### 五、抗战母亲——李淑桓（1894—1941）

李淑桓于 1894 年出生在古劳维墩乡一个清朝贡生的家庭。她自幼勤奋好学，青年时期接受了民主思想影响。1913 年与在广州当店员的郭福荣结婚。1930 年李淑桓因办私塾学校，被民国政府驱逐，被迫带着一家老少搬到香港，继续办学以维持生计。李淑桓有 6 个儿子和 1 个女儿。夫妻两人靠打工和办学的微薄收入，艰难度日。

七七事变爆发后，香港的抗日救亡运动蓬勃兴起。李淑桓的大儿子郭显承当时是个失业海员。他誓要抗战救国，满腔热情，投身革命，经八路军驻港办事处安排准备赴延安。郭显承将心愿告诉了母亲，1938 年春节前夕，郭显承出发的时候，李淑桓带着全家到尖沙咀火车站给他送行，临别时嘱咐儿子"你今天远去，望你有志而成"。

接着女儿郭云翔又参加了"惠阳青年会"抗日救亡活动，很快接受了进步思想。不久，她便向李淑桓提出上前线救护伤员的要求。李淑桓当时因只有一个女儿，舍不得女儿离开。其后，她受到爱国爱民的思想教育。不久，对女儿说："前方将士为国为民战斗受了伤，很需要人照顾，我想通了，你就去吧。"

1938 年 10 月，"惠阳青年会"筹备组织第三批回乡救亡工作团。李淑桓听了关于东江抗日形势的报告，看到很多青年报名参加，就毫不犹豫地为女儿报了名，次日清晨，她高高兴兴地把女儿送上征途。1938 年 12 月，李淑桓经不起尚未成年的第 6 个儿子显治（后改名郭标）要跟哥哥姐姐参军的要求，又把他送到部队去。

1939 年三八妇女节，李淑桓参加了香港加路连山举行的一个纪念会，听了著名女革命家何香凝的抗日演说，深受鼓舞。5 月，刚好有一批华侨青年回大陆参加惠宝抗日游击队，香港进步团体募捐一批物资随他们去慰问子弟兵。党组织动员李淑桓跟慰问团回东江探望在部队的儿女。这次，她毅然决定又把双胞胎郭显和、郭显乐带上前线，参加抗日游击队。

1940 年 3 月，广东国民党反动派掀起反共逆流，东江反共头目香翰屏指挥顽军罗坤等部包围共产党抗日游击队，部队被迫东移海陆丰，途中，在惠（阳）海（丰）交界处的牛湖与敌人发生遭遇战，李淑桓的五子郭显乐在掩护部队突围时英勇牺牲。她知道这个消息后没有流泪，只说可惜儿子牺牲得太早了。1941 年初，李淑桓的丈夫积劳成病，患肾炎病逝，香港的党组织发动"惠青"会员资助她安葬丈夫，并由组织安排，将她和幼子郭显隆接到九龙萧春负责的交通站居住，给她分配力所能及的工作。在当时日军"扫荡"和顽军进攻的恶劣环境下，她主动要求到部队工作。4 月间，经部队领导同意，李淑桓和三儿郭显绪（后改名郭林）也回到惠阳，参加了抗日游击队。年仅 12 岁的七子郭显隆也随部队生活，长大后当了东莞敌后交通站的交通员。

1941 年农历八月十四日早上，国民党反动派纠集了 1 000 多人向大岭山抗日根据地大塘村进攻。顽军包围了该村，人们往村外的山头逃避。黄昏时候，枪声停止，李淑桓回村子看看动静，刚走到村口，就被埋伏的敌人发现而落入魔爪。敌人把她押到祠堂门口，刑讯逼供。李淑桓视死如归，坚强不屈。敌人凶性大发，当夜把她枪杀在大塘村附近。把 7 个儿女送上前线，被称为"伟大的母亲"的 47 岁的李淑桓为抗日救亡壮烈牺牲。

## 六、宁死不屈的乡干部——赖学文（1907—1945）

赖学文，1907年10月26日出生在宅梧白水带石门村一个贫苦家庭。他生得聪明伶俐，读书勤奋，好学上进。他从22岁那年起，即从事教学工作，在白水带创办华侨子弟学校，颇有成绩，得到当地侨眷和海外侨胞的赞扬。赖学文热心公益，遇有损害群众利益的事情能主持正义。1941年，白水带乡长贪污华侨由国外汇回来的赈济款。赖学文等揭穿其黑幕，并清算所贪污的赈济款，因此，乡中封建势力对他非常嫉妒。1944年冬，人民抗日武装进驻白水带。赖学文积极协助民运工作队进行宣传活动，期间虽然受到乡长等恶霸分子的阻挠和恫吓，但他意志仍很坚定。在共产党的教育和培养下，赖学文政治觉悟不断提高。1945年春，他参加了革命工作。此时白水带建立人民政权，赖学文当选为乡人民行政委员会委员。

不久，反动派攻陷白水带。赖学文避过了敌人的追捕，到黄帝石村掩蔽。不料遭当地反动分子向自卫队告密，旋被押往玉桥下狱。赖学文在狱中遭到敌人惨无人道的刑讯逼供，他忠于人民革命事业，在残忍的敌人面前，坚贞不屈，1945年5月24日在玉桥就义，时年38岁。

## 七、奋不顾身的战士——陈传英（1909—1945）

1909年9月6日，陈传英出生于云乡木里村贫苦家庭，自小丧父，兄弟3人靠母亲抚养，饥寒交迫。因此，不得不靠乞食度日。12岁那年，他开始替人牧牛，18岁当长工，到30岁才结婚，婚后向地主租了一些土地做佃农，但在封建土地制度剥削下，终年辛勤劳动，仍得不到温饱。

1937年到1942年间，云乡农民反对地主加租，自发地开展过几次减租斗争，陈传英每次都站在斗争的前列。到 1943 年，共产党的组织已伸展到云乡。在地下党员的领导下，云乡农民开始有组织地开展减租斗争，并清算了一批土豪劣绅，将一向由劣绅把持的公偿接收过来，兴办学校。陈传英在斗争中，表现积极，并且开始认识到只有革命，才有生路。

1944 年 9 月，人民抗日武装（第六中队）在云乡成立，陈传英毅然参加革命。不久，日寇过境，村里官僚恶霸的一座楼房被烧毁。事后，恶霸召开乡民大会，诬指陈传英带抗日武装驻村，暴露目标，致使日寇放火烧楼，并说楼内储存大量粮谷，要陈传英赔偿。当地群众在共产党的领导下，立即揭露恶霸的无赖行为，并向他们提出严正的警告，使其阴谋不能得逞。

1944 年 10 月，第六中队正式编入新鹤人民抗日游击队第二大队。陈传英随军转战各地，作战英勇，奋不顾身。1945 年农历正月二十日，国民党反动派"扫荡"云乡，由于敌众我寡，游击队困守在云乡的皂幕山上，粮食短缺。有一个晚上，陈传英奉命回村搞点粮食救援战友，入村后即遭追捕，幸得村人通知，才告脱险，4 月间，国民党反动军队又围攻游击队于水井黄同坑村，发生皂幕山战斗。游击队突围后，暂在山地掩蔽。见部队没有粮食，战友们已饿了几天，陈传英又冒险回家筹粮，不料刚进村，便被官僚恶霸陈庆生捉住，押送往国民党一五八师司令部转解肇庆下狱。

陈传英在狱中受尽敌人毒刑，足部受伤至腐烂，长出蛆虫。但他意志坚定，宁死不屈，后在狱中被敌人暗杀。陈传英为人民革命事业贡献自己的生命，高贵的革命品质永垂不朽。

## 八、勇敢机智的交通员——温许荣（1913—1945）

温许荣，鹤山市龙口镇青溪榄堂村人，1913 年 9 月出生于一个贫农家庭，自小在家耕田。村人称他为人正直，是个意志坚强的青年。

1938 年 10 月，抗日战争全面爆发，广州沦陷，广东第四战区民众动员委员会战时工作队分驻各地开展革命活动，第一〇二队驻鹤山青溪、朱六合后，发展党员，组建中共鹤山县特别支部，发动当地群众开展轰轰烈烈的抗日活动。在该队的影响下，温许荣受到鼓舞和启发，从 1939 年春起，他参加党领导的青溪抗日自卫队。当时，日军曾多次进犯鹤山沙坪、龙口等地，为保卫乡土，他不畏艰险，不辞劳苦，日夜参加巡逻放哨，并积极参加锄奸惩恶活动，主动要求党分配任务，并且每次都出色完成，得到时任鹤山特支书记冯光的好评。

在党组织培养教育下，温许荣思想进步快，经得起组织考验，忠于党。1939 年 5 月，被鹤山特支批准为青溪第一批农民党员。

1944 年 8 月，新鹤游击大队政治处主任谭煦照到青溪，号召青年党员参加游击队，温许荣即与本村青年党员温明、温少琼等一起到新会田金，参加新鹤人民抗日游击队。不久，他被送到共产党于广东中区举办的第一期军政干部训练班学习。学习结束被分配到广东人民抗日解放军司令部任军事情报联络员，主要任务是来往于鹤山与中山两地，传递广东人民抗日解放军与珠江纵队的重要军事情报。温许荣任情报联络员期间，经常乔装打扮，跋山涉水，勇敢机智，生死不辞，只身步行往来于日军和国民党的占领区，出色地完成部队交办的任务。

1945 年 5 月 12 日，温许荣执行任务，从珠江纵队司令部返回鹤山县，赶去皂幕山区寻找部队领导机关时，碰上敌人的"大扫荡"，在突围时脚负伤。待伤愈回部队时，不幸被捕。他在敌人面前，坚贞不屈，忠于党，忠于人民，为党为部队严守秘密，惨被国民党反动派杀害，牺牲时 32 岁。

# 解放战争时期的先烈（部分）

## 一、人民的好区长——罗捷云（1889—1946）

罗捷云，字学联，宅梧荷村人，生于 1889 年 3 月 2 日。他出身于小商人家庭，小时候，家庭生活不太宽裕，到年纪很大，才进学校读书，后转到广州读中学。他中学毕业时，年已 25 岁，因找不到职业，即回乡开办私立小学，自己担任教师。他在教学期间，对贫苦子弟特别关切，村中无财力上学的孩子一律免收学费。当时每年免费入学的有 50 人之多，因此，他得到当地群众的赞许。罗捷云富有正义感，不平则鸣，敢于同黑暗势力作斗争。他对本村土豪恶霸强占公偿，欺压农民，武断乡曲，感到非常愤恨。因此，曾多次发动群众，清算土豪的账目，经常与土豪发生冲突，以致引起土豪的仇视。

1925 年间，双桥恶霸勾结宅梧警所无故扣押荷村群众罗祥。罗捷云便只身前往警所，据理驳斥，要求立即释放罗祥，警所置之不理。他带村民数十人，到宅梧砸破警所的监狱，救出罗祥及被囚群众十余人，大快人心。1938 年间，国民党反动政府派警察到荷村催粮，强拉村民数人往宅梧圩。罗捷云对国民党反动派这种拉人勒索行为，坚决进行斗争，即率村民多人，追至途中，夺回被拉村人，自此更得到群众的爱戴。1944 年冬，粤中人民抗日武装在宅梧开辟新区。此时，罗捷云在共产党的教育下，明确了政治方向，提高了政治觉悟，积极热情地投身于人民革命事业。1944年12月，宅梧区建立人民政权，罗捷云当选为区长。

1945年春，国民党反动派调集大量兵力，疯狂地围攻抗日革命根据地，宅梧地区人民政权受到破坏。在这种情况下，罗捷云转移到高明屏山隧田村继续进行革命活动。

罗捷云参加革命后，荷村土豪对他更加刻骨仇恨，时刻欲设法陷害。1946年夏，罗捷云的妻子要变卖田地，村中恶霸乘机暗算，硬说没有罗捷云的亲笔签名，不能生效。罗捷云没料到恶霸暗算，只身回家料理卖田手续。6月12日刚抵家门，即被罗华安等引至宅梧警所逮捕。当天下午，在宅梧桥头从容就义，年58岁。罗捷云为了人民革命事业而贡献了自己的生命，他的革命精神永远鼓舞着人民。

## 二、爆破烈士——任顺炳（1924—1949）

任顺炳，龙口粉洞村人，1924年出生于一个雇农家庭。他4岁时，父亲不幸去世，翌年母亲带着他改嫁，后由伯父领回抚养。他的伯父自耕一亩多田，常要外出当短工，生活很困难。因此，任顺炳只念过3年书，年纪很小便参加劳动，看牛、砍柴，帮助家庭维持生活。任顺炳自小爱好读书。失学后，仍常常到学校看小书报，其好学精神得到老师的同情，常常辅导他看书写字。他入校读书的时间虽短，但粗通文理，书法也颇好。他长大后，很有力气，干农活非常勤快，但在封建地主的剥削和压迫下，终年辛勤劳动，生活仍然很苦。1947年冬，他曾往广州当工人，但4个月便告失业。1948年春，任顺炳从广州回家，这时，新高鹤地区已恢复武装斗争，粉洞村的革命斗争已活跃起来。在共产党的教育下，他政治觉悟大大提高，随即参加革命。他在部队中十分勇敢，努力学习，很快学会了爆破技术。不久，被提升为爆破组长。

1949 年 4 月间，解放军往苍城打击敌人。这次战斗没有爆破任务。按照原定计划，爆破手是留守后方的。任顺炳因杀敌心切，一再要求参加战斗，领导见他决心很大才批准。在战斗中，他担任前锋，袭击敌人哨岗，不料被敌人发觉，开枪扫射，他身中 6 弹，光荣牺牲，牺牲时年仅 24 岁。

**三、视死如归铁汉——罗林（1896—1948）、罗旭（1900—1948）**

1947 年，鹤山人民在中国共产党的领导下，地下武装斗争开展得如火如荼，广大农村纷纷建立农民协会（简称农会），团结农村人民，开展减租减息，开荒扩种，积极改善农民生活，支援解放战争。这时，农会已成为农民自己的组织，也是共产党团结群众的纽带。其时，宅梧山区游击队的武装斗争更为活跃。地下党为了彻底摧毁国民党反动派在宅梧的反动势力，把宅梧分为平北、平西和平南区，平南区府就设在离宅梧圩 4 千米的双龙大陂村。

1947 年末，大陂村在地下党负责人林志强的发动、组织下，成立了大陂村农民协会。在苦海中被拯救出来的农民罗旭、罗林两人被选为农民协会委员。这两个委员忠诚老实，努力工作。林志强便住在罗林的家。罗旭也成了林志强的交通员。

1948 年，宅梧山区的游击队十分活跃，驻宅梧的国民党反动派顽抗到底，并把营部搬进钢筋水泥结构、底部有九层青砖的宅梧"当楼"。游击队曾几次攻打、火烧没能攻下。反动中队长、联防大队长气焰更为嚣张，肆意践踏农会组织，镇压群众。大陂村反动分子罗兆英卑躬屈膝，投靠国民党，成了宅梧平南区的密探。一次，罗旭送情报去平北区回来，正要走进罗林的家，罗兆英见了心生怀疑，觉得罗林的家有问题，便暗中监视。

农历八月十二日下午，罗兆英悄悄到"当楼"，找反动中队长送情报。八月十三日晚下半夜，中队长和联防大队长带着60多名荷枪实弹队兵，往双龙走去，把30多户的大陂村包围。早上4时多，军队包围村庄消息很快传到罗旭的耳朵。他心急如焚，借着大雾，悄悄地跑到罗林的家，见了林志强就急忙地说："你快往后山的树林跑！"林志强知道反动军队包围村子了，他布置了一下便握着手枪，机智地走进后山。罗林在屋里烧农民协会的会员花名册。反动军队命令男女老少都要到祠堂门口集合，不出去的当窝藏共产党论处理。他们有的吆喝群众，有的撞门搜屋。罗林一边烧着农会花名册，一边催促罗旭先走。罗旭只好轻轻开门往后山去。守在后山的队兵远远看见了罗旭，凶恶地叫："不许跑！"罗旭已到后山脚，只要往山上一跑，不用说60多个反动军人，就是600多个也没法搜出这个土生土长的罗旭。但他知道，他一上山，敌人定要搜山，刚上山的林志强会受到敌人的包围和追捕。罗旭只好转身往祠堂门口走去。

此时，罗林刚烧完农会的花名册，队兵踢门而进，押着他往祠堂的方向去。不到1小时功夫，反动军队把大陂村的群众集中在祠堂门口，把全村的28名男人绑成一串，罗旭和他两个儿子被绑了，罗林也被绑了。这时，大陂村男女老少哭声震天，敌人把大陂28名男人关在"当楼"里，天天审讯，有的甚至被毒打。罗旭和罗林被审得更多，被打得更毒。经过几天的审讯，敌人要求用谷赎回被绑者，少者千斤谷，多者万多斤。

到农历八月二十日，大陂村被绑去的28人，只剩罗旭、罗林未被释放。敌人从叛徒的告密中知道他俩是农会委员，更加严酷审讯，逼问解放军在哪。两人缄口不言，使敌人无计可施。1948

年农历八月二十三日早上，30 多名反动军人，押着罗旭和罗林，借说押往县政府，行到宅梧狗尾营的小溪旁，突然停步了。中队长凶神恶煞地说："生死面前，你们说不说？"罗旭和罗林视死如归，还是说："不知道。"敌人枪响了，48 岁的罗旭，52 岁的罗林，这两位农民协会委员为了革命事业在敌人的枪声中倒下了，"两罗"英勇事迹，永远活在人们心中。

**四、铁骨铮铮的武工队长——张耀芳（1922—1948）**

张耀芳，开平水井人，出身于华侨家庭，抗战期间参加抗日活动，带领一群青年参加新鹤人民抗日游击队，1944 年加入中国共产党。抗战胜利后张耀芳被安排复员回乡，在新、开、鹤边区隐蔽活动。恢复武装斗争后，张耀芳担任武工队队长，带领队员发动群众，开展开仓分粮等系列斗争。被捕后，遭酷刑，最后被危害，牺牲时 26 岁。

# 附录四 重要革命人物

## 一、革命干部

### (一) 刘田夫 (1908—2002)

四川广安人。高中毕业。1931 年夏在上海任教，投身革命。1934 年加入中国共产党。次年先后任共青团上海法南区委组织干事、宣传部长、区委书记。1937 年受派参加张发奎部队的中共第八集团军战地服务队；次年 1 月随队下广东。1939 年 8 月任中共西江特委书记；次年 8 月任中区特委书记。1943 年 9 月任南番中顺游击区指挥部政治部主任。1944 年 10 月任中区纵队政治部主任。1945 年 1 月任广东人民抗日解放军政治部主任，10 月兼任中区临时特委书记。1947 年任两广纵队政治部主任。1949 年底后历任广东南路地委书记，高雷地委书记，粤西区党委副书记、书记，中共华南分局委员兼组织部副部长，中共广东省委常委，广东省副省长。1960 年 8 月以后历任中共广东省委候补书记、书记，广东省副省长。1972 年底任中共广东省委常委、省革委会副主任。1977 年 9 月后历任中共广东省委书记，广东省副省长、省长。1983 年 4 月任中共中央顾问委员会委员。

### (二) 李牧 (1923—2016)

李牧，广东梅县雁洋镇雁下村人，生于 1923 年 2 月。幼丧父，家贫。少年时参加进步组织"雁洋民众读书会"，接受革命思想启蒙教育。1939 年秋初中毕业，辍学，在小学任教。1939 年 2 月参加中国共产党，从事地下党活动，为党支部书记。1944 年 8 月，参加东江纵队，任《前进报》编辑。1946 年东纵北撤留香港从事工人运动，为香港洋务工人党总支书记、工会书记。1948 年 1 月奉派到粤中新高鹤地区，开展武装斗争，任高鹤边县工委书记、粤中纵队六支秘书。中华人民共和国成立后，任中共中央华南分局交通运输部副处长，广东省交通厅副厅长、厅长等职。1993 年离休。

（三）关立（1919—1999）

关立，开平市人。1936 年毕业于开平一中。1938 年参加抗日救亡，同年 11 月加入中国共产党。1940 年始，历任开平县二、四、五区委书记，中（山）顺（德）新（会）边县工委书记，粤中纵队第六支队第十九团政委。1949 年 10 月至 1956 年历任鹤山县、高鹤县县长，县委书记。1956 年调任佛山地委常委、组织部长。1959—1983 年历任江门地委组织部长、肇庆地委组织部长、肇庆地委副书记、肇庆地区行署专员。1983 年离休后，曾任两届省顾问委员会委员。1994 年与关晓峰出版《关立、关晓峰诗书集》，个人出版《难忘岁月》一书。1999 年在肇庆市逝世。

（四）温流（1923—1999）

温流，龙口镇青文村人。1935 年春入鹤山中学就读，1938 年初因反对国民党党化教育，组织学潮而为校方所不容。是年秋，得宋森介绍，到广州八路军办事处，找云广英到延安投身革命。到武汉时，因城陷而折回，在孤儿院暂居，10 月，年刚 16 随即成为中国共产党党员，先后任中共地下党报刊记者、编辑，广东高鹤边县工委书记，独立营营长、团长。中华人民共和国成立后为鹤山县军管会副主任兼副县长、阳春县土改剿匪大队长、中南军区华南分局干校副政委。1954 年转业到地方，先后任华南分局党校副处长、广东省委高等学校党委会办公室主任、广东省教育厅高教处处长、广东省人委文教办公室高教处处长、广东外语学院党委常委副院长等职。1994 年离休。

### （五）李超（1917—2010）

李超，又名李鹤超。雅瑶陈山人。中国作家协会会员。1934年入省立第一中学读书，次年加入中国青年大同盟，同年加入中国共产党。1937 年入中山大学就读，以学生代表身份参加广州市抗敌联合会，次年任广东省抗日先锋队西江南路办事处主任等职。1944 年任广东人民抗日解放军政治部宣传科长、独立营政委等。北撤后，调中共中央香港分局主办的《正报》任总编辑，后兼任分局青年工作组组长。1948 年任粤桂边区党委秘书长，并以特派员身份挺进十万大山。后任中国人民解放军粤桂边纵队第三支队政治部主任。中华人民共和国成立后，调任南方日报社社长，参与创办《羊城晚报》。后任《上游》杂志负责人，省委副秘书长，省文教办主任。1987 年离休。

### （六）李伯纪（1919—2012）

李伯纪，原名李奕芳。雅瑶陈山村人。1937 年肄业于广州私立大中中学。1939 年参加革命。先后在生活书店香港分店、昆明分店、广西日报社工作。1946 年加入中国共产党。1947 年于鹤山简师领导工作，建立学生支部，1949 年 4 月领导简师起义，任粤中纵队青年训练班主任。同年秋，调任鹤山一区区长。中华人民共和国成立后，任鹤山县委宣传部代理部长。1953 年在华南分局统战部工作。"文化大革命"时下放粤北。1979 年任省民族事务委员会办公室副主任、主任。1983 年离休，任省老区建设基金会常务理事、副秘书长。

## 二、知名历史人物

### （一）宋森（1877—1952）

宋森，鹤山雅瑶昆东村人。爱国民主人士，教育家。毕业于两广优级师范学堂，1897 年先后在南雄中学、恩平师范任教，1900 年旅居新加坡、马来西亚发展华侨教育事业，先后任尊孔学校、养正学校、坤成女校的校长。1917 年任广东省公署特派南洋视察学员。五四运动期间，因声援北京学生，发动华裔商人、工人、学生罢市、罢工、罢课而被当局驱逐出境。1920 年返鹤山创办《新平冈报》，办平民学校。1921 年任鹤山县实业局、教育局局长。1924 年在家乡组织农民协会和农民自卫军，展开农运工作。1927 年 5 月任鹤山县苏维埃主席，后被国民党通缉，被迫外出隐蔽。1929 年重任县教育局局长，提出取缔私塾，进行教育改革。1935 年任鹤山县文献委员会主任。独力编修《鹤山县志》。抗日战争时期任鹤山邑侨筹赈兵灾难民会驻乡办事处主任，从事抗日救亡活动。解放战争时期，他积极筹款支持人民解放军新高鹤总队。1950 年应聘任鹤山县立一中校长，以爱国民主人士身份先后被选为鹤山县和广东省人民代表，任鹤山县各界人民代表大会常务委员会副主任、抗美援朝运动委员会副主任等职。1952 年10 月，因"左"倾错误影响含冤去世。十一届三中全会后，鹤山县政府为其平反，恢复名誉。

### （二）刘步墀（1890—1956）

刘步墀，爱国民主人士，龙口协华村人。幼居广州，在圣心书院就读，后赴港读于皇仁书院。1909 年加入同盟会，投身革命。1924 年任宝安县县长，次年离任，后曾出任过交通银行星州分行出纳主任及中央银行梧州、韶关分行行长等职。1928 年返乡，在沙坪开办民众银行，低息贷款，扶持贫苦农民生产，4 年后停办。出任县公路局局长，多方筹集资金修筑公路。热心地方公益，创办协华小学、协华中学，并参与县立中学的筹建，捐资修复朝云亭。自筹资金开办宅梧宝珊农场、龙口一示园果园，开展水稻、红烟、水果等良种栽培试验。抗战初期移居香港。1943年任县参议员。1945年，出任县水利委员会总干事。中华人民共和国成立后，无偿把农场、果园、原民众银行楼房献给县人民政府。后任农建科长及县人民代表，出席省第一届人民代表大会。1952年土改，受极左路线影响而入狱，1956年在狱中病故。1984年获平反昭雪。

# 关怀烈士后裔，告慰革命先烈

## 一、从小学资助到大学

革命先烈在大革命时期、抗日战争时期、解放战争时期，为祖国繁荣富强，为人民谋幸福而英勇牺牲，贡献宝贵青春。党和政府对其后裔历来给予必要关怀。20 多年前，市老促会便协同市民政局，对照有关政策，调查核实受惠后裔的情况，分别到宅梧、址山、鹤城、双合、龙口、云乡等老区镇，登门入户，逐个核实，对号入座，造册上报。2016 年，按省老促会扩大抚恤要求，鹤山老促会又组织力量，配合有关部门，对全市烈士后裔进行一次普查，力求做到不漏报、不误报。

据悉，老促会资助烈士后裔这项民心工程，始于 1996 年，发放助学金达 40 多万元，主要由省老促会划拨，其中江门、鹤山配套资金近 10 万元。对革命老区的烈士后裔，一般从小学资助到大学，2017 年的助学金额为：大学 3 300 元；中学 1 200 元；小学 700 元。至今共资助学子 20 多人，目前已资助到第四代即曾孙，2017 年起扩展到外孙。迄今已有 10 名后裔完成学业报效社会，在祖国建设的各个岗位上发挥了应有的作用。

## 二、革命后裔罗慈心广西义教

罗慈心，鹤山市宅梧镇双龙村人，其曾祖父罗煜在 1949 年解放宅梧战斗中牺牲。她从念小学起到大学一直受到资助，2008 年 8 月暑假，在华南师范大学就读的罗慈心，接到鹤山市老促会发给她当年 2 500 元助学金，在发放仪式上，她激动地表示要好好学习，掌握知识，将来报效祖国，回馈社会，决不辜负党和政府的培养和老同志的关怀。2011 年，她毕业于华南师范大学，受聘到广州韩国小学任中文教师、校行政助理，工作踏实、肯干，后又转到韩资企业韩呵文化服务咨询公司任财务、行政专员（相当于中资企业的主任），前景光明。

2012 年 7 月，华南师范大学的几名校友倡议到广西义教，罗慈心想，回馈社会的时候到了。她积极报名参加义教队，利用假期（每次一周左右）到广西大化瑶族自治县的七百弄小学助学义教。她与队员一样，把平日节省下来的生活费，作为来回路费、食宿开支，义教期间还把孩子的食宿费包下来，并购买队服、学习用品、教学用具。罗慈心还搜集一批衣物、学习用品等带去送给孩子。

大化道路崎岖，房子简陋，生活艰苦，村民主要吃玉米饭、玉米粥或白米饭，猪肉对他们来说是奢侈品，只有在隆重节日才吃到肉，小孩上学要步行 10 多里山路。罗慈心以为自己家里贫困，其实比这里好得多，更坚定义教的意志。她克服生活、语言上的各种困难，坚持义教不言悔。每天辅导贫困孩子学语文、数学、英语等课程，与孩子们一道吃玉米饭，晚上睡简陋硬板床，被山区蚊虫叮咬也不在乎。2012 年 7 月第一期义教结束后，临别时，家长、孩子依依不舍，夹道相送，罗慈心含着泪水挥手告别，答应下次再来。这群大学生的义教活动，受到当地政府和群众赞许。

罗慈心觉得，义教不仅帮助贫困孩子，也增长自己的人生修养，对树立正确的人生观、价值观很有帮助，她说，这些知识在学校是无法学得到的。

# 革命遗址和文物

## 一、革命遗址基本情况

鹤山的革命遗址和红色文物众多，遍布全市的老区镇、村。据调查统计，全市共有革命遗址 40 处，其中重要历史人物故居 2 处，党和政府的组织旧址 10 处，会议旧址 1 处，战斗遗址 10 处，纪念设施 13 处，其他 4 处。这些革命遗址中，较为重要的有两处，一是中共鹤山县支部旧址（1924 年 11 月成立）和鹤山苏维埃政府旧址（1927 年 12 月 13 日）——鹤山雅瑶昆东宋氏大宗祠，已列为江门市党史教育基地；二是广东人民抗日解放军司令部旧址——鹤山宅梧靖村余氏大宗祠，已列为广东省中共党史教育基地。

## 二、大力保护、修缮革命遗址

2014 年 6 月 30 日上午，随着"广东省中共党史教育基地""广东人民抗日解放军成立旧址展览馆"牌匾上的帷幕徐徐拉开，宣告该展览馆正式对外开放。从此，鹤山革命遗址的保护与利用揭开新的一页，鹤山市重视革命遗址的保护与利用又有新的例证。

改革开放以来，鹤山市各级党委、政府对革命遗址的修建、保护是重视的，1994 年 6 月，市人民政府发文把雅瑶宋氏大宗祠，宅梧靖村余氏大宗祠、李氏大宗祠，龙口青溪世昌温公祠（1938 年 12 月成立的中共鹤山特别支部旧址）和雅瑶三端冯公祠

（1923年1月成立的青年团鹤山支部旧址）定为市级文物保护单位，挂牌予以保护。市政府三次拨出专款重修雅瑶宋氏大宗祠，使中共鹤山县支部旧址和鹤山苏维埃政府旧址焕发光彩，成为中共江门市党史教育基地、鹤山市中小学德育教育基地。

但由于种种原因，市内一些遗址长期得不到修缮，个别甚至破败不堪，传统教育作用发挥不出来。

鹤山市历届老促会意识到，做好革命遗址的保护和利用，是老促会一项长期重要任务，因此主动地把它摆上议事日程，反复抓落实，成为常态化工作。

### （一）重修广东人民抗日解放军司令部旧址

1944年11月，中区纵队领导林锵云、罗范群、谢立全、谢斌、刘田夫等率领中区纵队主力500多人，挺进皂幕山区的鹤山重镇宅梧，随后组建"广东人民抗日解放军"，领导粤中区抗日战争，开辟皂幕山敌后抗日根据地，司令部就设在靖村余氏大宗祠。在这里三个多月内，司令部领导粤中人民打退国民党顽军的两次反共高潮，先后主动出击、伏击日伪军10多次，打击牵制日军兵力5千多人，毙伤日伪军200多人，收缴武器一大批。当年，广东人民抗日解放军活动区域纵横200多里，除高鹤外还包括新会、台山、开平、恩平、新兴、两阳等地，为抗日战争以及解放战争的胜利做出重大贡献。原广东人民抗日解放军政治部主任、曾任广东省省长的刘田夫，亲笔题写了"广东人民抗日解放军司令部旧址"的牌匾。

这座承载着厚重的党史内涵，不可多得、不能再生的爱国主义教育基地，"文化大革命"期间被拆，仅存后楼右座。多年来，曾在此活动过的陈全、李牧、李法等老同志对这个遗址重修寄予厚望。2008年靖村村委会和宅梧镇政府上报了重建抗日司令部旧址的计划并获发改局批准立项，市老促会挑起促进这项工程的担子，四处奔走，积极斡旋，得到各级政府、市财政、党史部门和上级老促会在人力、财力上的大力支持，共筹集130多万元，重修工程于2009年开工，2010年10月竣工。但周边配套工程由于后续资金不到位，一拖几年，无法进行布展，致使关注重修工作，并为此付出心血的老同志略有意见。

老促会作为协办单位，前期已做了大量工作，使土建基本完成，如今的"手尾"不能不管。为此，老促会又多方联系，做好后续工作，期间先后向市委、市政府主管领导写报告，反映情况，分管老区工作的副市长在宅梧镇调研时，专门主持召开协调会，提出"一揽子"解决方案，终使配套工程资金到位得以继续施工。司令部旧址重修面积621平方米，小广场516平方米。2013年又筹集资金扩宽通往司令部旧址的道路，全面开展司令部旧址展览馆的布展工作，于2014年6月30日完成布展，对外开放。

由于广东人民抗日解放军司令部旧址是广东省中共党史教育基地，开馆后前来参观、瞻仰的各界人民不断增多，宅梧镇政府安排专人讲解，加强管理，充分利用好这项红色资源。

### （二）大力整修烈士纪念碑

宅梧是老区镇，又是山区镇，除了有广东人民抗日解放军司令部旧址外，还分别有革命烈士纪念碑、抗日阵亡将士纪念碑、龙潭山革命烈士纪念碑、白水带革命烈士纪念碑4座纪念碑。由于年代久远，存在不同程度破损问题。2000年以来，老促会协同镇政府对这些纪念碑进行有效的修葺。其中龙潭山革命烈士纪念碑是为纪念抗日期间，广东人民抗日解放军二团在龙潭山反击国民党顽军"围剿"的战斗中牺牲的团政委陈春霖、指导员张炳纲等10多名指战员。这座极具纪念价值的革命遗址十分破败，当地百姓很有意见。2014年，老促会3次下去调研，与宅梧镇政府主管老区的领导及民政部门共商重修纪念碑方案。经过多方筹措，市民政局出资 30 万元，江门市老促会也支持 3 万元。重修后的纪念碑，陵园庄严肃穆，四周苍松翠柏，环境幽雅，2015 年清明开放供人拜祭。

龙口镇金岗烈士纪念碑，是纪念解放战争时期两次金岗战斗牺牲的烈士，也是年久失修，杂草丛生。老促会主动与市民政局、镇政府沟通，取得重修金岗烈士纪念碑共识，制订方案，筹集资金，江门老促会给予大力支持，2015 年上半年完成修建工程。

其他老区镇如址山、龙口、双合、云乡等镇都建有革命烈士纪念碑，纪念碑大多保存完好，镇、村派人管理。2014 年，市民政局还出资重修位于坡山的方奕智烈士墓碑，成为附近中小学清明扫墓的场所。

### （三）落实张怀楼、云清楼的修缮工作

址山镇云乡的张怀楼是抗日战争期间广东人民抗日解放军二团与国民党顽军作战的战场之一，楼外墙壁弹痕累累，烈士张帝荣为掩护战友撤退，身负重伤坚持与敌人周旋，最后落入敌手，英勇就义。现时，张怀楼为张帝荣烈士后人居住，年久失修，楼顶漏水，墙面脱落。由于产权属私人，长期得不到修缮和利用。云清楼是广东中区纵队从中山挺进鹤山进入云乡时领导机关驻处。现属云中村委会管理，一直空置，已属危楼。

鉴于这两座旧碉楼极具纪念价值，2016 年秋，老促会牵头写报告给市委、市政府，力陈重修的重要性。同时又协同址山镇政府与楼主协商，由政府出资 50 万元，采取置换办法，另行安置楼主家属，使重修工程得到落实。

目前，址山镇政府按"保留原貌、修旧如旧"的原则制订修建方案，建造小广场，整治周边环境，将"两楼"打造为一个红色旅游基地。

纪念设施

## 一、重要会议旧址及重要党史人物故居

### （一）王灼故居（其事迹在附录一记载）

中共六大候补中央委员王灼，其故居位于鹤山市桃源镇龙都村委会棠都村 23 号，建于清道光年间，原是龙船古脊，上下厢房，前后厅，中间天井，青砖石脚砖木结构，坐西北向东南，屋前宽 11.3 米，屋深 11.5 米，面积 129.95 平方米。因历史变故，拆去六分之五，重建六分之四，只剩一间 14.84 平方米的厢房，厢房空置，归属其侄子管理，未对外开放。

### （二）余少杰故居（其事迹在附录一记述）

右江起义领导人之一余少杰，其故居位于鹤山市宅梧镇靖村大村 61 号，坐北向南，民国建筑，十七桁泥砖木瓦建筑结构平房，建筑面积 60 余平方米。余少杰亲人早年曾将前厅部分改用红青砖砌墙，正面、左侧和背后灰批荡表面及扫灰水。现由其堂侄管理。

### （三）宅梧会议旧址（宅梧会议详情在第三章内记述）

宅梧远香茶楼是抗战时期中共广东珠江、中区、西江三个地区军事会议的旧址。建于民国时期的宅梧圩店铺于 20 世纪 70 年代改建，原宅梧圩远香茶楼所在位置现在是宅梧镇宅建路 31 号，为私营的粮油店铺。

宅梧会议的召开，使省临委、军政委员会的战略决策在中区、珠江两地迅速得到贯彻，从而大大加快了中区人民抗日武装斗争的发展步伐。

## 二、党的组织旧址

### （一）中共鹤山县支部、鹤山苏维埃政府旧址——雅瑶昆东宋氏大宗祠（两址的历史资料在第二章记述）

位于鹤山市雅瑶镇昆东平冈村的宋氏大宗祠，是中国共产党鹤山县支部和鹤山苏维埃政府的成立地和驻地，建于清代年间，坐西南向东北，三进夹两天井，抬梁式砖木结构，建筑硬山顶，人字山墙，灰塑博古脊。曾是雅瑶平冈学校校址，昆东小学的会堂、运动场所。原结构主座两旁左为工厂（厨房）；右建有平民学校。昆东小学使用时，因学校扩建，两旁建筑被拆除，后"文化大革命"期间"破四旧、立四新"运动又把旧址内的砖木结构破坏拆除，现只剩下主座。旧址建筑面积 625.5 平方米，保护范围面积 2 992.5 平方米。鹤山市人民政府对遗址的保护较为重视，于 1993 年拨款重修该旧址；1997 年市人民政府和雅瑶镇人民政府拨款维修建筑瓦面、建围墙等。2004 年昆东村乡亲集资重建牌坊。2006 年 7 月，鹤山市人民政府与雅瑶镇人民政府再次拨款修补漏水瓦面、建设天井围墙、布装电线。

该旧址于 1994 年 6 月经鹤山市人民政府批准为市文物保护单位；2006 年被江门市批准为江门市党史教育基地；2009 年经鹤山市人民政府批准为"广东省鹤山市中小学生德育基地"。旧址内陈列有鹤山党史和中华人民共和国成立以来鹤山市建设成就展览，免费开放给广大党员、青年、学生参观，进行革命传统教育，是鹤山市重要的红色教育基地之一。

**（二）青年团鹤山支部旧址——雅瑶三端冯公祠（历史资料在第二章记述）**

雅瑶三端冯公祠是青年团鹤山支部旧址。冯公祠位于鹤山市雅瑶镇雅瑶村委会罗京村，广三路，坐西南向东北；面阔33.7米；深47.7米；左侧加建一列平房，宽6.3米，深20.7米。后面原有一座魁星阁楼，被拆后成为旷地；旧址前为空地，总建筑面积1 737平方米。建筑为硬山顶，抬梁木构梁架砖木结构，辘筒瓦屋面，博古式正脊、垂脊、裹垄灰为禾草灰砂浆，三进夹两天井两廊，两青云巷分隔厢房，始建于清乾隆元年。中华人民共和国成立初曾是雅瑶学校，20世纪70年代学校扩建时，将前厅后殿拆毁，重建为校务室和课室，厢房也修葺为课室。1986年学校迁至宝瑶纪念小学后，雅瑶村委会曾将其出租作他用，现空置。

大革命时期，青年团鹤山支部在三端冯公祠成立，这是广东较早成立的共青团地方组织之一。

旧址于1994年6月经鹤山市人民政府批准为市文物保护单位。团市委曾多次组织全市新团员于该址举行入团宣誓仪式；每年的五四青年节有来自全市各地的青年学生在旧址进行革命传统教育。

**（三）广东人民抗日解放军司令部旧址——宅梧靖村余氏大宗祠（历史资料在第三章记述）**

余氏大宗祠是广东人民抗日解放军司令部旧址，位于鹤山市宅梧镇靖村村委会松下村，清代建筑，坐东北向西南，原是三进四合院结构祠堂，硬山顶建筑，占地面积1 651.2平方米，建筑面积667平方米，后座地基比头进、二进高出1.5米，院前建有2米高围墙。1969年，靖村乡因建校资金短缺，将头进和二进拆卸（包括围墙和大部分木板铺阁），木板铺阁变卖用作建校资金，砖瓦用作建设学校，空地置闲，保留后楼右座，建筑面积137平方米。右后楼是当年广东人民抗日解放军挂牌办公的地方，现门口上方悬挂刻有原广东人民抗日解放军政治部主任、广东省原省长刘田夫题的"广东人民抗日解放军司令部旧址"木匾。

1994 年 6 月，旧址被鹤山市人民政府定为鹤山市第一批文物保护单位；1995 年 5 月，被江门市人民政府命名为"江门市爱国主义教育基地"；2006 年 6 月，被中共江门市委命名为"江门市中共党史教育基地"；2011 年 9 月，被评为"广东省中共党史教育基地"。

### （四）广东人民抗日解放军政治部旧址——宅梧靖村李氏大宗祠

位于鹤山市宅梧镇靖村村委会堂厦村 92 号的李氏大宗祠是清代建筑，坐北向南，硬山顶龙船脊，二进夹一天井两庑廊的梁架结构，左侧一青云巷分隔有厨房，占地面积 536 平方米，建筑面积 311 平方米，面阔三间 17.1 米，深 18.2 米。1958 年"大跃进"运动时为生产队的大饭堂。20 世纪 60 年代曾是鹤山师范学校，不久搬出。后作为生产队仓库，现为村民文化活动场所。抗日战争时期，李氏大宗祠曾是广东人民抗日解放军政治部办公地。

1944 年 11 月，中区纵队领导林锵云、罗范群、谢立全、谢斌、刘田夫等率新组建的中区挺进主力部队挺进皂幕山区的鹤山重镇宅梧，进驻靖村，政治部设于李氏大宗祠。1945 年 1 月 20 日，由广东省临委、军政委员会向社会宣告成立"广东人民抗日解放军"武装部队，任命梁鸿钧任司令员，罗范群任政治委员，谢立全任参谋长，刘田夫任政治部主任。政治部仍驻靖村李氏大宗祠。

广东人民抗日解放军政治部下设组织科、宣传科、民运科和秘书科。根据中央军委、省临委和军政委的部署，在各自的战斗岗位上积极宣传共产党抗日救国主张，出墙报、写标语宣传抗日救国，掀起全社会抗日爱国热潮；教唱革命歌曲，演出白话剧；

战场上，女同志当卫生员，男同志参加战斗，他们既是宣传员，又是战斗员。战士们发动华侨、侨眷、爱国民主人士和进步人士募捐，为部队解决经费和给养问题；在云乡、宅梧地区建立抗日民主政权，实行民主施政，发动群众组织抗日民众自卫队；在粤中各县建立秘密的交通站和医疗站，为部队和地方联络信息，侦察敌情，掩护、护送军政人员来往，购置运输军需品，收容、救治、护理伤病员等。政治部于1945年1月创办了《人民报》，主要刊登国内国际形势、部队的动态、指导部队建设、鼓舞士气等内容的文章，对提高部队的战斗力起着重要作用。政治部成功地策动国民党挺三纵队秦炳南中队起义。广东人民抗日解放军成立一年多时间，政治部先后为部队扩充兵源190余人和精良武器一批。

李氏大宗祠于1996年由堂厦村集资10万进行修葺，现整栋建筑保存完好。宗祠内墙设有广东人民抗日解放军部队政治部简介和革命斗争图片展。

### （五）中共广东中区特委机关旧址——址山大朗回龙村21号

旧址位于鹤山市址山镇昆联村委会大朗回龙村21号，民国建筑，坐南向北，砖木瓦房建筑结构，面宽5.9米，深11.8米，建筑面积69.6平方米，房屋原是夯土墙，后来前厅部分改用青砖砌墙。近年由该屋主人、原鹤山市政协主席郭华超出资修补瓦面，修葺正面水刷石米，左右两侧和背后灰批荡表面及扫灰水。

大朗回龙村21号曾是抗日战争时期中共广东中区特委机关驻地。1940年10月，正值国民党反共高潮，中共的组织转为隐蔽活动，广东省的中共中区特委机关也从城市转移到农村。特委书记刘田夫率机关工作人员周敏玲到鹤山驻大朗乡回龙村21号，安排特委组织部长陈春霖率机关人员黄玉卿驻新会石桥乡桥下村，分散驻所便于开展工作。刘田夫的公开身份是"行商"，周敏玲的公开身份是"家属"，周敏玲的主要工作是掩护领导机关工作。

中区特委机关驻大朗期间，在中共新鹤县工委（驻大朗乡东升村胜庐楼）和中共大朗支部的配合下，领导所辖新会、开平、台山、恩平、鹤山、阳江、阳春、高明、新兴、中山、南海、顺德、番禺等县，秘密发展党的组织，建立农村支部和地下武装，分化和瓦解伪政府和国民党地方组织；领导中区的抗日团体，通过各种途径，掌握或创办了一批抗日救亡刊物，建立了广泛的抗日宣传阵地。中区特委机关创办的刊物《中流》，及时介绍全国抗日的形势，传达上级党组织抗日的方针、政策，指导全区各县党组织开展抗日救亡运动。由于大朗群众基础好，又有新鹤县工委和大朗支部作掩护，中区特委机关驻回龙村一年多，工作开展顺利，于1942年初安全撤离大朗。

### （六）中共鹤山县特别支部旧址——龙口青溪世昌温公祠

世昌温公祠位于鹤山市龙口镇青溪瓦瑶村，清代建筑，坐东南向西北，硬山顶，原为龙船脊，二进夹一天井两廊，左有衬祠，梁架结构祠堂建筑。因1964年初新建青溪学校，首进、两廊、衬祠部分被拆除，其砖瓦木材用于建校，后拆毁龙船脊，现仅存后进部分，范围面积354平方米，建筑面积100平方米。世昌温公祠一直为青溪小学使用，1964年小学搬出后，曾用作生产队仓库，20世纪80年代起至2006年为青溪村幼儿园，现为村的文化活动中心。

世昌温公祠是中共鹤山特别支部旧址。1938年10月间，根据广东省青年委员会"保存干部、撤离广州，分赴各地，开展党的工作和青运工作"的指示，鹤山先后有挂国民党第四战区民众动员委员会战地工作队番号（实际上是共产党领导的队伍）的一〇二队、一二九队、一五六队到来，其中一〇二战工队驻青溪（队员中多数为共产党员）。同时，上级党组织又于1938年12月派共产党员廖健到鹤山驻青溪。众多共产党员聚集鹤山，使沉睡多年的鹤山，再次点燃了革命的火种。他们组织和开展全县群众性的抗日救亡运动，培养和发展党员，鹤山的党组织和党员队伍不断发展和壮大。1938 年 12 月，经中共西南特委决定，成立中共鹤山县特别支部（简称"中共鹤山特支"），书记莫福枝、委员廖健，特别支部驻龙口青溪世昌温公祠。鹤山特支的建立，标志着鹤山重建了党组织（1925 年冬，鹤山党支部自行撤销），鹤山长达 13 年的革命低潮宣告结束。

中共鹤山特支建立后，立即在全县开展轰轰烈烈的抗日救国宣传，广泛开展抗日救亡运动，呼唤社会各界人民团结起来，一致对付日本帝国主义，保卫祖国。在发动华侨、侨眷大力支持抗战，发动群众积极支援抗日前线，组建人民抗日部队、抗日自卫队，开辟皂幕山抗日根据地和建立抗日民主政权等方面做出了贡献，为夺取抗日战争的最后胜利立下了功劳。

1994 年 6 月，世昌温公祠被鹤山市人民政府定为"鹤山市文物保护单位"。祠内陈列有中共鹤山特别支部和中共鹤山县西北区工委的介绍和领导人的简介。

### （七）新鹤县工委旧址——址山大朗胜庐楼

胜庐楼位于鹤山市址山镇昆联村委会大朗东升村，民国建筑，坐北向南，西式南美建筑风格，楼高三层，砖瓦房混合结构。三楼有一露台，楼顶正面女儿墙塑有"胜庐"两个大字。楼面宽3.9 米，深7.5 米。

胜庐楼是抗日战争早期中共新鹤县工作委员会机关驻地。1939 年 5 月，中共新鹤县工委成立，不久，机关搬驻大朗乡东升村胜庐楼。新鹤县工委在陈明江书记的领导下，通过工委委员容宗英的努力工作，开辟了大朗乡共产党的根据地。新鹤县工委机关驻大朗期间，领导新会、鹤山人民开展抗日救国运动，发展党的组织，建立农村支部，组建抗日武装，分化和瓦解伪政府和国民党地方组织。帮助大朗乡先后成立妇女识字班、青年音乐社、白浪篮球队和农民协进会等进步组织，使大朗乡民众抗日热情高涨，涌现出郭忠、郭和、郭平、郭万红、郭常、郭炎、郭棠、麦莲好（女）、李会（女）、麦松（女）等一批爱国进步的年轻农民，他们积极靠拢党组织，参加中国共产党。1941年5月，中共中区特委根据新会全境已基本沦陷的情况，决定重新调整新会、鹤山的党组织，将原中共新鹤县工委和江南区工委撤销，分别设立中共新会县委和鹤山县委。

中华人民共和国成立后，胜庐楼由东升村生产队使用，曾被用作生产队种子仓库，年久失修，现空置。

## （八）中区纵队领导机关旧址——云乡云清楼

云清楼位于鹤山市云乡镇云中村委会云中村，民国初建筑，楼高二层，面宽三开间，钢筋混凝土混合结构，坐西北向东南，范围面积379平方米，占地建筑面积123平方米。首层建筑面宽11.5米，深10.7米；二层面宽8.2米，深6米，建筑面积172平方米。首层前厅稍宽于后厅，顶为二楼露台，地下楼梯直上楼顶露台。露台的周围修有护栏。云清楼是云乡人民集资而建，建设落成初期为清钱小学，中华人民共和国成立后，20世纪70年代是云乡乡机关所驻地；80年代中期曾被先后用作乡卫生院、云中村村委会和三村文化室等，属云中村委会管理。

云清楼曾是广东中区纵队挺进部队领导机关驻地。

抗日战争时期，广东中部的中共抗日游击部队进行军事战略大转移。为执行中共中央创建五岭根据地的战略方针，1944年10月，林锵云、罗范群、谢立全、谢斌、刘田夫等率新组建的中区挺进主力部队约500名将士，从中山县五桂山抗日根据地出发，沿途避开日军的封锁和顽军的阻击，在中共顺新边县工委和新鹤大队的配合下，于 10 月底抵鹤山云乡，得到云乡人民抗日自卫中队、中共云乡支部和云乡抗日民主政权——新云乡乡务委员会的接应。当天，云乡党支部和乡务委员会组织了千余名群众，举旗舞狮，敲锣打鼓，到龙王迳（土名）热烈迎军，随后又在云乡旁的河滩上举行欢迎大会。大会由乡务委员会主席陈棠主持，清钱小学校长张泽林代表当地群众致欢迎词，中区纵队政委罗范群在会上发表讲话，他阐述抗日战争的形势和部队挺进中区的目的，号召人民群众支持部队，踊跃参军参战。挺进部队领导机关驻云清楼，战士住张怀楼和群众让出的房子。为解决部队困难，乡务委员会主席陈棠率先送给部队 300 余担谷，群众也纷纷响应，积极向部队捐资捐物。部队离开云乡时，云乡抗日自卫中队输送 30 余名队员给主力部队。11 月 7 日，部队离开云乡经皂幕山脉顺利到达鹤山县重镇宅梧。

### （九）粤中军分委驻地旧址——鹤城杨家园

鹤城镇文昌路 16 号有一座三层小楼，由于房屋主人姓杨，被称为"杨家园"，它曾是和平解放鹤城时，粤中军分委的驻地。杨家园建于 1931 年，一楼曾为商铺，中华人民共和国成立前后经营农具、铁钉等五金器具，二、三楼为居住所用。20 世纪 60 年代，镇广播站曾使用过一段时间。该楼建筑精美、坚固，虽历经 81 年风雨，至今仍保存较完整。

1949 年 3 月 20 日，粤中军分委主力、新高鹤总队及所属各区队、武工队共约 1 000 人，从三堡出发，和平进军鹤城。是日，鹤城镇居民及附近各乡群众夹道欢迎。

粤中军分委要求进城部队要严格遵守十大纪律：一、见到上级和同级要敬礼；二、有事上街要请假并要携带准假证；三、不得随意入民房、商店；四、不得随意大小便；五、借物要写借物证，要由负责人经手；六、对人要和蔼，买卖要公平；七、不得随街买东西；八、出街衣服要整齐；九、保护文化机关和公共事物；十、要做群众工作。

和平进军鹤城的政治影响很大，中共新鹤县工委乘势组织力量，一面填补空白，一面增派人力伸向新区，伸向平原。

### 三、战斗旧址

#### （一）南山战役旧址——沙坪南山坎侨堂

坎侨堂位于鹤山市沙坪镇南山上（鹤山市一中校园内），坐北向南，始建于 1935 年，建筑呈"只"字形，中间凸出三角楼；东西两后角各有五层高圆包顶塔楼的西式混凝土建筑；首层的正门上方刻有"坎侨堂"三个字。坎侨堂原建筑已经拆除，现在的坎侨堂是 1995 年由历届校友捐资 145 万元所重建，将原来的塔楼位由后侧改建在前侧，外墙釉面砖粘贴装饰，占地面积 588 平方米，总建筑面积 1 740 平方米。

坎侨堂是抗日战争初期，鹤山军民与日军作战战场之一（战斗史在第三章记述）。原鹤山中学的坎侨堂、石朋堂、礼乐堂、童军团部等建筑都已重建，新建的坎侨堂沿其旧址而建，堂中保留原建筑中弹痕累累的铁门一扇及南山之役的简介，以此教育后人。

#### （二）大郡战斗旧址——古劳大郡岗

大郡战斗是抗日战争初期，驻古劳镇和堂村大郡岗的国民党军队与日军发生的一场激战。

1939 年 4 月 27 日，日军凭借飞机掩护，1 000 多人由江门到鹤城兵分三路进犯金岗、禄洞、龙口。国民政府军立即调兵准备从茶山包围，歼灭敌人。日军闻讯仓皇逃跑，途经古劳大郡岗时，遭到国民党六十四军一五五师四六三旅九二六团第二营堵截，发生激战。日军凭借飞机轰炸和骑兵的快速战术，利用古劳围基的地形，包抄攻打大郡岗附近的岗嘴山和下步岗国民党军的防御阵地，在敌强我弱的情况下，二营只好且战且退掩护群众上茶山顶隐蔽。

4月28日，驻鹤山国民党军队在县保安团援助下，组织反攻。日军在反击下，兵分多路退回江门和九江。此役，国民党军队共牺牲7人。

4月30日，国民党九二六团第二营营长李昌掩埋烈士于古劳下六村下步冈，并立碑纪念阵亡战士。碑为花岗岩石质，高1.98米、宽0.56米，碑文阴刻竖排两行，首行为"精神不死"四个大字，二行为小字楷书"大郡之役阵亡烈士蔡留裕、李少南、张明、彭智荣、陈桂廷、张锦兴、余庆耀之墓，牺牲于民国二十八年四月二十七。中华民国二十八年四月三十日营长李昌谨立"。

中华人民共和国成立后，墓碑几经迁移，后因经济开发搬迁到古劳中学的后山腰，2004年古劳中学扩建时，石碑由鹤山市博物馆收存。

**（三）云乡战斗旧址——云乡张怀楼（历史资料在第三章记述）**

张怀楼位于鹤山市云乡镇云中村委会云中三队（原称拳头山村）27号，民国初建筑，坐西北向东南，楼高四层，西式钢筋混凝土建筑，占地面积342平方米，面宽四柱三开间，宽度10.1米，深10.45米，首层正面顶部有向外延伸0.8米的飘板，飘板下方吊有罗马装饰，门口上方装饰呈三角形，飘板上边砌有女儿墙，约高0.8米作露台，顶层四周修有通透式护栏杆。

张怀楼是抗日战争后期广东人民抗日解放军第二团与国民党顽军作战的战场之一。

**（四）大凹战斗旧址——共和大凹杨氏大宗祠（历史资料在第三章记述）**

位于鹤山共和镇莱苏村委会大凹村的杨氏大宗祠，坐北向南，原是硬山顶龙船脊，二进夹一天井梁架结构，右侧门楼青云巷入后座。1956 年拆除后座，砖瓦木材用作建设大凹小学，剩下门楼。占地面积 407 平方米，祖祠面阔 16.4 米，深 23.3 米，建筑面积为 319 平方米。

杨氏大宗祠在解放战争时期曾是民权乡国民党政府办公地；中华人民共和国成立后，于 20 世纪 60 年代改建，开窗、间房作大凹大队部，80 年代大队部搬出。曾是村的文化场所，现空置。

杨氏大宗祠是抗日战争时期广东人民抗日部队智歼日伪密侦队战斗（即大凹战斗）旧址。

**（五）金岗战斗旧址——龙口金岗（历史资料在第四章记述）**

抗日战争和解放战争时期，鹤山龙口金岗圩是兵家必争之地，于此地发生大小战斗多次；也是抗战时期珠三角地区国民党"走难政府"所在地，中山、顺德、鹤山等国民党县政府曾驻金岗的坳合、元岗、仓下等村，有多个地区的反动县长龟缩于金岗圩，保存实力，待日后回去东山再起。

**（六）华南楼战斗旧址——鹤城昆阳（历史资料在第三章记述）**

华南楼位于鹤山市鹤城镇昆阳社区茶行街，坐西南向东北，建于民国初年，楼高四层，占地面积 38.8 平方米，面宽 6.8 米，深 5.6 米，基建面积 163.2 平方米；三楼顶有向四周外延伸 0.8 米的走廊，廊四角呈椭圆，走廊的西北面有出门口，门口处为拱形罗马式顶露台；四层顶四周砌有女儿墙，东北面呈半圆形，两边为柱，柱上塑有球形；西北面呈三角形，为古罗马塔顶式建筑。

该楼原为华侨商号，早年是茶行，曾是鹤城华侨会所，抗日战争与解放战争时期是鹤城镇的炮楼。华南楼是解放战争后期，鹤城武装工作队抵抗国民党军队进犯的战斗旧址。中华人民共和国成立后属鹤城镇房产所管理，曾为镇级机关单位使用，后空置。

### （七）金岗会师旧址——龙口金岗圩

鹤山市龙口镇金岗圩是解放军二野部队与地方军队会师之地。1949年10月19日晨，中国人民解放军第二野战军第四兵团第十五军四十四师追剿逃往阳江集结的国民党刘安琪部队至南海河清，准备过江，得到鹤山县第二区（今古劳镇）支前司令部的积极支持。支前司令部派人找到经营航运的商人，动员他们把已经隐藏的"花尾渡"（靠轮船拖带航行的载客木船，船尾多有木雕花纹，人称"花尾渡"）开出，接载大军顺利渡江。

大军于19日中午到达鹤山金岗圩，与中国人民解放军粤中纵队司令部和独立一团会师。随即，粤中纵队司令员吴有恒、政委冯燊率队与四十四师并肩作战，追歼南逃之敌，并指挥粤中部队配合野战军对集结于阳江之敌进行围歼，解放粤中。

### （八）茶山战斗旧址——古劳茶山（历史资料在第三章记述）

1948年5月，国民党广东省第三区督察专员、保安司令陈文，积极执行广东省主席宋子文的"绥靖"计划，纠集省军警部队和高明、鹤山等县地方反共团队对新高鹤区进行"扫荡"。

解放军指战员发扬勇敢作战，不怕牺牲的精神，迅速抢占塔磨塘村几个制高点，利用有利地形，采取游击战术，相互配合，与七倍于解放军的强敌激战，连续击退敌人的9次进攻。激战至早上9时许，部队近100人胜利突围，辗转返回云乡根据地。

### （九）鸡笼岗战斗旧址——共和铁岗

1945年，鹤山共和铁岗鸡笼岗上曾发生过一次激烈的战斗，被称为"鸡笼岗战斗"。鸡笼岗战斗是抗日战争后期广东人民抗日解放军抗击日军下乡抢掠的战斗。

1945年8月，日本宣告无条件投降以后，驻新会县城的日伪军不甘心他们的彻底失败，连日四处抢劫老百姓的粮食、财物。19日，日伪军200余人从新会县的扒船岗窜到鹤山县的共和铁岗村妄图洗劫。驻守在铁岗村东侧冼黄村的广东人民抗日解放军二团独立营近100人，由团政委陈明江和营长黄国明指挥，率队抢占冼黄村后的鸡笼岗高地等有利地形，奋起阻击来敌，将敌人击退，保卫了铁岗、莱苏等地人民的生命财产。战斗从早上至午后，共毙敌4人、伤敌一批，日伪军仓惶逃回会城。广东人民抗日解放军牺牲1人、受伤3人。

### （十）双桥东园战斗旧址——双合双桥

鹤山市双合镇双桥村村委会地处鹤山边境，与开平交界，是抗日根据地。抗日战争时期，开平县的反动势力不准抗日队伍开往开平前线抗日，派部队驻在双桥圩，经常欺压群众。1945年1月间，广阳守备区李江派其部属熊华、吴华仔率100余人，占据了整个双桥村。

为夺回双桥根据地，中区纵队400余人，由副司令员谢立全指挥，于1月19日向顽军驻地——双桥东园村李氏宗祠发起攻击。战斗整整打了一天，几十个敌人躲进祠堂的神龛里，贴墙伫立。中区纵队搜查时没发现，被他们从后墙破洞溜走了。

双桥东园战斗中，中区纵队一名侦察员牺牲，名叫莫京泉。他执行侦察任务时，在东园村内的碉楼附近被敌人打死。

战后，顽军肆意报复，枪杀双桥农民李春林一家，并在村内放火烧屋，抢夺百姓衣物、谷米、牛猪等。

### （十一）乌石台之战旧址——宅梧选田

解放战争时期，新高鹤人民解放军总队为巩固游击根据地，扫除地方反动势力发起了一系列战斗。

鹤山四区选田乡乡长吴俊先，组织反共自卫队，在村东乌石台制高点设堡垒据守，对抗解放军。1949年1月10日夜间，新高鹤人民解放军总队以迅猛行动，一举攻克鹤山宅梧选田乌石台，全歼该自卫队，活捉吴俊先兄弟，缴获轻机枪2挺，步枪60余支。选田乡宣告解放，宅梧外围反动势力基本肃清。

恶霸吴俊先，曾任国民党四区选田乡乡长，横行乡曲，组织反动武装，建立反共据点，与人民武装对抗，乌石台之战后，总队将其拘留，立案审理。10 月 15 日，鹤山四区人民政府组成法庭，在选田乡集会公审恶霸吴俊先，由区长陈行之主审。吴犯罪行累累，经中共新高鹤地委批准，判处死刑，立即执行枪决。

## 四、纪念墓碑

### （一）鹤山市烈士陵园

鹤山市烈士陵园位于鹤山市鹤山大道大岗开发区侧，坐东南向西北，于 2000 年 9 月动工兴建，2001 年 4 月落成。烈士陵园占地面积 54 805 平方米，其中绿化面积 51 325 平方米，建筑面积 3 418 平方米。纪念碑主要由主碑、牌坊和上山台阶三部分组成，主碑高 25 米，钢筋混凝土结构，贴花岗岩石板，地面铺设大理石。为使纪念碑整体轮廓突出，增加层次，烘托主体，纪念碑分两层正方形台基和碑身，首、二层台基分别由 36 组和 28 组柱环抱，设有 4 个出入口，每层台基高 1.5 米；碑身长 3.6 米，宽 3.6 米，高 22 米，碑身顶帽盖蓝色琉璃瓦，正面中央镶汉白玉，刻有"革命烈士永垂不朽"。牌坊为四柱三拱形，高 22.5 米，顶盖黄色琉璃瓦，贴大理石。上山台阶采用花岗岩修建，分为 3 平台，共 60 级。烈士陵园四周设有路灯、射灯等照明设施，共计投入资金 931 万元。

兴建鹤山市烈士陵园，是为缅怀鹤山市在大革命、土地革命战争、抗日战争、解放战争和社会主义建设时期做出贡献的革命烈士，以及顺应新形势发展的要求和广大人民群众的意愿，满足深入开展国防教育和革命传统教育的需要。鹤山市烈士陵园集纪念、教育、宣传、游览和休闲于一体，一次可容纳 1.3 万人凭吊革命烈士。

鹤山市烈士陵园由市民政局主管，配备 2 名工作人员，陵园对外开放。每年清明节，有全市大型的凭吊活动，也有来自各地及各社会行业组织的扫墓或革命传统教育活动。

**（二）宅梧革命烈士纪念碑**

位于鹤山市宅梧镇梧冈公园梧冈山坳南边的革命烈士纪念碑，坐南向北，占地面积 207 平方米，建筑面积 121 平方米，碑面宽2.1 米，厚 1.12 米，高 6.6 米。碑高三层实心体，表面贴土黄色釉面砖，碑座的正面镶嵌云石碑文和烈士芳名及籍贯，碑柱正面塑有原广东人民抗日解放军政治部主任、广东省原省长刘田夫的"革命烈士永垂不朽"题字。碑右傍建有六角六柱黄色琉璃瓦装饰"怀忠亭"，亭高 5.5 米，宽 3.45 米，亭正面镶嵌原中共高鹤边县工委书记、广东省交通厅原厅长李牧题字"怀忠亭"石刻。纪念碑前一条宽 2 米，长 32 米共 76 级的水泥梯级路至山下，中间用铁栏杆分开左右两路。纪念碑和怀忠亭被柏树、竹、九里香等绿植环绕。

宅梧革命烈士纪念碑、怀忠亭是为纪念在抗战和解放战争中发生在皂幕山区的交椅山、双桥、旱冲、高坑顶、白水带、龙潭山、凤凰山、圹湖、云独、宅梧等 20 余次战斗中牺牲的新鹤游击大队、广东人民抗日解放军、新高鹤总队和中国人民解放军粤中纵队及地方抗日自卫队将士陈春霖等 80 多位烈士而建。

宅梧革命烈士纪念碑由宅梧区委和区公所立项，共投资 167万元所建，于 1986 年 4 月 13 日揭幕，1998 年重修。作为鹤山市革命老区镇和重点红色旅游基地之一的宅梧镇，重视革命旧址和革命纪念设施的建设，也重视对革命纪念设施的保护。现碑、亭保护完好。

### （三）宅梧抗战阵亡将士纪念碑

位于鹤山市宅梧镇梧冈公园梧冈山坳北边的抗战阵亡将士纪念碑，坐东向西，始建于抗日战争时期，距现碑对开约 70 米的位置。现碑重建于 1998 年 9 月，占地面积 1 740 平方米，碑的建筑面积 8 平方米，碑宽 1.5 米，厚 0.8 米，高 4.2 米，钢筋水泥塔式结构，表面贴土黄色的釉面砖，碑的正面塑有"抗战阵亡将士纪念碑"大字。碑后建有思乡亭，鹅卵石铺地，整体规划为公园式，纪念碑、思乡亭被绿树环绕。

抗日战争全面爆发后，1939 年 1 月 30 日，1940 年 4 月 24 日、5 月 6 日和 5 月 23 日，日本帝国主义共出动 21 架飞机 5 次对鹤山县四区宅梧圩及鹰爪冈、宅朗、泗合、靖村、堂马、杨梅山、佐塘、北塘、横田、塘坳等地投弹或机枪扫射，枪杀国民党军士兵 2 人，炸死（枪杀）无辜百姓 42 人、伤 69 人，炸毁店铺 71 间、民居 61 间。当时，鹤山县国民党第四区政府为纪念牺牲的国民党军战士和被日军杀害的无辜百姓，让后人永记这段血泪史，于梧冈山坳立下抗战阵亡将士纪念碑。

宅梧抗战阵亡将士纪念碑是鹤山市唯一的一座纪念第二次世界大战期间国共合作迎击外来侵略而牺牲烈士的纪念碑，因此，吸引了不同党派和各界人士前往凭吊活动。

### （四）双桥革命烈士纪念碑

双桥革命烈士纪念碑位于鹤山市双合镇双桥村委会东园村井岗山上，坐东北向西南，占地面积 540 平方米。碑为攒尖顶钢筋水泥实心体，表面水刷石米塔式建筑结构。碑占地面积 9 平方米，碑宽 2.07 米，厚 2.05 米，碑高 6 米。碑座的正面镶嵌汉白玉石刻的碑记及烈士芳名，碑柱正面汉白玉镶嵌刻有"革命烈士永垂不朽"红色大字。碑左右建有对称两亭，为六柱长方形，绿色琉璃瓦建筑，亭高 4 米，面宽 8.05 米，深 3.56 米。

双桥革命烈士纪念碑于2001年9月由双合镇人民政府出资建设，是为纪念莫京泉烈士（1945年1月19日双桥战斗中牺牲）、李益烈士（1945年2月18日宅梧狮山战斗中牺牲）、李汤烈士和李威枝、梁小娇烈士夫妇（1945年5月12日宅梧龙潭山战斗牺牲）及李富强烈士（1979年3月在对越自卫反击战中牺牲）。

纪念碑由双桥村委会负责管理。每年清明节、五四青年节，双合镇教育部门组织中小学校师生前往该地进行革命传统教育活动。

### （五）云乡革命烈士纪念碑

云乡革命烈士纪念碑位于鹤山市云乡镇云中村委会坳下村拳头山上，建于1984年，由牌坊、亭、花坛、烈士碑、烈士墓组成。牌坊、亭与烈士碑、烈士墓呈90度角方向，水泥步梯从山下通往山上，共计66级8平台，范围面积900多平方米。

牌坊坐西北向东南，钢筋混凝土仿古牌坊，四柱三间结构，柱贴有黄色釉面砖，瓦顶铺绿色的琉璃瓦，正面镶嵌大理石上刻"浩气长存"四字。

亭坐西北向东南，为六柱六角亭，黄色琉璃瓦顶，正面镶嵌花岗石上刻有"英烈亭"三字。

烈士碑坐西北向东南，钢筋水泥结构，碑实心体，表面水刷石米装饰，碑高10米，长15.8米，宽13米，占地面积205平方米。碑座正面镶嵌云石刻有云乡革命烈士纪念碑文，碑柱的正面镶嵌云石刻有"云乡革命烈士纪念碑"的金色大字，碑的四周修有水泥钢筋表面水刷石米围栏。

烈士墓为土墓，座西北向东南，墓穴周边砌有12角形80厘米高砖墙，表面水刷石米。墓的正面镶嵌有云石，刻有烈士芳名、参军时间、牺牲时间、牺牲地点。

云乡革命烈士纪念碑的建立是为了纪念抗日战争和解放战争

时期在龙潭山战斗牺牲的广东人民抗日解放军第三团政委陈春霖；云乡战斗牺牲的广东人民抗日解放军第二团警卫员樊纪云、通讯员陈传英、战士张帝荣，云乡乡务委员会副主席樊仲威；新兴战斗牺牲的广东人民抗日解放军战士余皋平和送情报于新兴被敌逮捕遭杀害的抗日战士宋球；牺牲于恩平朗底的广东人民抗日解放军战士彭德贵；执行任务于从化县牺牲的广东人民抗日解放军排长李达明和牺牲于高明三洲之战的广东人民抗日解放军战士陈炳华等云乡优秀儿女。

云乡革命烈士纪念碑原由云乡镇政府管理，2011 年云乡镇与址山镇合并后，由址山镇政府管理，现为址山镇中小学生德育教育基地。每年的清明节、五四青年节、七一建党日或开展党建活动的时候，学校、单位或企业都组织青年学生、党员干部前往扫墓、进行革命传统教育、开展党组织活动。

### （六）金岗战斗烈士纪念碑

位于鹤山市龙口镇金岗圩旺山山腰的金岗战斗烈士纪念碑，坐北向南（偏南方），纪念碑由碑与亭组成，占地面积 350 平方米，纪念碑范围后面和左边用铁栏栅所护，碑前为旷地。碑高 8.4 米，建筑面积 9.6 平方米，为阙形水泥实心体釉面砖粘贴结构。碑座的正面镶嵌云石刻的金岗战斗介绍，背面是烈士芳名，碑柱的正面用云石镶嵌刻有"金岗战斗烈士纪念碑"的大字。纪念碑右侧建有"怀念亭"，亭四柱黄色琉璃瓦呈正方形，亭柱、梁粘贴浅红色釉面砖，正面镶嵌黑石刻有怀念亭的石额，高 5.6 米，建筑面积 28 平方米。

金岗战斗烈士纪念碑亭是为纪念在金岗历次战斗牺牲的烈士而立。牺牲于金岗的战士分别有：1948 年 11 月 20 日，新高鹤部队武工组长缪灶炎在朱集禧带领国民党军队"扫荡"二区时被围困于金岗圩无法突围，遭到杀害；1949 年 1 月 3 日，新高鹤部队班长黄永林在袭击金岗敌哨所时牺牲；1949 年 6 月 8 日，金岗涩蓼和五福突围战斗中的要明鹤独立营、新高鹤总队猛虎连牺牲的机枪手罗宏根，战士邓四、谢东湘（相）；同年 6 月 14 日，金岗圩收复战斗中新高鹤总队牺牲班长邱俊辉、吕耀芳，战士黄水生和卫生员周悦琼。

纪念碑原址在距现址 80 米处山下，因金岗圩范围扩展，原建纪念碑被拆除；2000 年，龙口镇政府于金岗圩旺山山腰重建金岗烈士纪念碑和怀念亭。

金岗战斗烈士纪念碑和怀念亭由龙口镇政府管理，学校、单位或企业每年都组织党员干部、青年学生前往扫墓、进行革命传统教育、开展党组织活动。

### （七）址山革命烈士纪念碑

址山革命烈士纪念碑位于鹤山市址山镇大王山顶的山腰，坐北向南，占地面积 3 559 平方米，纪念碑设于广场中部位置，广场四周修筑有花岗石材料栏板，地铺水泥预制件板。纪念碑竖立在广场的中间，塔式攒尖顶，碑四周设有平台基，长 10.5 米，宽 9.3 米，周围用花岗石栏杆，东西设出入口，碑底座呈正方形，长、宽 3.26 米，碑高 9.1 米，碑座的正面有汉白玉镶嵌纪念碑碑记；背面镶嵌汉白玉，石刻有烈士芳名及"浩气长存"碑刻；碑柱正面镶嵌有原广东人民抗日解放军政治部主任、广东省原省长刘田夫题书"革命烈士永垂不朽"红色大字，碑的表面粘贴花岗岩石装饰。碑前有 408 级台阶，路的两旁建有花坛，种有松柏树。山下横跨路口铺有长 165 米，宽 9.2 米的水泥路，是专为纪念碑而建，既是纪念碑的交通道路，也可方便各界人士徒步上纪念碑瞻仰。

纪念碑建于 1995 年，由地方及上级部门出资兴建，是为纪念在鹤山抗日战争和解放战争中壮烈牺牲的革命烈士而建。址山革命烈士纪念碑建于海拔 78.2 米高山上，为鹤山市纪念碑建立高度之最，整体显得气势磅礴、雄伟。

烈士纪念碑由址山镇政府管理，每年的清明节、五四青年节、七一建党日或党建活动时，址山镇的中小学生、党员干部以及市内一些部门党员干部、青年前往扫墓、进行革命传统教育活动。

### （八）龙潭山革命烈士纪念碑（战役在第三章记述）

龙潭山革命烈士纪念碑位于鹤山市宅梧镇荷村，坐东南向西北，占地面积 618 平方米。碑面宽 2.04 米，厚 1.48 米，高 4.28 米，钢筋水泥实心体塔式，表面水刷石米结构。碑座的正面用黑石镶嵌镌刻金岗烈士纪念碑亭战斗碑文，碑背刻有龙潭山战斗介绍及烈士芳名。碑柱正面塑有"革命烈士永垂不朽"几个大字，碑范围修有水泥栏杆。碑前一条宽 2.4 米，长 30 米的水泥台阶延伸至山脚，台阶两旁砌有鞍马式水泥护栏。

宅梧镇人民政府于 1986 年拆除旧碑，重修此碑，是为纪念广东人民抗日解放军第三团在龙潭山之役中牺牲的战士。

纪念碑现属澄海旅游区辖，每年清明节附近的中小学生前往扫墓，向革命烈士敬花。时有社会各界人士和老战士前往向烈士表达敬仰和怀念之情。

### （九）白水带革命烈士纪念碑（历史资料在第三章记述）

白水带革命烈士纪念碑位于鹤山市宅梧镇白水带村委会白水带村蛇山山腰上，坐东向西，占地面积 146 平方米，碑宽 1.65 米，厚 1.1 米，高 4.8 米。水泥实心体，水刷石米塔式结构，碑座正面镶嵌黑石碑记，记述战争经过和革命烈士芳名，碑柱的正面塑有原广东人民抗日解放军政治部主任、广东省原省长刘田夫题字"革命烈士永垂不朽"。碑前修有宽 1.7 米，长 30 米水泥路通往山下。

白水带革命烈士纪念碑是为纪念在白水带地区战斗牺牲的陈

春霖、张诚刚、赖学文等 11 位烈士而立，1994 年由鹤山市老区建设办公室和白水带村委会出资、乡民捐款重建，由白水带村委会管理，现已成为当地一处爱国主义教育基地。

**（十）容宗英纪念室**

位于鹤山市址山镇昆联村委会（原为大朗村委会）回龙村的容宗英纪念室，坐东向西，纪念室正面宽 9.1 米，长 7.1 米，建筑面积 65 平方米。楼高一层，顶部四周砌有女儿墙，墙体铺黄色的琉璃瓦，整座建筑墙体为水刷石米，纪念室的正面为四柱三开间，后面围墙内有 30 余平方米空地，前正中为大门口，两边开窗，正门上方镶嵌刻有原广东人民抗日解放军政治部主任、广东省原省长刘田夫题写的"容宗英纪念室"的花岗石，室前旷地对称地种有白玉兰树两棵。

容宗英烈士（1913—1944），广东新会人，1930 年起到鹤山县址山大朗乡敦本小学教书，后到开平县北建学校教学；1938 年在延安公学毕业，并参加了中国共产党，接受党组织安排回广东。由于他曾在鹤山大朗工作过，群众威信高，中共西南特委安排他再次回到大朗乡开展革命活动。

1939 年 5 月，中共新鹤县工委成立，容宗英任工委委员，管宣传工作，为了便于工作，他仍驻大朗乡，以抗日队员身份作掩护，活动于新会的司前、石步、桥下，开平的水口和鹤山的址山、云乡、大朗等地区，组织开展抗日救国活动，发展党员，建立革命根据地。1939 年下半年，通过大朗进步群众的推荐，得到乡绅的同意，容宗英再度进入敦本小学教书，借到学生家家访的机会宣传抗日救亡的道理，宣传马列主义和共产党的主张，使群众对党有了认识，支持和拥护党的工作。同时，对进步的青年学生和群众进行培养和教育，发展了归侨郭祥和敦本小学校工郭佛等入党，并于 1940 年 5 月成立中共大朗支部，容宗英兼任书记。随后，容宗英以学校为阵地，以"协进会"的名义，发动乡民，向海外华侨募捐经费，扩展学校，学生从 100 名发展到 200 名，教师由 2 名增到 4 名。教师中有 3 名中共党员，从此学校成为党的活动中心，大朗乡成为党组织的安全驻地。

容宗英在大朗工作期间，为开辟大朗乡这片红色根据地，为党的事业忘我工作，不遗余力，积劳成疾，于 1943 年患上重病，1944 年 7 月为中国革命贡献自己宝贵生命。

为纪念容宗英烈士，国内外热心人士集资，于 1989 年在抗战时期由容宗英负责的鹤山交通情报站旧址兴建了容宗英纪念室。室内藏有革命历史、文学、政治、农业科技、故事等各类书刊 500 多册，提供村民和学生阅读。此外，纪念室还是回龙村民委员会会址、文化室和党员、老人、青年、妇女、民兵活动室。

**（十一）方奕智烈士墓碑（事迹在附录一记述）**

方奕智烈士墓碑位于鹤山市沙坪街道坡山村委会东头村石螺冈，坐东向西，墓碑占地面积 165 平方米，周边砌有石墙，3 个平台，石阶路正中上墓地。碑为塔式攒尖顶，实心体水泥水刷石米建筑结构，碑宽 1.4 米，厚 1.5 米，高 4.8 米。碑座的正面镶嵌黑石刻有广东省原省长刘田夫题的缅怀烈士诗和方奕智烈士事迹介绍，碑柱正面阴刻"方奕智烈士永垂不朽"金色大字。

方奕智烈士墓碑由鹤山市民政局于 1983 年建立，现属坡山村委会管理。

方奕智烈士的事迹在鹤山广为流传，缅怀烈士的后人众多，每年清明节、五四青年节城区的中小学生、各机关单位、社会团体组织都来到此地开展扫墓和缅怀先烈的活动。

**（十二）邓少珍烈士墓碑（事迹在附录一记述）**

位于鹤山市古劳镇新星村委会洛社村二队路口侧的邓少珍烈士墓碑，坐西向东，占地面积 122.4 平方米，墓碑为塔式攒尖顶，实心体水刷石米结构。碑高 3.2 米，座面宽 1.9 米，厚 1.5 米，顶面宽 1.1 米，厚 0.5 米。碑柱镶嵌的长方形花岗岩上刻有原新高鹤总队政治处主任、中华人民共和国成立后鹤山县第一任县长、广东省原副省长杨德元的题字——"邓少珍烈士永垂不朽"。墓碑前建有一座六柱六角绿色琉璃瓦顶亭，亭高 3.13 米，亭内墙上镶嵌一块"邓少珍烈士纪念碑志"。

1988 年，邓少珍烈士的丈夫吕锡华出资将邓少珍烈士墓从高明大简村迁回鹤山古劳洛社村。该墓碑被古劳镇定为"德育教育基地"，属镇政府管理。每年的清明节、五四青年节，中小学校组织学生前往扫墓和进行革命传统教育活动。

### （十三）温许荣烈士墓碑（事迹在附录一记述）

位于鹤山市龙口镇青溪榄堂村大石鼓山腰的革命烈士纪念碑（温许荣烈士墓碑），坐西南向东北，由花坛、碑、烈士墓三部分组成，范围面积 340 平方米。墓碑占地面积 8.8 平方米，碑高 6.6 米，碑为塔式实心体，表面水刷石米建筑结构。碑台两边安放两只石狮子，碑座正面镶嵌有黑页岩石刻徐青书的碑志，碑座的左右两侧刻有杨基、徐青二人悼念战友的诗句。碑柱的正面，上塑有一颗五角红星，下刻有"革命烈士纪念碑"几个大字。碑的背后是温许荣烈士墓，占地 1 平方米。墓前竖立水泥预制件碑，碑中刻着"中国共产党员温许荣之墓"，下款"杨基敬书"。碑前为花坛，花坛的两旁为纪念碑的台阶和石狮。

温许荣牺牲后遗体由兄弟偷偷掩埋于家乡的大石鼓山上。20 世纪 70 年代末，应温许荣战友的要求，1980 年春，由青文大队集资立碑。墓碑由村委会和烈士的亲人管理。早年，墓碑范围杂草丛生，碑柱有一角脱落，与碑相隔 4 米处出现一处长 9 米，宽 6 米的圆形塌陷。在老促会协助下，2017 年重修，如今庄严肃穆、青松翠柏的墓碑，成为后人缅怀先烈的教育基地。

## 五、其他纪念设施

### （一）新高鹤修械所旧址——宅梧白水带

1948 年 7 月至 1949 年 4 月间，新高鹤人民解放军总队曾在宅梧白水带举办过两期爆破训练班，培养了一批枪械方面的技术人员，为创办修械所提供了人才基础。

1949 年 5 月，为适应武装斗争迅猛发展的需要，总队在鹤山宅梧白水带罗汉顶村创办一间修械所，初期设址于罗汉尖半山腰，后为增强其隐蔽性，迁入山中。全所共 9 人，由杨新任所长。修械所主要任务是维修粤中区（包括三罗、两阳）各地送来的武器，翻做子弹，制造地雷、手榴弹等供部队使用。他们用土硝等自制火药，用铜、铝、锡、钢材、烂锅铁、犁头铁回炉翻炼，铸成各种枪械的零配件，各种子弹头、地雷和手榴弹壳。

修械所克服困难自制土炮盘一事尤值一提：茶山战斗中，中区部队缴获唯一一门六〇炮，没有炮盘，需修械所铸造。但当时一不能到敌人那里察看炮盘的样子，二无图纸和资料，铸造难度很大。后来，修械所人员灵机一动，到开平水口圩的旧书摊中去找，买了几张印有国民党和日军迫击炮的图纸。修械人员根据它的轮廓进行研究，仅用 3 天就把土炮盘造出来了，而且轻巧、结实、好用。

修械所由于技术过硬，在当时具有很高威信，先后维修机枪10 余挺、步枪200 多支、手枪50 余支，翻造子弹数千发，自制炮盘 1 个和地雷、手榴弹、雷管、土炸药一批，为部队补充了大批武器弹药。

肇庆、江门解放时，修械所全体成员配合中国人民解放军粤中纵队接管了肇庆的叶肇兵工厂和江门的留守处修械厂、台山的斗山兵工厂。

### （二）高咀事件旧址——址山高咀钟家祠

1948 年，鹤山发生了一件因奸细告密而导致多位革命先辈惨烈牺牲的事件，称为"高咀事件"。事件就发生在址山高咀村的钟家祠，钟家祠由于年久失修，破旧不堪。钟氏族人经多方集资，于 2000 年 5 月在原址重建钟家祠。

### （三）鹤山简师起义旧址——龙口协华学校（历史资料在第四章记述）

1949 年 4 月 26 日，鹤山简易师范学校百余师生，脱离国民党政府的反动统治，奔赴解放区投身人民解放事业。这次起义，是鹤山前所未有的革命行动，在粤中地区产生了重大的政治影响。当年新华社记者穆欣在他的前线通讯《南线巡回》中及时作了报道，称为"简师起义"。2006 年，在省交通原厅长、老同志李牧帮助下，在协华学校修建起义纪念碑，2014 年修建了简师起义桥，方便学生和群众出入。

# 历史文献

## 一、《鹤山第一区各乡农民自卫军第一区分队组织法》

1924 年冬，根据《鹤山第一区各乡农民自卫军第一区分队组织法》，昆东十七堡各乡农民协会都先后组织了农民自卫军。农民自卫军以 10 人为 1 分队，每 4 分队为 1 小队，每 2 小队为 1 中队，每 2 中队为 1 大队。是年冬，昆东农民自卫军第一大队成立，由陈式熹暂任大队长，下分 2 个中队和 4 个小队：雅瑶乡小队，陈山乡小队，平冈乡小队，乌石、茶园、清溪、洞田合 1 小队。大队还设军事专员 1 人，政治专员 1 人。所有枪支，由各乡公枪拨用。大部队驻雅瑶乡昆东书院。经费由各乡农民协会按会员人数分派。

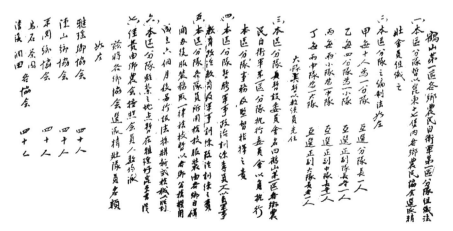

1925 年《鹤山第一区各乡农民自卫军第一区分队组织法》

## 二、《鹤山县志》（民国版）

《鹤山县志》（民国版）共 16 卷，20 章，堪称是鹤山一项重大文化建设工程。志书由宋森历时 17 年独力修撰，洋洋 50 万字，是极之罕有的手抄孤本，其史料价值至今无可替代。而它娟秀的小楷，流畅的笔调，令后人敬佩不已。

《鹤山县志》首页

### （一）宋森独力修志

早在 1931 年，宋森就提出重修县志的倡议和计划，2 月，时任县长黄秉勋召集全县区乡联席会议，议决重新编辑县志，委任教育局局长宋森任修志主任，但经费无着，延至 1939 年，修志排上议事日程，却因日军侵犯鹤山，又拖到抗战胜利后才动笔。但宋森自始至终抓紧收集积累资料，不停地考稽典籍，对鹤山的地理、历史、社会、经济等进行考查，做了大量前期准备工作，分别写就《鹤山近况》《鹤山县城调查》《鹤山教堂调查表》《鹤山茶叶小史》等章节，整理全县各姓族谱，收集常住居民 116 姓等的修志资料足足四大箱。他又参考了苏、鲁、桂等省的同行的经验，订出民国版鹤山县志大纲，包括疆域、民族、纪年、政治、防卫、财用、交通、经济、教育、礼俗、人物、名迹、艺术等 29 篇。从 1945 年起到 1949 年，宋森利用一切时间，见缝插针独力修志。中华人民共和国成立后，他接受人民政府邀请出任县一中校长。此时他已年逾七旬，完成县志修纂成了最大心愿，于是辞谢一些社会公职，住进鹤山一中坎侨堂宿舍潜心修志。一部历时 17 载，共 16 卷、约 50 万字的手抄本县志终于基本完成。除了只有几人帮他抄写过资料，几乎是宋森一人独力完成。土改复查时，因"左"倾错误影响，宋森受到迫害而撒手人寰。县志来不及修缮付印，留下无可补救的遗憾。

### （二）《鹤山县志》的价值

这部书堪称鹤山重大文化建设工程，尽管未正式出版，但仍然有着不可抹煞和无可替代的史料价值。

首先，它比较完整地记载了鹤山建县以来 220 年（1732—1952）的历史，填补了近代鹤山 100 多年历史记载上的空白。本来，在宋森之前，鹤山曾有两部县志，分别是乾隆版与道光版（为宋森编写鹤山前期史实提供依据），但自道光四年后的 120 多年再没有人重修县志，而这个时期，正是鹤山社会发生深刻变化的年代，鹤山近代社会嬗变的轨迹，全靠宋森这部县志详细记载下来，他为鹤山写下了一部较完整的近代史，而且只此一部。

其次，它具有较大的涵盖面和清晰度。中国的方志学源远流长，清代史学家章学诚的《方志例略》，提出一套系统修志理论和体例，影响甚大，以后各地修志多数遵从章学诚的理论原则。而宋森能运用近代史的新观点、新体裁，一定程度上摆脱章氏学说的束缚，为后人写出一部颇具时代色彩、涵盖面广、清晰度高的方志。

再次，编者的民主革命思想、爱国立场在志书中有鲜明表现。在县志中，批判封建旧俗，宣扬民主与科学思想，倡导改革，对兴学育才、发展生产等事业都给予充分表彰，日寇侵犯鹤山烧杀抢掠罪行以及鹤山人民奋起抗日，拥护中国共产党的政治态度等都一一见诸于志。

### 三、革命干部、人民群众给县委领导关立的信

#### （一）党政军民给关立及县领导的信函

1949年初，关立任鹤山县工委书记，粤中纵队第六支队十九团政委，10月进城后任军管会主任，是鹤山县党政军主要领导干部。当年党政军民各界不少人写信给关立及其他领导，他们都希望高层听取接纳各方面意见，改进工作，依法施政，建设新鹤山。

在各类信函的来信人中，曾与关立共事的各级革命干部居多，如曾任鹤山县县长杨德元、副县长汤伟基等党政领导，也不乏民主人士、学者及港澳知名人士等，如曾是鹤山首任民选县长、1949年为香港鹤山同乡会会长李一谔，就亲笔写信给关立。

这些信函各具特色，五花八门。有用信笺、草纸、烟纸的；有用毛笔、铅笔、钢笔写的；有寥寥几行字，有数百上千字；有

文言文的，有白话文的。

信件涉及内容包括反映情况、建言献策、提出各种要求或个人诉求。其中对如何巩固新生政权、发展经济提出许多中肯建议。

### （二）文献价值

现存的信件多数写于 1949、1950 年，它们见证鹤山临近解放与中华人民共和国成立初期游击区军民活动情况、军民生活状况，部队进城后，各界人民出于对新生政权的信任、期盼，从各方面向当时的高层领导提出方方面面建设性意见，充分显示军民间血浓于水的关系，广大人民群众热爱解放军、拥护中国共产党领导的真挚情怀。

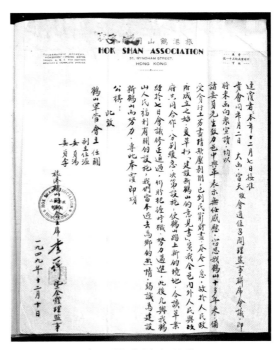

李一谔致关立的信

信件一　李一谔致关立的信：

窃思我鹤山十多年来备受贪污、土豪劣绅欺压剥削，已到了民穷财尽，奄奄一息，故于人民政府成立之始，拟呈《建设新鹤山意见书》，冀我全邑内外人民与政府合作，把握机遇，努力迈进。

旅港鹤山同乡会主席李一谔暨全体理事会

1949 年 12 月 11 日

李一谔的信情真意切地反映港澳同胞的意见和期望，对县领导施政帮助很大。

信件二　余实写给汤伟基（副县长）的信：

　　兹有四区第八村（指宅梧山区）虎患严重，山猪糟蹋，村民希望贵府（县政府）能协助设法解决，俾能及时消除此害，他们派代表前来将详细情形上呈，希接洽，此致敬礼

村干部余实

1950 年 4 月 4 日

　　据说，后来县府派出打猎队前往帮助解决。因此，保存的信函十分珍贵，而且仅此一册。

## 四、毛泽东给鹤山农民的复信

　　1951 年 3 月，中央人民政府委员司徒美堂视察鹤山工作时，鹤山翻身农民请他代转送鹤山特产红烟给毛泽东，毛泽东收到后即于同年 4 月 27 日给予了回信。

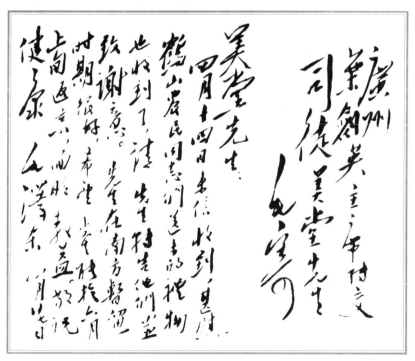

毛泽东给鹤山农民的复信

# 红色歌谣、歌曲

## 一、贯彻《婚姻法》的《十好歌》

1953 年，鹤山县公安、司法、妇联、农会、工会等有关部门，都认真宣传、执行《中华人民共和国婚姻法》，鼓励男女自由恋爱、自由选择对象，宣传同姓可通婚，寡妇可再嫁，把压在妇女头上的不平等婚姻制度和一切陋习一扫而光。广大群众尤其是女同胞感到欢欣鼓舞。当时曾流传着歌颂婚姻法的《十好歌》：

> 一唱民主新婚姻，自由恋爱感情深；二唱民主新婚姻，封建习俗一扫光；三唱民主新婚姻，男二十、女十八，禁止早婚要执行；四唱民主新婚姻，不用财物不用金，买卖婚姻行不通；五唱民主新婚姻，自由再婚合情理，从此寡妇得翻身；六唱民主新婚姻，实行一夫一妻制，禁止纳妾与重婚；七唱民主新婚姻，夫妻地位要平等，互助互爱免纷争；八唱民主新婚姻，男女不和可离婚，但要双方细思量；九唱民主新婚姻，虐待孕妇要处罚，保护孕妇要认真；十唱民主新婚姻，生男生女都是宝，重男轻女思想要不得。

## 二、著名作曲家宋军的抗日歌曲《乘着长风前进》

宋军，雅瑶昆东人，1938 年罗定中学高中毕业后参加抗日活动，之后往国立福建音乐专科学校学习，后回乡在中、小学任教，因参与爱国宣传遭当局通缉而逃往香港。中华人民共和国成立后，回北京在中国音协任编辑。1963 年回乡，先后在鹤山一中、鹤山文化馆工作。1987 年被聘为中国儿童音乐学会会员，鹤山政协第一、第二、第三届副主席。

1938 年在四川成都《航空》杂志发表处女作《乘着长风前进》后，发表音乐作品近千首，出版少儿歌曲集 20 本。在全国流传和入编音乐教材的有《雷锋叔叔请听我的回答》《海鸥》等，《这是祖国给的》《白帆、白帆》等 10 多首作品曾获得全国及省级奖。

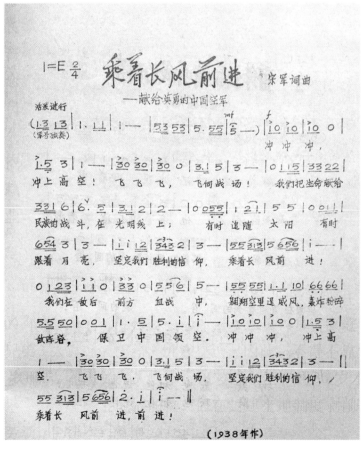

《乘着长风前进》乐谱

### 三、解放战争时期民歌《锣鼓响，红旗扬》

1949 年 10 月，鹤山解放，鹤山人民载歌载舞。其中用广州方言传唱的革命歌曲，家喻户晓，影响深远。

锣鼓响，红旗扬，四处烧炮仗。人人大声唱，大家来唱、来唱，解放、解放，解放鹤山县，鹤山放光明，肃清反动派，人民来当政，人民当政，恢复工商业，经济繁荣。

多谢共产党、多谢共产党，多谢毛主席、多谢毛主席，领导我们走向光明，走向光明。

附录
十

# 大事记

## 1923 年

8 月　中共广东区委和中国社会主义青年团粤区委派党员丘鉴志、陈式熹，团员彭刚侠、王度慈到鹤山工作，在昆东任小学教师。陈式熹兼任陈山民团（又名农民义勇军）教练。

10 月 14—16 日　彭刚侠代表鹤山出席中国社会主义青年团第一次代表大会，报告了鹤山的工作。

11 月 4 日　中国社会主义青年团广东直辖鹤山支部成立，团员 4 人，彭刚侠任书记，地址为平冈乡平民学校内。

## 1924 年

7 月　第一届广州农民运动讲习所于 7 月 3 日开学，鹤山团支部派丘鉴志、陈式熹 2 人参加学习，8 月 20 日结业。同月 24 日，丘鉴志和陈式熹被任命为中央农民部特派员，到鹤山县领导开展农民运动。

7 月 21 日　中国社会主义青年团的外围组织、新学生社鹤山分社在沙坪和平社学宣告成立，有男女社员 20 余人，鹤山团支部派团员教师负责指导。

11 月　中共广东区委和团粤区委举行联席会议，决定在鹤山、广宁、花县、顺德、新会、东莞等县分别成立党支部。同月，中共鹤山县支部成立，党员 3 人：丘鉴志、陈式熹、彭刚侠，由丘鉴志任支部书记，支部驻地在平冈乡平民学校。由于当时 3 人尚属团员年龄，按规定与团员王度慈和新加入青年团的农民李松轩、李国耀、李元杏成立团支部，王度慈任团支部书记。

## 1925 年

1—4 月　由阮啸仙主持的第三届农民运动讲习所于 1925 年元旦在广州东皋大道 1 号开学，中共鹤山支部和团鹤山支部选送冯宝葵、冯兆潮等 10 名进步青年参加学习。

4 月 3 日，该届学员毕业，冯宝葵在学习期间已被吸收为中共党员，被任命为农民部特派员，派往番禺县工作，冯兆潮被派往中共广东区委机关任交通员，其余 8 人返回鹤山，协助开展农民运动。

4 月　根据社会主义青年团第三次全国代表大会关于"中国社会主义青年团"改称为"中国共产主义青年团"的决议，鹤山团支部改称"中国共产主义青年团鹤山特别支部"。

5 月 1 日　在中共鹤山支部和团鹤山特别支部的倡议下，鹤山全县各校师生分别与当地农民集会，纪念五一国际劳动节。

5 月 9 日　中午，雅瑶地方农工商学各界群众数千人，集中昆东书院门前广场举行纪念大会，鹤山党支部和团支部代表在会上讲话。会后，举行示威大游行，沿途高呼口号，散发传单以唤醒民众奋起救国。

6 月 28 日　鹤山县农、工、商、学、军、政各界 1 000 余人，在沙坪和平社学前广场集会，正式成立鹤山县对外协会。会后，协会又召集商人开会，号召商人抵制英日美货品。

## 1926 年

春　鹤山县农民协会联合办事处成立，随后组织了一支 300 人的农民自卫军，有水龙机关枪 1 挺，步枪 200 余支。办事处设于沙坪冯家祠内，宋少白、杨亮一、何炳文为执行委员，还有委员区乾光、黄吉昌、杨月屏、李信华、李英伟等。据不完全统计，全县成立农民协会 23 个，有农会会员 6 000 余人。

10 月 10 日　土匪何柏等率贼众到沙坪劫掠，农会办事处执行委员杨亮一、团鹤山特支书记宋中兴、县立中学宋躬约等师生 68 人被土匪绑票。11 月间，豪绅以重金收买匪首冯新（花名"马骝王"）将杨亮一杀害。

## 1927 年

2 月　鹤山县农民协会联合办事处集中各乡农会会员和农民自卫军，在沙坪举行大会，会后进行声势浩大的大游行。游行队伍抵达龙口平心村时，逮捕了地主、高利贷者李炳芬（绰号"拜年鸡髀"），押赴沙坪，游街示众，之后，将他押送鹤山县法院处理。

5 月　蒋介石在上海发动四一二反革命政变后，国民党反动派在广东各大、中、小城市大肆搜捕和屠杀共产党员和革命群众，疯狂地镇压农民运动。5 月 12 日，鹤山县长李乃刚派县兵营长梁山率队包围驻和平社学的鹤山农民协会联合办事处，搜捕农会干部，封闭联合办事处。

5 月中旬　为对付国民党的白色恐怖，中共广东区委特派员杨善集，在新会县田金乡张村召开党的特别会议，传达中共广东区党委指示。会议决定，在农民运动有基础的鹤山县建立苏维埃。会后，共产党员吕棠、彭干廷、施展、钟以筼根据会议决定到达鹤山昆东地方活动，得到当地进步人士宋森的全力支持，组织了 300 人的赤卫队。

12 月 13 日　鹤山县苏维埃政府在平冈乡宋氏大宗祠宣告成立，推举宋森为主席，吕棠、彭干庭、施展、钟以筼为委员。在成立大会上，公布了对工人、农民等四个政治纲领。鹤山苏维埃政府成立仅两天，即遭国民党第十三师云瀛桥的 1 个团及县兵 2 个营的武装镇压而夭折。

12 月中旬　根据五邑暴动指挥部命令，鹤山县各乡农民自卫军 200 人，集中雅瑶圩昆东书院待命，准备与广州同时举行暴动，进攻江门市，互相配合。后由于广州暴动提前，到 13 日已失败，鹤山农民自卫军遂解散回乡。

## 1938 年

12 月　中共鹤山特别支部成立，书记莫福枝、委员廖健。驻龙口青溪世昌温公祠。

12 月 2 日　侵占南海九江的日军于夜间渡过西江，侵犯古劳，在圩内肆意杀人抢掠，朱六合群众闻讯，纷纷要求上前线杀敌。

12 月 4 日　战工队第一〇二队和五福乡乡长冯泽率朱六合民众抗日自卫队 60 余人开赴古劳，准备与日军血战，队伍在距古劳 2 千米的麦村附近，与国民党军队会合。得悉日军退回九江，自卫队遂返回村中。

## 1939 年

2 月　经第九大队政工队的宣传、发动，鹤山三区的南洞、茅坪、五育等地青年和学校教师，成立南洞青年抗日先锋队，队长黄日昭，副队长梁月德。驻南洞圩炮楼。

2 月中旬　在鹤山开展救亡运动的战时工作队第一〇二队、第一二九队和第一五六队，接第四战区命令，到韶关集训。

3 月 28 日　侵占南海九江的日军第八十六联队渡过西江，攻占沙坪。

3 月 31 日　凌晨，驻鹤山的国民党军一五五师九二六团分三路向沙坪发起反攻，击毙日联队长松枝以下官兵 40 余名，九二六团伤亡 60 余人。数日后，日军撤出沙坪。

4 月　中共朱六合支部成立，书记冯维庆。

5 月　中共中区特委组织部部长陈春霖、中共新鹤县委武装部部长陈明江到鹤山粉洞、青溪等地指导工作时，指示中共鹤山特支书记冯光，要认真搞好粉洞这个根据点，使之与朱六合、青溪合成一个三角地带，作为开展抗日游击战争的根据地。

7月　中共特支书记冯光、副书记苗文舒和干事温煊荣，恢复了青溪小学，并以教师职业作掩护，开展工作，先后吸收了温广才等人为共产党员，成立青溪支部，温煊荣任支部书记。

夏　中共中区特委组织部部长陈春霖，6月间，先后吸收陈相、张庚华为中共党员。中共新鹤县工委成立后，县工委委员余高平、容宗英又吸收了陈李林等为中共党员，成立云乡党支部，陈相任支部书记。

秋　经中共党员方奕智的培养，小学教师李迅挥（女）、吴英华、冯锡林和茶楼工人源镜容成为中共党员，成立云蓼党小组，方奕智任小组长。

# 1940 年

5月　大朗支部成立，宋宗英任书记。

夏　大朗党支部书记郭祥担任有 70 余人、拥有 30 余支枪的老更队的队长，男性党员全部加入老更队，使之成为共产党领导的地下武装队伍。

7月1日　中共鹤山特别支部隆重举行纪念中国共产党建党19 周年党员大会。参加大会的有冯光、苗文舒、赵彬、廖健、陈云英、林振炽、吴英华、李迅挥、温八田、温根荣、任顺文、冯维庆等近 20 人，这是鹤山重建共产党组织以来的第一次党员盛会。

7月　为加强对鹤山县北半部地方党组织的领导，中共新鹤县工委决定，撤销中共鹤山县特别支部，成立中共鹤山县西北区工委，书记冯光，委员赵彬（主管党务）、廖健（主管宣传）、谭煦照（10 月到职）。

10 月　面对国民党第一次反共高潮，中共中区特委从开平县赤坎镇转驻大朗乡回龙村，特委书记刘田夫以行商面目进行革命活动。

## 1941 年

5 月　中共中区特委根据形势需要，决定撤销新鹤县工委，新会和鹤山党的领导机构分开，成立中共鹤山县委员会，书记李宜振（8 月到职），委员余高平（主管党务）、谭煦照（主管宣传）。县委机关先驻尧溪，后驻青溪。

## 1942 年

8 月　自中共南方工作委员会和中共粤北省委于 5 月下旬被破坏后，中共中区特委分别向各县传达中共中央南方局的指示：除沦陷区党组织照常活动外，国民党统治区的党组织一律暂时停止活动。

## 1943 年

2 月　中共新鹤边区工委副书记彭炳炎，根据组织意见，派 5 名共产党员到禾谷地方，成立禾谷党小组，以教师职业作掩护开展工作。

3 月　因被叛徒蓝秉强告密，禾谷党小组奉命立即撤离，转入部队或其他地方工作。

8 月　粤北事件发生后，中共鹤山县委书记李宜振对革命发生动摇，自行脱党，离开鹤山。为此，鹤山党组织与上级的联系中断。

## 1944 年

5 月　新会桥下的共产党员陈灿和云乡进步青年陈棠，早年在址山圩合资经营广利号杂货铺，经常接待过往的共产党员，经上级党组织的批准，正式成为新会、开平、鹤山边区地下交通站。同年 7 月 1 日，陈棠由陈灿介绍，加入中国共产党。

5月　南番中顺游击区指挥部政治部主任刘田夫在新会礼乐召开干部会议，传达省临委和省军委关于发展全省人民抗日游击战争与恢复国民党统治区中共党组织活动的指示，讨论建立人民抗日武装和开辟抗日根据地等问题。会后，新鹤人民抗日游击大队（简称新鹤大队）在新会田金乡内部宣布成立，大队长兼政委陈明江，副大队长黄国明，政治处主任谭煦照。

9月　为适应武装斗争需要，抗日部队在铁岗、维墩等地建立交通站。铁岗交通站设在铁岗小学，站长吕帝协；维墩交通站设在李如意家，站长黄微；粉洞交通站，站长任顺庆。

10月　为建设好云乡抗日根据地，新鹤大队在驻云乡期间，分别帮助当地建立民主政权和抗日武装。民主政权称新云乡乡务委员会，主席陈棠（共产党员），副主席樊仲威，指导员彭炳炎。云乡抗日武装称云乡人民抗日自卫中队，有60余人枪，共产党员陈金星任队长，指导员彭炳炎。

11月7日　广东人民抗日游击队中区纵队挺进宅梧镇，一举攻克四区署及警察所，俘区长李锡芳（后经教育释放），缴获长短枪10余支，同时打开粮仓，救济贫苦农民。宅梧镇解放后，部队进驻靖树乡，司令部驻余氏宗祠，政治部驻李氏宗祠。

11月15日　广东人民抗日游击队中区纵队兵分两路：一路从云乡经鹿湖顶，一路从宅梧镇经荷村，拂晓前抵达白水带，向统裕中队驻地发起攻击，敌一触即溃，白水带宣告解放。

12月　在中区纵队帮助下，鹤山县第四区临时行政委员会宣告成立，由当地士绅罗捷云任主任委员，部队派共产党员杨基任政治督导员。

12月下旬　珠江、西江、粤中3个地区党政军干部在鹤山四区宅梧镇举行会议，参加会议的领导干部有连贯、林锵云、罗范群、梁鸿钧、刘田夫、谢立全、冯燊、谢斌、谢创、梁嘉、李国霖、陈翔南、关山、周天行等。会议由连贯主持。连贯和梁鸿钧传达了省临委和省军委对成立广东人民抗日解放军和珠江纵队以及成立中共中区特委等有关决定，讨论并部署了今后的工作方针和任务。

## 1945 年

1 月 29 日　根据中共广东省临委和广东省军政委员会决定，广东人民抗日解放军在鹤山四区宅梧镇公开宣告成立，并于是日举行成立大会，发表成立宣言和通电，连贯代表省临委、八路军和新四军致词祝贺。广东人民抗日解放军司令员梁鸿钧，政委罗范群，副司令员兼参谋长谢立全，政治部主任刘田夫。司令部下辖 4 个团，原新鹤大队扩编为第二团，团长卢德耀，政委陈明江。

2 月 5 日　广东人民抗日解放军第三团路经鹤山四区合成旱冲村，与前来"扫荡"的国民党一五八师四七三团遭遇，发生战斗。随军行动的高明县二区民主政权副区长陈权中弹牺牲。

3 月 6—7 日　国民党挺三、挺五纵队与鹤山、开平两县反共武装 1 000 余人，分兵六路进攻云乡。仅有少数乡村干部和抗日自卫队员分别据守张怀楼和云清楼，战斗激烈，战士张帝荣、樊仲威、樊纪云壮烈牺牲。

3 月 7 日　广东人民抗日解放军政治部民运队长、中共党员方奕智，于 3 月 6 日从云乡出发，途经开平水井迳，遇顽军被捕，受尽酷刑，坚贞不屈。7 日，方奕智就义。

5 月 8 日　驻守鹤城的广东人民抗日解放军的第二团、三团和独立营与地方顽军的自卫大队展开战斗，击毙分队长袁伯烈，缴获手提机枪 1 挺，长短枪 30 余支，弹药及军用物资 1 批。独立营一连连长郑扬奇负伤。

5 月 12—13 日　广东人民抗日解放军第三团在开赴高明县时，于 12 日途经荷村的龙潭坑隐蔽，是日中午被鹤卫总队 200 余人包围攻击，三团奋起抵抗，战斗异常激烈，牺牲战士10余人。入夜，部队突围至鹿湖顶。13日清晨，复与鹤卫总队遭遇，政委陈春霖牺牲，特派员严尚民负伤，损失重机枪2挺，长短枪数10支，部队被打散。

8月　广东人民抗日解放军第三团在皂幕山战斗失利后，政治部主任刘田夫到第三团直接领导，指示成立粤中武工队，由黄德赐兼任队长，在高明、开平、鹤山（合成地方）、新兴、高要等县边界地方开展抗日活动。

8月29日　占据会城的日伪密侦队致函鹤山三区民权乡勒索巨款80万元。广东人民抗日解放军第二团和独立营用计全歼日伪密侦队12人。当场毙敌2名，1名逃出时被大凹村民杀死，俘虏9人，缴获步枪10支，手枪7支。解放军无伤亡。

## 1945 年

9月　为改善鹤山一区坡山烟厂工人生活，在坡山小学任教的共产党员陈云英（女）和安排在该厂做工的共产党员汤春韶（女），发动全厂工人，同工厂老板进行面对面斗争，同时投稿江门《复兴报》和《民权报》，揭露资本家和工头的丑恶事实，迫使工厂老板部分地改善了工人生活待遇。

12月　广东人民抗日解放军第二团根据上级停止武装斗争的指示，安排了部分战士复员，把轻机枪2挺、步枪一批，交由大朗党支部保管，剩余20余人，由连长郑扬奇、指导员张峰带领，到汉唐隐蔽。1946年2月，他们接受中共新鹤县委武装部长赵彬的领导。

## 1946 年

9月　杨德元奉命任中共鹤山县特派员，罗明改任副特派员。杨德元进入鹤山前，在新会县源清乡以文书职务为掩护，负责领导鹤山南半部的党组织工作，后于1947年3月才进入鹤山，驻维墩乡。

## 1947 年

2 月　梁文华到江门向中区特派员谢永宽汇报工作，听取香港分局关于恢复武装斗争，实行"小搞"，准备"大搞"的指示。随后组成一支有 50 余人的基干队，以戴卫民为队长，李法为指导员。该队曾以"鹤山人民抗征自卫大队"名义开展活动。

9 月　共产党员余绪明奉命到达鹤山，在共和南庄小学以教师职业作掩护，协助特派员杨德元联系鹤山南半部的党组织。在此之前，部队已先后在大朗、云乡、禾谷等地建立了交通情报站。在此期间，余绪明恢复了合洞圩木器店工人郑元彬的组织关系，并与在铁岗教学的吕帝协和邓海波等人成立党小组。

12 月下旬　在开平、鹤山边区活动的武工队，由梁文超带领，开赴四区的严村，打开地主梁柱的谷仓，把粮食分给贫苦农民。

12 月 29 日　基干队以"鹤山人民抗征自卫大队"为旗号，于上午 10 时，利用宅梧圩期人多的时机，袭击宅梧警所，俘全部警察，缴获步枪 10 余支，同时打开粮仓，把粮食分给农民。

## 1948 年

4 月 10 日　为反对国民党对游击区的"围剿"，牵制反动派的后方兵力，总队派李牧与黄大湖率白云队 20 余人，于夜间奔袭鹤城粮仓，运走部分粮食，捣毁 1 个仓库。

4 月 20 日　中共高鹤边特区工委书记温流率领粉洞、朱六合的部分党员、群众，夜袭龙口警察所驻地龙腾书院。仅用两发子弹，全歼伪警，缴获步枪、卡宾、手枪 20 余支，弹药一批。

5 月 11 日　新高鹤人民解放军总队派武装包围鹤山二区四堡乡反动地主刘蛇妹住宅，活捉其夫妻，缴获手枪 4 支，没收稻谷 10 余万斤和一批红烟烟把，部分发给农民度荒，部分充当军需。

5月27日 国民党广东省第三区督察专员，纠集广州行辕警卫连、第三区专署特务连、省保警第十四团一部和高明、鹤山等县地方反共团队约700人，对新高鹤区进行"扫荡"。新高鹤人民解放军总队在打茶山塔磨塘村休整，当日凌晨被国民党军队包围，解放军指战员与7倍于解放军的强敌激战，于次日上午9时许胜利突围。这次战斗，毙伤敌数10名，班长欧来，战士陈柏忠、陈群成、谭桂长等4人牺牲。

6月 新高鹤人民解放军总队100余人，从丹竹坑出发，经过云独，在往塘湖方向的山路上，与省保警十四团、鹤山县警及自卫队等约700人相遇，解放军交替掩护撤退。战斗中，班长梁义负重伤，经抢救无效牺牲。

7月11日 中共新开鹤县工委武工队队长张耀芳，率队员7人在禾谷一带活动，夜宿高咀村钟家祠。由于奸细告密，武工队被鹤山县县长朱集禧率县警100余人包围。战士谢三秋中弹牺牲，张耀芳等四人被俘后惨遭杀害。

9月 县工委派武工队将抢劫农民财物的土匪罗廷现逮捕，递送部队审讯处决。

11月 郭忠率武工队和址山、云乡农民数10人，打开龙山粮仓，得稻谷10余万斤。

11月28日 根据上级决定，中共新开鹤县工委书记杨德元调回新高鹤总队，关立任县工委书记兼新开鹤部队政委。

## 1949 年

1月10日 夜间，新高鹤人民解放军总队全歼反共自卫队，活捉鹤山四区选田乡乡长吴俊先及其兄弟，缴获轻机枪2挺，步枪60余支。选田乡宣告解放。

4月5日 鹤山县第四区人民政府成立，并举行成立大会。区长方向平在中共高鹤边县工委书记李牧监督下宣誓就职，并发表了施政演说。

4月26日　设在二区协华村的鹤山简易师范学校，在中共新高鹤地工委领导下，于26日零时起义，师生们在要明鹤独立营的接应护送下，安全进入解放区。

5月　新高鹤人民解放军总队在白水带罗汉顶村建立修械所，由杨新任所长。

5月中旬　中共新高鹤地工委决定在解放区以地方名义发行粮税代用券，指定鹤山四区作试点发行。

5月下旬　鹤山县人民政府公开宣告成立。中共新高鹤地工委以粤中人民解放委员会名义任命杨德元为鹤山县人民政府县长，温流、汤伟基为副县长。

6月14日　人民军队与鹤山县保安营副营长韦武俊部展开全岗战斗。这次战斗全歼敌两个连，击溃一个连。毙敌官兵42人，伤20人，俘排长以下27人。缴获步枪数十支，子弹数千发。解放军牺牲班长邱进辉、吕耀芳，战士黄土生，卫生员周悦琼等4人，损失轻机枪1挺。

6月21日　国民党鹤山县县长黄汉山纠合了200余人，于20日夜间由沙坪绕道共和，偷袭鹤城镇。清晨6时许，当武工队发现敌情时已来不及转移，坚守华南楼据敌武工队员陈洪负伤。

6月底至7月初　中央军委批准成立中国人民解放军粤中纵队，纵队下辖独一团，二、四、六共3个支队和滨海总队。

8月1日　为纪念中国人民解放军建军22周年，鹤山各地隆重集会庆祝并开展劳军活动。在宅梧，鹤山四区人民政府隆重举行集会，到会群众2 000余人，同时举行盛大的民兵检阅仪式。会上，解放军代表李牧和区长方向平先后在会上讲话，各乡代表向解放军赠送了慰劳品。

9月中旬　开展迎军支前工作，其中，鹤山三区组织数千名妇女，白天上山割草，晚上加工军粮，仅半个月，割山草25万斤，舂米15万斤。全县统计，共献出支前稻谷291 595斤，柴草、马草3 396 695斤，蔬菜一大批。鹤山人民的支前工作，在大军过境时，受到中国人民解放军第二野战军司令部的赞扬。

10月15日　中共鹤山县工委和鹤山县人民政府，在四龙乡马耳山村接到中共新高鹤地委关于迅速准备接收沙坪和认真做好支前工作，迎接南下大军的指示。当日，政府机关从马耳山移驻二区月桥村。

10月17日　国民党鹤山县警察局长李龙眠率警员40余名，携轻机枪1挺，长短枪一批在一区南靖乡宣布起义，由一区责任人胡学明、武工队队长胡均平带到十九团驻地，团长温流宣布接受其起义，并对起义人员作了妥善安排。17日凌晨，国民党第三十九军第九十一师3 000余人南逃到宅梧，被粤中纵队截住，要求起义，并向解放军提供刘安琪兵团于下旬集结阳江的重要情报。

10月18日　国民党鹤山县县长黄汉山以及保安营的头目李礼坤、吕义楷、黄柏森、杨志光等，率保安营士兵逃出沙坪，在一区隔朗村洗劫时，冯超林率昆东武工组及各村民兵截击，黄汉山抄小路经棠下逃往江门。

10月19—22日　鹤山县党政军领导人关立、温流、汤伟基等率十九团及县党政机关干部，于18日从月桥移驻青文，19日开进沙坪，占领制高点南山。20日，鹤山县军事管制委员会成立，主任关立，副主任温流。22日，中国人民解放军粤中纵队第六支队第十九团举行隆重的入城仪式，受到沙坪各界人民的热烈欢迎。

至此，鹤山人民在中国共产党的领导下，进入了真正当家作主的新历史时期。

　　《鹤山市革命老区发展史》编纂出版，是鹤山党史的一项大事，也是革命老区的一项喜事。《鹤山市革命老区发展史》全方位、多角度地介绍了鹤山老区及县域的历史沿革、人民积淀、峥嵘岁月、经济建设以及烈士英模等史实，这不仅是研究地方党史、地方史志的重要文献，更有利于人们全方位了解、认识鹤山老区的过去、现在、未来，增进与老区人民水乳交融感情，增强支持老区发展的自觉性。

　　《鹤山市革命老区发展史》的出版，得到鹤山市委、市政府的重视、支持，专门成立以市长陈文副为首、各部门负责人参与的编委会。另外，档案（党史）、发改、统计、财政、民政等部门及其专责同志，为编撰提供大量所需的历史资料、文献、数据、图片，尤其是在编写过程中，得到广东省和江门市老促会的指导，使专著能如期出版，为此，对各方的热诚帮助，表示深切谢意。

　　《鹤山市革命老区发展史》共分 7 章、33 节，共 20 多万字，基本按大革命、土地革命战争、抗日战争、解放战争时期以及中华人民共和国成立后的建设发展、改革开放各个时段的史实顺序展开，既突出老区镇村史料，又顾及全域概况，两相兼顾，互为补充。本书编撰：任浩明、李植流、何翔。复核：王广荣、刘友红、陈志刚、舒士友、林常、李志文、庄福昇、雷志强。

　　本书资料源于《鹤山县志》，《中共鹤山党史（第一、二卷)》,《鹤山老区》《鹤山工业志》《鹤山团史》《鹤山革命遗址概述》《鹤山百科全书》《鹤山华侨志》《鹤山年鉴》《今日鹤山》《江门日报》《鹤山市政府工作报告》和《鹤山市扶贫办情况综合》等,以及老同志忆述。

由于本书时空跨度大,编撰时间短,错漏之处在所难免,期盼读者批评指正。

编委会

2019 年 10 月